中国社会科学院重大课题
国家“十五”重点出版项目

列国志

GUIDE TO THE WORLD STATES

中国社会科学院《列国志》编辑委员会

马拉维

◉夏新华 顾荣新 编著

社会科学文献出版社
SOCIAL SCIENCES ACADEMIC PRESS (CHINA)

姆温比
卢帕马基特
穆芬迪
伊加瓦
姆林巴
姆洛沃
姆贝亚
姆托鲁维山
马昆巴科
恩泰科
武瓦瓦
姆丹杜
2961
姆夫里卡
通杜马
图库尤
恩琼贝
乔济
纳孔德
皮图
马卡萨
姆卡西
姆瓦亚
奇蒂帕
东
琼加
马敦达
马汉杰
穆利兰索洛
马芬加山
纳米塔瓦山
2164
马洛莱
卡龙加
旧贡比罗
C
伊索卡
鲁代瓦
韦尼亚
尼温圭
乌皮里翁贝
恩甘达山
2606
奇隆巴
鲁安达
贡比罗
姆潘代
卡韦贝
北
曼达
利甘加
钦萨利
穆永贝
孔多韦
松盖阿
卡通比
姆洛韦
姆宾加
龙皮
卡曼古
锡卡林加
恩贾夸
柳利
马廷布卡
马
布瓦恩甘杜
查马
部
姆祖祖
非
姆布拉
亚
姆巴
姆巴贝
拉
姆贝亚
富库莱
米托莫尼
马
北卢安瓜
奇夸
恩卡塔贝
国家公园
马佐科
查塞富
姆津巴
钦泰切
奥利文萨
利科马岛
12
卡曾贝
区
(马)
科布埃
劳登
维
姆布济
隆达济
卡泰特
桑加
新科英布拉
恩通加
马卡洛热
乌梅济
梅坦古拉
卢库苏齐
马尼安巴
姆波姆瓦
恩科塔科塔
大
希科诺诺
卡松古国家公园
湖
卡松古
马洛莫
穆恩贝
中
恩塞富
利欣加
奇姆瓦拉
拉
恩奇西
本加
阿罗尤港
桑泰
姆波内拉
卡萨切
希傲盖
央
多瓦
卡图尔站
姆索罗
奇帕塔
萨利马
姆钦吉
隆巴济
伊西巴基
多姆韦岛
利隆圭
奇波卡
D
查迪扎
芒基贝
贝伦
卡泰特
纳米泰特
区
裂
曼丁巴
加米图镇
代扎
曼戈切
卡马库莱
莫洛莫蒂
贾拉西
奇曼达
绍丰博
滕布埃
恩切乌
莫
马隆贝湖
纳曼热
富兰孔戈
乌隆盖
维
瓦斯科-达伽马镇
巴拉卡
利翁德
卡布埃
希佩拉
内诺
卡苏佩
诺瓦镇
卡祖拉
姆平贝
松巴
部
姆万扎
马桑巴
奇拉祖卢
恩东古尼亚
卡布拉巴萨
坦巴尼
布兰太尔
萨皮图瓦山
谷
马圭
卡塔沙
林贝
3000
希尼扬达
卡尔达什沙维尔
姆兰杰
16
奇夸瓦
穆昆布拉
乔洛
米兰热
西
莫阿蒂泽
希奥科
太特
本加
区
梅西托
恩加布
奇罗莫
利西罗
鲁桑博
多阿
安夸泽
东
尔文
奇聪加
道翁加
代雷
坦巴拉
莫
塔
比
恩桑吉
沙梅滕戈
科图瓦
帕申巴
蒙加里
莫龙巴拉
姆瓦
姆托科
姆泰梅
桑萨

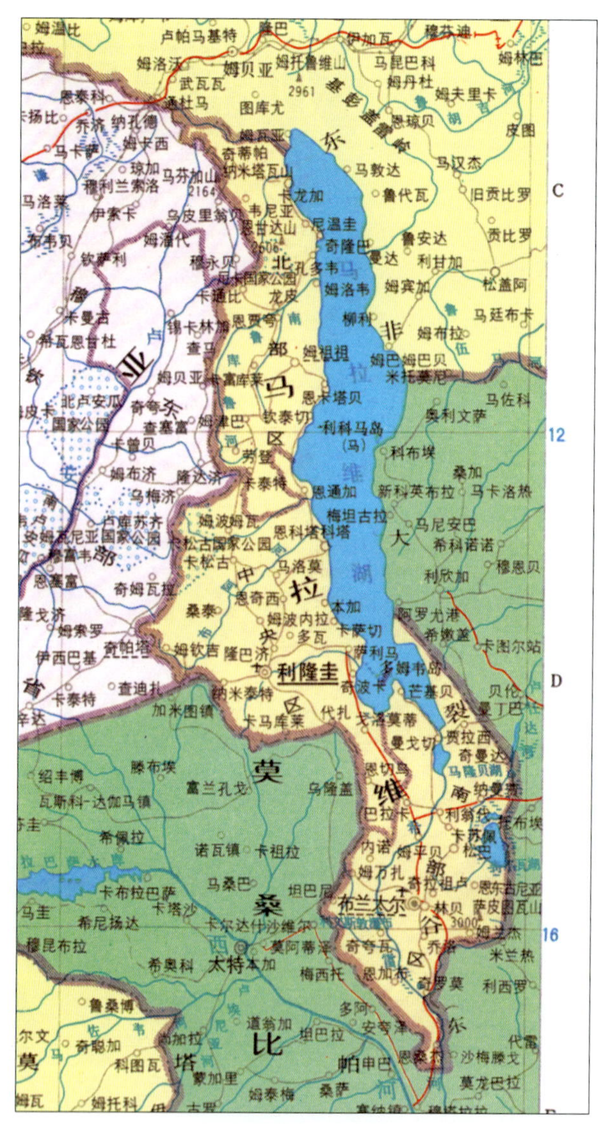

马拉维行政区划图

马拉维国旗

马拉维国徽

马拉维乡村典型的房屋

利文斯敦尼亚

利文斯敦尼亚的切姆比瀑布

捕鱼

马拉维湖

牛车

马拉维乡村典型风光

利科马小岛

建房

利隆圭——卡穆祖国际机场

马拉维传统小舟

河马

马拉维湖日出

马拉维湖一角

舞蹈

恩卡塔贝——湖边孩童

取水

鱼鹰

小羚羊

马拉维的热带草原

前　言

自1840年前后中国被迫开关、步入世界以来，对外国舆地政情的了解即应时而起。还在第一次鸦片战争期间，受林则徐之托，1842年魏源编辑刊刻了近代中国首部介绍当时世界主要国家舆地政情的大型志书《海国图志》。林、魏之目的是为长期生活在闭关锁国之中、对外部世界知之甚少的国人“睁眼看世界”，提供一部基本的参考资料，尤其是让当时中国的各级统治者知道“天朝上国”之外的天地，学习西方的科学技术，“师夷之长技以制夷”。这部著作，在当时乃至其后相当长一段时间内，产生过巨大影响，对国人了解外部世界起到了积极的作用。

自那时起中国认识世界、融入世界的步伐就再也没有停止过。中华人民共和国成立以后，尤其是1978年改革开放以来，中国更以主动的自信自强的积极姿态，加速融入世界的步伐。与之相适应，不同时期先后出版过相当数量的不同层次的有关国际问题、列国政情、异域风俗等方面的著作，数量之多，可谓汗牛充栋。它们对时人了解外部世界起到了积极的作用。

当今世界，资本与现代科技正以前所未有的速度与广度在国际间流动和传播，“全球化”浪潮席卷世界各地，极大地影响着世界历史进程，对中国的发展也产生极其深刻的影响。面临不同以往的“大变局”，中国已经并将继续以更开放的姿态、更快的步伐全面步入世界，迎接时代的挑战。不同的是，我们所面临的已不是林则徐、魏源时代要不要“睁眼看世界”、要不要“开放”问题，而是在新的历史条件下，在新的世界发展大势下，如何更好地步入世界，如何在融入世界的进程中更好地维护民族国家的主权与独立，积极参与国际事务，为维护世界和平，促进世界与人类共同发展做出贡献。这就要求我们对外部世界有比以往更深切、全面的了解，我们只有更全面、更深入地了解世界，才能在更高的层次上融入世界，也才能在融入世界的进程中不迷失方向，保持自我。

与此时代要求相比，已有的种种有关介绍、论述各国史地政情的著述，无论就规模还是内容来看，已远远不能适应我们了解外部世界的要求。人们期盼有更新、更系统、更权威的著作问世。

中国社会科学院作为国家哲学社会科学的最高研究机构和国际问题综合研究中心，有11个专门研究国际问题和外国问题的研究所，学科门类齐全，研究力量雄厚，有能力也有责任担当这一重任。早在20世纪90年代初，中国社会科学院的领导和中国社会科学出版社就提出编撰“简明国际百科全书”的设想。1993年3月11日，时任中国社会科学院院长的胡绳先生在科研局的一份报告上批示：“我想，国际片各所可考虑出一套列国志，体例类似几年前出的《简明中国百科全书》，以一国（美、日、英、法等）或几个国家（北欧各国、印支各国）为一册，请考虑可行否。”

中国社会科学院科研局根据胡绳院长的批示，在调查研究的基础上，于1994年2月28日发出《关于编纂〈简明国际百科全书〉和〈列国志〉立项的通报》。《列国志》和《简明国际百科全书》一起被列为中国社会科学院重点项目。按照当时的计划，首先编写《简明国际百科全书》，待这一项目完成后，再着手编写《列国志》。

1998年，率先完成《简明国际百科全书》有关卷编写任务的研究所开始了《列国志》的编写工作。随后，其他研究所也陆续启动这一项目。为了保证《列国志》这套大型丛书的高质量，科研局和社会科学文献出版社于1999年1月27日召开国际学科片各研究所及世界历史研究所负责人会议，讨论了这套大型丛书的编写大纲及基本要求。根据会议精神，科研局随后印发了《关于〈列国志〉编写工作有关事项的通知》，陆续为启动项目拨付研究经费。

为了加强对《列国志》项目编撰出版工作的组织协调，根据时任中国社会科学院院长的李铁映同志的提议，2002年8月，成立了由分管国际学科片的陈佳贵副院长为主任的《列国志》编辑委员会。编委会成员包括国际片各研究所、科研局、研究生院及社会科学文献出版社等部门的主要领导及有关同志。科研局和社会科学文献出版社组成《列国志》项目工作组，社会科学文献出版社成立了《列国志》工作室。同年，《列国志》项目被批准为中国社会科学院重大课题，国家新闻出版总署将《列国志》项目列入国家重点图书出版计划。

在《列国志》编辑委员会的领导下，《列国志》各承担单位尤其是各位学者加快了编撰进度。作为一项大型研究项目和大型丛书，编委会对《列国志》提出的基本要求是：资料详实、准确、最新，文笔流畅，学术性和可读性兼备。《列国志》之所以强调学术性，是因为这套丛书不是一般的“手册”、“概览”，而是在尽可能吸收前人成果的基础上，体现专家学者们的研究所得和个人见解。正因为如此，《列国志》在强调基本要求的同时，本着文责自负的原则，没有对各卷的具体内容及学术观点强行统一。应当指出，参加这一浩繁工程的，除了中国社会科学院的专业科研人员以外，还有院外的一些在该领域颇有研究的专家学者。

现在凝聚着数百位专家学者心血、约计200卷的《列国志》丛书，将陆续出版与广大读者见面。我们希望这样一套大型丛书，能为各级干部了解、认识当代世界各国及主要国际组织的情况，了解世界发展趋势，把握时代发展脉络，提供有益的帮助；希望它能成为我国外交外事工作者、国际经贸企业及日渐增多的广大出国公民和旅游者走向世界的忠实“向导”，引领其步入更广阔的世界；希望它在帮助中国人民认识世界的同时，也能够架起世界各国人民认识中国的一座“桥梁”，一座中国走向世界、世界走向中国的“桥梁”。

《列国志》编辑委员会

2003年6月

CONTENTS

目　录

CONTENTS

目录

CONTENTS

目 录

CONTENTS

目　录

CONTENTS

目 录

CONTENTS

目 录

CONTENTS

目 录

CONTENTS

目　录

CONTENTS

目　录

自　序

马拉维（Malawi）是非洲东南部内陆国家，地形狭长，东非大裂谷纵贯其南北。北与坦桑尼亚接壤，东、南与莫桑比克交界，西与赞比亚为邻。马拉维国土面积大约118484平方公里，人口1045万（2001年统计），首都利隆圭（Lilongwe）。

马拉维得名于马拉维湖。马拉维位于马拉维湖湖畔，当地语言奇契瓦语（Chichewa）的意思为“火焰”或“闪光”之意，即指太阳照到马拉维湖上，湖面出现一片火焰般的闪光。16世纪时契瓦族酋长卡龙加（Kalonga）用马拉维做国名，指他的国家是一个火焰般闪光的国家。马拉维湖占马拉维领土的1/4，因此马拉维有“水乡之国”的称号。

16世纪班图人开始进入马拉维湖的西北一带，并在马拉维及毗邻地区定居。1891年英国正式宣布这一地区为“英属中非保护地”。1953年10月，英国强行将该地同南罗得西亚（今津巴布韦）和北罗得西亚（今赞比亚）组成“中非联邦”。1963年2月1日“英属中非保护地”实行内部自治，1964年7月6日独立，改名为马拉维。马拉维于1966年7月6日宣布成立共和国，马拉维国民大会党主席海斯廷斯·卡穆祖·班达（Hastings Kamuzu Banda）任终身总统。1994年5月17日，马拉维举行首次多党制总统和议会选举，联合民主阵线主席巴基利·穆卢齐（Bakili Muluzi）当选为总统。1999年6月穆卢齐蝉联总统。2004 年 5 月 20 日，马拉维举行新的总统选举和国会选举，联合民主阵线候选人宾古·瓦·穆塔里卡当选为马拉维新总统。穆塔里卡上台以来大张旗鼓地开展反腐败运动最终导致他与前总统也是该党主席穆卢齐的矛盾激化。2005 年 1 月 30 日联合民主阵线将现任总统宾古·瓦·穆塔里卡开除出党。“开除”事件使穆塔里卡与巴基利·穆卢齐之间逐步升级的权力对抗更加凸显。2 月，穆塔里卡脱离联合民主阵线，成立了自己的民主进步党。这场席卷马拉维的政治斗争实际上是现总统穆塔里卡与前总统穆卢齐之间的权力之争，结果如何，尚难预料。

马拉维是个传统上的农业国家，是联合国宣布的世界上最不发达国家之一。长期以来，由于基础设施薄弱并受自然灾害和国际经济因素的影响，经济十分困难。近年来，马拉维政府重视加强经济管理，制定实施“脱贫计划”，进行私有化改革，并采取措施加强外汇管理，稳定汇率，增加出口，吸引外资，发展生产，着手实施经济多元化战略，扶持旅游业、矿产业和制造业，宏观经济形势趋向良好，通货膨胀率、外债均呈下降趋势，烟草创汇增加。

独立后的马拉维奉行“自由选择，不结盟和中立的政策”，与近 50 个国家建立了正式外交关系。但是，作为一个内陆小国，由于经济困难，资源缺乏，技术和资金短缺，马拉维的外交政策都是以自身的生存利益为出发点，推行实用主义外交。其外交重点在西方国家。

马拉维目前与我国没有建立正式外交关系。1964 年马拉维独立时，中国政府曾致电祝贺和承认，马拉维政府邀请中国政府参加独立庆典，但由于它同时邀请了台湾当局，故中国政府未派代表出席。1966 年 7 月，马拉维同台湾当局“建交”，关系比较密切。

多年以来，国内有关马拉维的相关报道既稀少又零散，中英文书籍和材料比较缺乏。我们基于一种历史使命感，努力克服种种困难，可以说是三易其稿，终于写成此书。我们相信，本书将有较大价值：首先，本书是目前国内第一本有关马拉维的著作，较全面地反映了马拉维的地理、历史、政治、军事、经济、教育、外交和社会发展等，首次揭开了马拉维的神秘面纱，将有助于国人认识马拉维，了解马拉维，有利于中国与马拉维的经贸和民间往来；其次，随着中国国力的日益强大和祖国统一大业的完成，马拉维迟早要与中国建立外交关系，到那时，本书将会是我国政府了解马拉维的重要参考读本；再次，本书汇集了许多新材料，在时间上一直写到2006年初，应该说，适时性很强。

第一章

国土与人民

第一节　自然地理

一　地理位置

马拉维是非洲东南部内陆国家，地形狭长，大致处于南纬 9.8°～17.5°，东经 33°～36°之间。北与坦桑尼亚接壤，东、南与莫桑比克交界，西与赞比亚为邻。马拉维总面积大约 118484 平方公里（其中水域约 24208 平方公里，约占全国总面积的 1/5），南北走向长约 840 公里，东西宽度约为 80～160 公里。东非大裂谷纵贯南北。

二　行政区划

马拉维全国划分为 3 个区 27 个县。3 个区分别为北部区、中部区和南部区。[①] 首都利隆圭（Lilongwe）。主要城市

① 关于马拉维的行政区划有不同的说法，2003/2004 年世界知识年鉴的划分是："全国分为北部、中部和南部三个区"（参见《世界知识年鉴 2003/2004》，世界知识出版社，2003，第 435 页），而此前一些材料，例如《世界政府辞书》（中国法制出版社，1991）、《世界经济年鉴》（经济科学出版社，1999）等的表述为"三个省，即中央省、北方省和南方省"。

为布兰太尔(Blantyre)、利隆圭（Lilongwe）和松巴（Zomba）等。

北部区首府为姆祖祖（Mzuzu），下辖6县：奇蒂帕（Chitipa）、卡龙加（Karonga）、利科马（Likoma）、姆津巴（Mzimba）、恩卡塔贝（Nkhata Bay）、龙皮（Rumphi）；中部区首府为利隆圭(Lilongwe)，下辖9县：代扎（Dedza）、多瓦（Dowa）、卡松古(Kasungu)、利隆圭（Lilongwe）、姆钦吉（Mchinji）、恩科塔科塔(Nkhotakota)、恩切乌（Ntcheu）、恩奇西（Ntchisi）、萨利马(Salima)；南部区首府为布兰太尔（Blantyre），下辖12县：巴拉卡(Balaka)、布兰太尔（Blantyre）、奇夸瓦（Chikwawa）、奇拉祖卢(Chiradzulu)、马钦加（Machinga）、曼戈切（Mangochi）、姆兰杰(Mulanje)、姆万扎（Mwanza）、恩桑杰（Nsanje）、帕隆贝(Phalombe)、乔洛（Thyolo）、松巴（Zomba）。①

三　地形特征

马拉维全境分为大裂谷、中央高原、高地和孤立山脉四个自然地理区。由于马拉维位于非洲次大陆东南部的高地地区，因此，众多的高原由于巨大的断裂活动而裂开。大裂谷纵贯全境，形成马拉维湖（Malawi Lake）和希雷河（Shire River）的断裂槽谷。北部2/3的裂谷地层几乎完全为马拉维湖，南部的1/3裂谷中有希雷河穿流而过，流入马拉维湖，经马隆贝湖、莫桑比克流入赞比西河。希雷河在马拉维境内段长400多公里。

断层赋予马拉维一种多样化的地形特征，其最大特色是马拉维湖的槽谷及其两侧的高原，连同该湖南端的希雷河槽谷，从北到南贯穿全国。从区域上看，马拉维的地形主要有三种：北部区域多山，最高峰超过3000米，形成了起伏不平的尼卡高原

---

① 行政区划网 http：//www. xzqh. org/waiguo/africa/3035. htm（last visited 8 March, 2006）.

（Nyika Plateau）及维非亚高原（Viphya Plateau）上的悬崖、山谷和稠密森林的斜坡。中部区域主要是高原，海拔超过1000米，有着很美丽的高原风光。位于南部姆兰杰的萨皮图瓦山海拔3013米，是全国最高峰。湖西高原的边缘是一系列台地和断崖。中央高原从东向西倾斜，直至成为低地。东非大裂谷纵贯南北，是马拉维主要的农业生产区域。南部区域除了马拉维湖南面的平均海拔2100米的松巴高原之外，大多数是低地。

四　河流与湖泊

1. 概况

马拉维是内陆国家，境内河流、湖泊众多，主要有希雷河、鲁库鲁河（Rukuru River）、鲁奥河（Ruo River）以及马拉维湖、奇尔瓦湖（Chilwa Lake）、奇库库塔湖（Chikukuta Lake）等。其中最重要的河流和湖泊分别是希雷河与马拉维湖，它们覆盖了马拉维的大部分区域，为马拉维这个以农业为主的国家提供了丰富的水力、渔业资源。

2. 马拉维湖

马拉维湖是仅次于维多利亚湖和坦噶尼喀湖的非洲第三大湖，由南北走向的东非大裂谷岩层陷落而成。这个狭长的湖，长550公里，宽30～75公里，面积3万多平方公里，平均水深273米，北端最深处达706米，湖面海拔472米。

被称为“内海”的马拉维湖风景如画，气候宜人，是非洲著名的旅游胜地。宽广的湖滩一片金黄色的细沙，浩瀚的湖面碧波荡漾。起风时，湖涛咆哮，白浪滚滚。清晨，在湖岸可以看到瑰丽的日出景象：一个火球从水天相接之处跃起，湖中浮出一条滚动的金龙，湖面上闪烁着火焰般的光芒。“火焰”，在契瓦语中就叫“马拉维”（“maravi”）。相传，在16世纪，新移居大湖边的非洲人看到火红的太阳照射在湖面上，湖水闪烁着火焰般的光芒时，就惊呼：“马拉

维!”“马拉维!”这样，它就成了大湖和湖边大酋长国的名称。[①]

在马拉维湖南岸有一个镇子叫猴子湾（Monkey Bay）。这里因猴子多而得名。此镇人口不多，但地势优越，是湖上的一个天然良港。港口呈袋形，北口朝湖，三面环山，是大湖南部的一个重要航运中心。港内有浮码头和船坞，可容纳一艘600吨的船只，另有一排仓库和一家修船厂。鉴于马拉维地形狭长，湖上航运就尤为重要。[②] 马拉维人对他们拥有这样一个得天独厚的大湖感到骄傲，“这是上帝恩赐给我们祖先的礼物，它为马拉维人造了福。”

3. 希雷河及其支流

流入马拉维湖的有14条季节性河流，流出的只有1条位于国土南端的希雷河（Shire River），它是马拉维最主要的河流，全长450公里，往南绕过希雷高地（Shire Highlands），进入莫桑比克，与赞比西河汇合，向东流入印度洋。[③]

希雷河不但为马拉维提供了丰富的渔业资源和电力资源，而且也是马拉维主要的航道。

希雷河的支流主要是一些季节性和间歇性的河流，也如马拉维的大多数河流一样，每年总水量的80%左右集中在当年11月至翌年4月的雨季之间，在流入希雷河之前，已因其沙质河床的渗漏而丧失了大量水流。在西侧，主要的支流有里维里维河、利松圭河、万库鲁马济河和姆万扎河，其中只有万库鲁马济河和利松圭河是常年性河流，所流经的地区崎岖不平，人烟稀少。东侧的主要支流有利桑贯拉河、利兰圭河、利卡布拉河、马佩雷拉河、姆万潘济河、马森杰雷河和坦加济伊斯特河，其中只有后两条是常年性河流。值得指出的是，东侧支流中的许多河流所流经的地区与西侧的利

---

① 陈一飞:《马拉维社会调查纪实》，载《西亚非洲》1987年第5期第64页。

② 同注①。

③ 同注①。

松圭河、万库鲁马济河的汇水区域自然条件相似，雨量不相上下，但河流的水文特征却大不相同。东侧支流的汇水区域人烟稠密，由于农业用水的缘故，这些支流所能维持的水量有减退趋势。

鲁奥河是希雷河所有支流中最大的一条支流，流域面积约为4921平方公里，包括姆兰杰山脉的大部分和林贝以南希雷高地东部。由于其汇水区雨量颇大，河水流速又急，常使希雷河下游地区遭到严重洪灾。

五 气候

马拉维属热带草原气候，年平均气温在20℃左右。分三个季节：5～8月为凉干季节。高原地区平均温度为15.5℃～18℃，裂谷地区平均温度为20℃～24.5℃，最冷的月份是7月，最高气温为22.2℃，最低气温为11.7℃。9～11月是热季，高原地区平均温度为22℃～24.5℃；裂谷地区平均温度为27℃～30℃。10～11月间，低地地区最高气温有时高达37℃。雨季从12月一直持续到第二年的4月份，年降雨量的90%发生在这一时期。在雨季，马拉维大部分地区年平均降雨量760～1015毫米，一些高原地区的降雨量曾超过1525毫米。

干旱低地有热带草原，贫瘠高原有热带稀树林，洼地有草地，湖畔、河谷有沼泽植被。河谷地区水草肥美，适宜农耕和放牧。多变的地形和气候使马拉维的生态系统和自然景观异常丰富多彩，“一山有四季，十里不同天”。高山地带的终年霜冻和低地地区的潮湿炎热并存。小小的马拉维竟有53个自然区。

表1－1，表1－2是马拉维气候中具有代表性的两个城市的气象资料①：

① 中国香港特别行政区政府天文台网站 http://gb.weather.gov.hk/wxinfo/climat/world/chi/africa/ken_madg/mzuzu_c.htm.（last visited 8 March, 2006）.

表 1-1　姆祖祖(马拉维)气候资料

气象站位置:南纬 11.4 度,东经 34.0 度,海拔 1254 米

	气候资料 日期	1月	2月	3月	4月	5月	6月	7月	8月	9月	10月	11月	12月
平均最高气温(摄氏度)	1966~1990	25.5	25.6	24.8	23.5	22.1	20.4	20.3	21.9	25.1	27.2	27.2	26.1
平均气温(摄氏度)	1961~1990	19.9	20.0	19.5	18.7	16.4	13.9	13.1	14.0	16.7	19.4	20.5	20.1
平均最低气温(摄氏度)	1961~1990	16.1	16.5	16.0	14.9	11.6	7.9	6.5	6.6	8.7	11.7	14.2	15.9
降雨量(毫米)	1961~1990	203.3	179.5	224.1	213.0	58.8	29.5	30.1	11.8	10.4	35.4	95.7	197.0
降雨日数	1961~1990	20.0	18.0	20.0	19.0	9.0	6.0	6.0	3.0	2.0	3.0	9.0	18.0
日平均日照(小时)	1965~1990	4.7	4.9	5.3	5.7	7.0	7.3	7.7	8.9	9.6	9.7	8.4	5.7

表 1-2　乔洛（马拉维）气候资料

气象站位置:南纬 16.1 度,东经 35.2 度,海拔 820 米

	气候资料 日期	1月	2月	3月	4月	5月	6月	7月	8月	9月	10月	11月	12月
平均最高气温(摄氏度)	1962~1990	27.7	27.5	27.0	25.7	24.4	22.4	22.2	24.8	27.9	30.0	29.8	28.2
平均气温(摄氏度)	1962~1990	22.5	22.5	21.9	20.6	18.5	16.2	16.2	16.4	18.0	20.9	22.9	23.2
平均最低气温(摄氏度)	1962~1990	18.7	18.6	18.2	16.6	13.5	11.4	11.1	12.0	14.1	16.8	18.1	18.7
降雨量(毫米)	1961~1990	225.7	218.2	218.0	97.4	28.7	29.2	30.1	13.5	9.1	42.9	101.0	244.0
日平均日照(小时)	1963~1990	6.1	6.2	6.3	7.0	7.5	6.9	7.0	8.4	8.8	8.6	7.7	5.7

第二节　自然资源

一　地质构造

马拉维的地质构造，可分为三个主要部分：前寒武系构造、卡路系构造和奇尔瓦侵入岩系。

1. 前寒武系构造①

马拉维最普遍的岩系，是前寒武纪的各种片麻岩、片岩、变质沉积岩和岩浆侵入岩。这一岩系的亚系还不清楚，但有两个粗略划分的区系已经得到公认：一个是莫桑比克系，它构成马拉维南部和中部广大地区的基础，是由片岩、混合岩、片麻岩、麻粒岩和白云大理岩组成，并混有正长岩和其他伴生岩石的侵入体；另一个是马芬基系，出现在马拉维北部和中部一些分散地区，其中最显著的是马芬吉山，曼宁堡（姆钦吉）区的姆钦吉山以及尼卡高原的东北部和西部，其成分为石英岩、千枚岩和云母片岩，显然是属于沉积成因。

这两个岩系被认为分别属于前寒武纪的晚期和中期。但是，也有证据说明它们同属于一个总的时期，即前寒武纪的晚期，只不过岩石组成不同，变质程度不同而已。

前寒武系构造的走向，总的是南北方向，局部有些变化。在希雷高地，乔洛崖一带呈西北走向，往北变成东北走向。在希雷河以西，一般是正北走向，但在柯克山脉中的内诺附近，变为西北走向。在中部，以东北走向为主，并由以东北走向为主的水系明显地标志出来。在利菲济上游河谷，代扎山以北，在较为坚硬

---

① 参见〔英〕约翰·G. 派克、杰拉尔德·T. 里明顿著《马拉维地理研究》，天津师范学院地理系教师译，商务印书馆，1978，第5~6页。

的片麻岩带之间，发育出一个典型的格子状水系。在主要侵入成分的边缘，侵入体的走向与其接触岩层的走向通常是一致的，构成这些成分的侵入体沿着片岩和片麻岩的走向延伸。在整个同一岩系的范围内，有些地区曾发生过大规模的等斜褶皱作用，使得较为坚硬的片麻岩带往往多次出露于地表。

2. 卡路系构造①

马拉维的卡路系岩层，分布在两个主要的区域：马拉维湖西北湖滨地带的马拉维湖盆地和马拉维南部的赞比西—希雷盆地。在北部，这些沉积物是由属于马芬基系的一部分前寒武系石英岩、云母片岩和千枚岩演变而来的，而马拉维南部的卡路系沉积物则主要是由以片麻岩和片岩组成的莫桑比克系演变而来的。

在马拉维北部，卡路系岩层露头作为孤立的残留物，出现在大约七个不同的地点。最主要的沉积地块，出现在利文斯敦尼亚区域，位于俯瞰马拉维湖的尼卡高原的山麓地带。在这一沉积地区的南边，此类岩层的露头出现在北伦比河谷和亨加河谷，前一地区大部被水势湍急的北伦比河和卡济维济维河所切割。在松圭河一带，恩卡纳附近的卡龙加西北，有一个面积较小的卡路系沉积地区，是陷入片麻岩和片岩中的一个断层下块。在北鲁库鲁河谷和卢菲拉河上游河谷这一大片地区的隐蔽部位，也应能发现卡路系沉积。

在希雷—赞比西河下游地区，卡路系沉积地区以一个大断层为界，该断层形成了赫拉尔德山的西部边缘。在北边则以姆万扎山断层为界。在恩康贝济地区，斯托姆堡统的玄武质熔岩露头占据着一大片地区，并风化成为肥沃的黑色“棉花”土壤（马坎德土），显现出一片低岭地区和普遍被削低的地形。

---

① 参见〔英〕约翰·G. 派克、杰拉尔德·T. 里明顿著《马拉维地理研究》，天津师范学院地理系教师译，商务印书馆，1978，第6~9页。

卡路期结束的标志，是玄武质熔岩通过裂缝而喷出，那些裂缝现在已被粒玄岩的岩脉所占据。在马拉维南部发现普遍有卡路系沉积物中的岩床和切割前寒武系构造的岩脉。由于粒玄岩一般比这些岩石中的大多数岩石坚硬，因此，由粒玄岩岩脉形成的长岭，俨如高而窄的山脊出现在受到深深切割的河谷之间，甚为壮观。乔洛崖一带，尤其如此。乔洛区域的这些粒玄岩岩脉，经风化作用变成富有矿物质的红墟埆土，现已广泛开垦，并建立了茶叶种植园。不过，这些岩脉群似乎局限于马拉维南部，南纬15°以北极为罕见。

3. 奇尔瓦侵入岩系①

在后卡路时期，可能是侏罗纪晚期，马拉维相当一部分地区，被卡路系沉积物所覆盖。在这些构造中，有正长岩、霞石正长岩、角砾岩和碳酸盐岩的侵入，主要是通过环状裂口或环形构造侵入的；随后又有碱性岩脉和粒玄岩岩脉出现。非洲有两条由碳酸盐岩裂口侵入体和伴生岩石组成的山脉，其走向大体是由东北向西南，从肯尼亚到南非，绵延几千公里，它们同马拉维这一地区的主要构造特征的联系甚为明显。

虽然这些侵入体最初被深埋在很厚的沉积物下面，但是，随着东非高原的隆起，在一系列侵蚀旋回的影响下，这些侵入体成功地剥离了沉积岩，致使正长岩和碳酸盐岩侵入体形成了马拉维南部引人注目的山岳地形。正长岩形成姆兰杰、松巴、米切萨、纳切马、纳索洛、姆皮尤等山脉，而霞石正长岩则形成了钦杜西、蒙戈洛韦、乔内和奇卡拉等四个壮观的环形侵入体，占据着松巴以北的一片地区。碳酸盐岩裂口侵入体稍显逊色，只在帕隆贝－奇尔瓦平原上形成了奇尔瓦岛、纳曼加利和通杜鲁等处的一

① 参见〔英〕约翰·G. 派克、杰拉尔德·T. 里明顿著《马拉维地理研究》，天津师范学院地理系教师译，商务印书馆，1978，第9~11页。

些孤山，还形成了希雷河西面的坎甘贡德山。

从地理上看，这些侵入体对马拉维具有重要意义，因为正是在它的发生时期，姆兰杰、松巴等山岳和一些较小的山得以形成。除了研究自然地理面貌方面的重要性以外，同碳酸盐岩伴生在一起的大量稀土矿物，使得该侵入体在经济上也很重要。已发现的矿物中可以举出的有烧绿石、独居石、菱锶矿、重晶石和其他稀土矿物。在姆兰杰诸高原，由于正长岩风化的结果，产生了大量的铝土矿床。

此外，在马拉维北部和南部的前卡路系侵蚀河谷中，以及沿裂谷线分布的已分离出的残留物中还发现有白色到灰色的页岩、砂岩和砾岩，属于侏罗纪晚期或白垩纪早期。这些沉积物出现在两个主要地区：马拉维湖西北湖滨地区和赞比西－希雷区域。在那里，它们覆盖着希雷河以西的卡路系沉积物。这两个主要的沉积群被认为属于同一个时代，只是名称不同而已。北部的沉积群因曾获得恐龙化石遗迹而以恐龙层著称，南部的沉积群则被称为卢帕塔砂岩。

二　土壤类型

马拉维的土壤，与其基部母岩的性质极其相似，但是气候、地形、年代、土壤的流失及定位等因素的相互作用，对于形成复杂的土壤类型产生了相当大的影响。马拉维的土壤，主要分为以下几类：

(1) 高原和山区的氧化铁红壤或砖红壤；

(2) 红色、褐色、黄色的粗砂质粘土；

(3) 褐色土；

(4) 崩积土；

(5) 冲积土；

(6) 卡文加灰砂土；

（7）水成土；

（8）黑粘土；

（9）蝴蝶树土：

（10）沙丘和沙滩。

最常见的土壤属于红壤类型，与组成复域系列（或土壤链）的不同颜色的土类结合在一起。复域系列是伴随着山丘和分水岭上的岩石风化过程而形成的。顺着山坡流失到山谷中的土壤，沉积为不同成分的土壤带。这样，石质山丘的高处，通常覆盖着近代形成的土壤，较老的土壤被冲刷到山脚下，较轻的微粒则被搬运到土壤复域的最低层。这方面最常见的例子，可以在丹博洼地的边缘见到，那里通常有一片积砂带，生长着纳匹尼树（当地名napini，学名Terminalia sericea，是榄仁树属的一种）。在一个土壤发育复杂的地区，那些土壤带或土壤复域反复多次地呈现。[①]

红壤来自比较古老的晶体岩石，大部分往往浅薄而贫瘠，虽然在雨水和植被丰盛的条件下，土壤也可能深厚而肥沃。不过，就非洲标准而言，马拉维的土壤虽然肥沃程度悬殊，一般认为还是肥沃的。整体而言，马拉维南方的土壤比北方肥沃，主要是由于南方土壤含有结晶灰岩和粒玄岩墙——钾和磷酸盐的主要来源，而北方土壤中没有，这种物质蕴藏在下伏的前寒武系基底杂岩中。[②]

三　矿产

由于马拉维最普遍的岩系，是前寒武纪的各种片麻岩、片岩、变质沿积岩和岩浆侵入岩。因此蕴藏着较为丰富的矿产资源，但是各类矿产储量不均。储量较多的矿产有磷酸

① 〔英〕约翰·G. 派克、杰拉尔德·T. 里明顿著《马拉维地理研究》，天津师范学院地理系教师译，商务印书馆，1978，第83页。

② 〔英〕约翰·派克著《马拉维政治经济史》，史一竹译，商务印书馆，1973，第32～33页。

盐、钒土、高岭土化的粘土、煤、蓝晶石、石灰、菱锶石、独居石、石墨、黄铁矿、磁黄铁矿、钛矿、蛭石、铀矿。石棉、硅藻土、方铅矿、黄金、菱镁矿、锰、镍矿、锌等蕴藏量则较为稀有。重晶石、烙铁矿、铜矿、刚玉、萤石矿、云母、霞石、黑花岗石、铌矿、石膏、铁矿、云母、玛瑙、石榴石、绿玉、方钠石、绿长石等的蕴藏量介于上述两者之间。

姆兰杰地区铝土矿储量约有 2900 万吨，品位高达 43.9%。2001 年，马拉维政府许可一家南非公司勘测姆兰杰的铝土，目的在于开发矿产，但招致了环保组织的反对而未成。但是，也有一些企业投资开采马钦加地区的独居石矿和姆帕塔曼加（Mpatamanga）峡谷附近的蛭石矿。在马拉维能源部门的许可下，一些宝石矿如石榴石、绿玉、红宝石等得到开采并开始参与国际贸易。①

四　植物

马拉维由于地形、地质、气候和土壤上的差异，有着不同的植被类型。不同种类的植物也因此分布于全国各地。具体而言，麦姆伯（Miombo）林木生长在海拔 1500 米的湿地地区，而低地的“莫潘尼”（mopane）林木则分布在希雷河谷的中部以及马拉维湖的南部湖滨地区；常绿林木分散全国各处，草原则散见于北部山区。湖滨和河滩则是沼泽区。此外，马拉维拥有数量众多的普罗梯亚木（proteas）、芦荟和蜡菊属植物（helichrysums）。马拉维盛产兰花，并因此而著名。已经发现的兰花品种超过 400 种之多。马拉维森林面积占全国陆地面积 24%，姆兰杰山和北部山区盛产姆兰杰杉（Widdringtonia whytei）。

---

① Owen J. M. Kalinga, Cynthia A. Crosby, *Historical Dictionary of Malawi*, The Scarecrow Press, Inc. Lanham, Maryland and London, 2001, pp. 246 ~ 247.

五　动物

马拉维独特的地理环境孕育了大量的野生动物，如大象、犀牛、长颈鹿、斑马、猴子、不同种类的羚羊、河马等。除此之外，马拉维有大量的蛇和其他爬行类动物、鸟类、昆虫，以及河流、湖泊中的鱼类。

目前，马拉维易见的动物群正在逐渐减少，但在国家公园，则有大量的动物徜徉可见。利翁德（Liwonde）国家公园以其成群的大象和羚羊（黑羚羊、捻——一种非洲大羚羊）以及希雷河的河马而著称。疣猪（一种非洲野猪）、大羚羊、豺、豹在北部，尤其是尼卡国家公园最为常见。

马拉维还盛产鱼类。马拉维湖和希雷河上游是这个国家的主要产鱼区，马拉维湖中鱼的种类超过500种，比世界上任何地区的淡水鱼类都要多，但通常捕捉到的只有二三十种，其中最主要的除“枪波”（Chambo，契瓦语，是一种非洲鲫鱼，长约25厘米，刺少，肉多而细嫩，是马拉维的特产）外，还有“卡蚌戈”（Kampango）、“姆伦巴”（Mlamba）、“切萨瓦萨瓦”（Chisa wasawa）、“乌塔卡”（Utaka）、“乌西帕”（Usipa）等。“卡蚌戈”和“姆伦巴”都是约45厘米长的大鱼，也可做鱼排，但肉质较粗。马拉维年捕鱼量约7万吨，主要供国内消费，全国动物蛋白质消费量的70%来自鱼类，少部分供出口。

第三节　居民与宗教

一　人口

据2001年估计，马拉维的总人口数为1045万。绝大多数为班图语系黑人。欧洲人约为0.8万，亚洲人约为

1.2万。[1] 2002年9~11月，马拉维国家统计局进行了2002年马拉维核心福利指数调查。调查结果显示马拉维有人口约为1200万。至2003年，人口达到1210万。

马拉维人口稠密，人口平均密度为每平方公里78人。人口最密集的区域是奇尔瓦湖、姆兰杰山地与希雷河之间地区，每平方公里达300人。北部高原和山岳地带则人烟稀少，流动性大。

1980年，马拉维人口的城乡构成是：城市10%，农村90%。年龄结构是：15岁以下为47.7%，15~29岁为25.8%，30~44岁为14.4%，45~59岁为8.0%，60~74岁为3.5%，75岁以上为0.6%。马拉维在1987年进行人口普查时，全国人口达7982607人，其中男性3880100，女性4102507人，平均密度达每平方公里67.4人。1991年人口密度达每平方公里72.2人。到1995年，全国共有人口11129000人，人均寿命44岁。

但是，由于艾滋病的影响，马拉维人口死亡率较高，人口膨胀的趋势有所减缓。1999年，马拉维成年人中艾滋病患者的比例为15.96%，艾滋病病毒携带者有80万人，共有7万人死于艾滋病。

根据2002年马拉维核心福利指数调查，马拉维人口中约1090万（91%）居住在农村，仅有约110万（9%）的人口住在布兰太尔、利隆圭、松巴等主要城市。总人口中有约590万男性（49%），约620万女性（51%）。城市人口中，男性与女性所占比例分别是51.4%，48.6%；农村人口中男女比重则分别是48.6%，51.4%。年龄结构为15岁以下占45%，15~64岁占51%，65岁以上占4%。农村地区与全国人口年龄结

① 《世界知识年鉴》（2003/2004），世界知识出版社，2004，第434页。

构大体吻合。城市人口的年龄结构则有所差异：城市人口中，15岁以下占41%，15~64岁占58%，65岁以上占1.3%。全国抚养率（是指总人口中，儿童和老人与其他人口的比率，15岁以下及65岁以上为被抚养人口）为0.95，农村0.97，城市0.72。

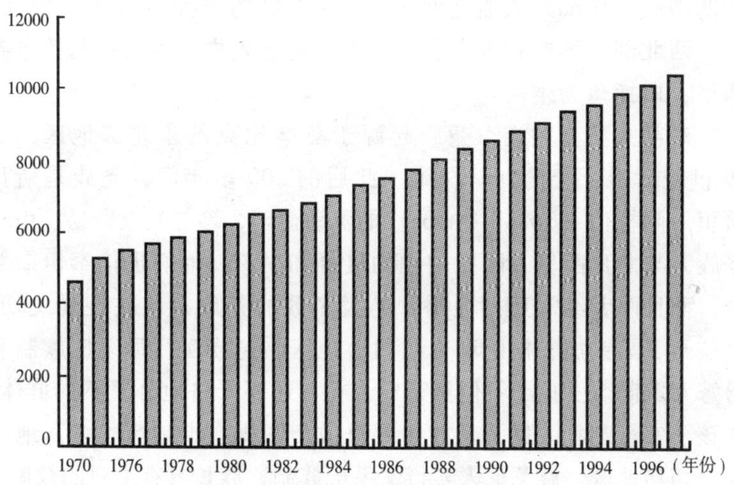

图1-1 马拉维人口增长曲线图

资料来源：http://www.nationbynation.com/Malawi/Population.html.

二 民族

马拉维种族和民族多样。根据1977年的统计，马拉维有非洲人5532298人，欧洲人6377人，亚洲人5682人，其他少数民族为3103人。根据1981年统计，马拉维族人占总人口的50%，隆韦族人占总人口的19%，尧族人占总人口的14%，恩戈尼族人占总人口的9%，菲帕族人占总人口的3%，尼亚库萨族人占总人口的3%，其他人口占总人口的2%。①

马拉维的民族构成复杂而分散，西南部主要有尼扬加人、契瓦人、恩森加人、西孔达人。这几个部族相互渗透、混合，通称马拉维族，系国内第一大族。其中契瓦人数量较多，主要居住在中部地区和南部地区，特别是马拉维湖沿岸和奇尔瓦以及布兰太尔、松巴、奇夸瓦地区。他们和恩戈尼（Ngoni）、尧族、隆韦族和塞纳族（Sena）人毗连而居，使用同样的语言——契瓦语。

西北部为图姆布卡人和通加人。通加人主要生活在马拉维湖西岸，以捕鱼为生。

东部主要是尧族。尧族起源于莫桑比克的东北部地区，于19世纪后半叶迁徙到马拉维。此后的200多年间，尧族是斯瓦希里-阿拉伯（Swahili-Arabs）的贸易盟国，参与奴隶贸易。由于尧族人与斯瓦西里-阿拉伯人的接触和交流，他们也信奉伊斯兰教，而且两者经常互相通婚。绝大多数的尧族人居住在曼戈切、巴拉卡、马钦加、松巴和奇拉祖卢地区。尧族实行母系氏族制和男嫁女家制。女孩子不但实行成人礼，还要严格地分属不同群体。男孩子实行割礼。恩戈尼族主要分散于图姆布卡地区、多瓦地区和恩切乌地区。恩戈尼人实行父系氏族制，族长具有绝对的权威。

在马拉维北部，主要居住着恩贡德人。他们主要从事畜牧业，按父系溯源和继承家业，但不存在氏族组织。青年人按年龄大小结社，一直到成婚立家。

隆韦族居住在马拉维南部，特别是姆兰杰、帕隆贝和奇拉祖卢地区。他们的语言是奇隆韦语，其母系氏族的社会结构与尧族很相似。马拉维的南部特别是希雷地区，还生活着塞纳人，他们中的很多人来自莫桑比克。他们的婚嫁和继承都适用的是父系的社会系统，并且积极参与商业和政治活动。

---

① 参见葛公尚主编《万国博览·非洲卷》，新华出版社，1999，第662页。

三　语言

马拉维各个民族都有自己的语言。英语和奇契瓦语为官方语言。

在殖民地统治时期，除了英语是官方语言外，奇尼扬加语也是一种广泛使用的主要语言，马拉维北部地区的学校还讲授奇图姆布卡语（ciTumbuka）。

1968 年，奇契瓦语被官方宣布为马拉维的国语。北部学校停止了讲授奇图姆布卡语，同时报纸和媒体也不再使用奇图姆布卡语。英语继续成为官方语言。1994 年马拉维国民大会党在选举中被击败后，执政的联合民主阵线对语言政策做了很大的调整。英语的地位没有改变，奇尧语（ciYao）、奇隆韦语（ciLomwe）、奇图姆布卡语、奇塞纳语（ciSena）等开始在广播和教科书上使用。

四　宗教

马拉维人信仰繁杂。约 75% 的居民信奉基督教新教和天主教，20% 的居民信奉伊斯兰教，信奉印度教的居民占 0.1%，其余信奉原始宗教。

西方传教士对马拉维宗教的影响是巨大的。19 世纪下半叶，新教徒和天主教教士相继来到马拉维传教。首先进入马拉维的是苏格兰人。向马拉维派出传教团的是：中非大学传教团、苏格兰自由教派和苏格兰国立教派。

中非大学传教团于 1859 年由主教查尔斯·弗·麦肯齐在英格兰创立。1861 年，它选择马戈梅罗（magomero）作为主要传教基地。从一开始，中非大学传教团就面临着极大困难。因马戈梅罗处于尧族统治区猎取奴隶的中间地带，传教团也卷入了当地的政治斗争。当麦肯齐在 1862 年 1 月去世的时候，其余的传教团成员移至更远的希雷河流域，在那里被新的主教威廉·托泽（Tozer）吸收，这种状况一直持续到1885年，这时，利科马（Likoma）岛成为了中非大学传教团新的基地。在威廉·皮·约翰逊的帮助下，传教团获得了一艘汽船，为马拉维湖沿岸的各传教据点服务。到19世纪末，传教团在马拉维湖沿岸设立了一系列学校，1899年，建立了圣·迈克尔大学，为当地培养教师。1911年利科马大教堂竣工。

1875年，詹姆士·斯图尔特博士（Dr. James Stewart）和罗伯特·劳斯（Robert Laws）领导的苏格兰自由教派利文斯敦尼亚传教团在麦克利尔岬（Cape Maclear）建立了传教基地；1881年，向北迁入更远的班达韦（Bandawe）。除了传播基督教以外，利文斯敦尼亚传教团注重正统的西方教育，包括科技和商业训练。1884年，罗伯特·劳斯在孔多韦（Khodowe）创立了奥威尔托恩（Overtoun）学院，培养教师、教士、簿记员、职员、泥瓦匠和木匠。到1900年为止，传教团活跃的教育活动为马拉维培养了超过50%的小学生。

1876年，亨利·哈德森和他的向导汤姆·博克维托（Bokwito）在当地尧族首领卡佩尼（Kapeni）给予的地方开始建立苏格兰国立教派的布兰太尔传教团。1881年，新的领导者大卫C. 斯科特（David C. Scott）牧师和他的助手亚历山大·赫瑟威克（Rev. Alexander Hetherwick）牧师喜欢与非洲福音传教者一起共事，其中有三个非洲人在1893年成为执事：约瑟夫·俾斯麦（Joseph Bismarck）、朗达·凯弗兰吉拉（Rondau Kaferanjila）、唐纳德·麦洛塔（Donald Malota）。1909年，布兰太尔传教团开设了亨利·哈德森学院，成为培养非洲人的重要教育机构。1924年，在劳斯和后继者赫西威克的建议和推动下，布兰太尔和利文斯敦尼亚长老会同意建立中非长老会教会（CCPA）。1933年哈里·K. 马特切塔（Harry K. Matecheta）成为第一位非洲人布兰太尔长老会会议主席。

苏格兰传教团比其他的传教团更早地激励非洲人民对自由的渴望，在某种程度上，对近代马拉维国家意识的形成起了很大的作用。①

直到20世纪早期，罗马教会才在马拉维建立永久传教团。蒙特福特玛利亚神父于1901年到达马拉维。也就是说，白人神父组织是第一个到达马拉维的罗马教会传教团。到1904年，白人神父组织在卡切雷（Kachere）、利库尼（Likuni）和木阿（Mua）已经有三个永久性基地，在恩古鲁迪（Nguludi）和恩扎马（Nzama），蒙特福特玛利亚神父建立了两个传教团。20世纪30年代后期，白人教父组织开始在恩扎马地区的卡太特（Katete）建立据点。大多数的白人教父是法国人，早期的领导者是路易斯·奥尼（Louis Auneau）主教、约瑟大·杜邦（Joseph Dupont）和马瑟里恩·盖莱雷莫（Mathurin Guilleme）。直到1937～1938年，白人神父组织才任命了第一批马拉维人神父：科内利奥·奇特苏罗（Cornelio Chitsulo）、阿尔佛雷德·芬恩耶（Alfred Finye）和安德里亚·玛科约（Andrea Makoyo）。

教会传教团和新教徒传教团之间有着一些区别，前者比后者更有等级性和独裁性。非洲人神父很少冲破原有的组织建立自己独立的教派。而在罗马教派传教团中，有些修女专职为马拉维的妇女和儿童工作，日常生活也由妇女社团提供服务，这对马拉维女性有吸引力。但是在男性长期主宰的社会里，被吸收的女性需要有较高的地位，受过良好的教育和更多的独立性。

马拉维独立后，宗教信仰和宗教组织得到进一步的发展。马拉维政府相信，国家和宗教组织的配合能够促进社会经济的发

① Owen J. M. Kalinga, Cynthia A. Crosby, *Historical Dictionary of Malawi*, The Scarecrow Press, Inc. Lanham, Maryland and London, 2001, pp. 247～249.

展。前总统穆卢齐经常出席一些重要的宗教集会，赞赏宗教组织在国家各个方面发展中扮演的重要角色，并鼓励宗教团体创建大学，以推进国家教育的进程。每年7月国庆日的礼拜仪式展示了不同宗教教派间亲密合作，政府则是其中主要的参与者。在这样良好的氛围下，许多宗教组织已经在教育、健康等领域为马拉维的发展做出了重大的贡献。马拉维不同的宗教教派在自由和宽容的氛围中实践着它们的信仰。

第四节 民俗与节日

一 民俗

1. 服饰

马拉维各族男女均蓄短发。男子的头发不容许超过颈背，也不许穿上窄下宽的喇叭裤。女士则不可穿暴露的衣物，马拉维女子的裙装称“沙鹿”，裙子不可在膝盖以上。在正式场合如宴会男士应备有黑色或白色的西服。[1]

由于马拉维属亚热带气候，气温随地势高低而不同。平原地区热且湿，高地则较温和，9月至翌年4月着夏季服装，5月至8月着毛衣。

2. 饮食

马拉维居民大多爱吃烤玉米，也用玉米糊或高粱糊加上牛奶烙成大饼，同时用西红柿、牛肉煮成红汤一道吃。因当地盛产香蕉，当地人还爱吃香蕉饭。马拉维居民还爱吃鱼、牛肉、羊肉、鸡肉、辣椒汁等。马拉维人有食白蚁的习惯，春季白蚁繁殖季节

---

① 山东国际商务网 http：//www. shandongbusiness. gov. cn/chinese/php/show. php? id = 4579.（最后访问时间：2006年3月10日）

人们可以不工作。①

3. 居住

马拉维有现代样式的楼房，但大多马拉维人都喜欢住圆形茅屋。它是用树枝编织抹泥做墙壁，用香蕉叶和茅草盖顶的，分大房屋和小房屋，大约三四十座房屋就可组成一个自然村。大房屋较为宽敞，里面有日常必需的生产和生活资料。小房屋比较狭小，里面除了睡觉用的一张席子外，别无他物。老年人和作了父母的人才有资格住在大房屋里，青少年只能住在小房屋里，但白天吃饭和劳动仍和父母在一起。一般情况下，当孩子长大到十二三岁时，父母就给他在其他年轻人住的小房屋旁边盖一间小房屋；结婚后，父母又帮助他在房屋旁盖一间更小的茅屋做厨房。在生了孩子后，就在自己父母居住的大房屋旁盖一间大房屋居住。要盖大房屋首先必须向酋长提出申请，酋长点头同意后便邀集四邻来帮忙。房屋竣工后，主人必须请大家吃顿饭，以示庆贺和答谢。②

4. 风俗——妇女洗年澡

马拉维人保持着不少的传统风俗习惯，其中较为典型的是成年妇女洗年澡。这种习惯尤其在马拉维湖的湖滨居民中更为盛行。元旦那天，用过早饭后，已婚妇女便成群结队地来到水井旁洗年澡。一个人先蹲下，其他人都要依次往她头上浇一盆水，然后换另外一人，直到每人都用这种方式洗过。洗年澡的意义在于，一方面要除去身上的污秽，另一方面想洗掉附在身上的祸害，干干净净地辞旧迎新，在新的一年里能够一切顺利，幸福安康。

---

① 中国邮政网——马拉维概况。http：//www. chinapost. gov. cn/upuxx/gaikuang/wen/malawi. htm.（最后访问时间：2006 年 3 月 10 日）

② 参见 http：//www. nhyz. org/yxx/xqbk/sjhl/sjhl_ 32. htm.（最后访问时间：2006 年 3 月 12 日）

5. 礼仪

马拉维人热情好客。同他们交往时，要注意礼节，诚恳相待。马拉维人的民族自尊心很强，在谈话时，不可有意无意地使用有损于他们民族感情的话语、暗示或比喻等，否则会引起不快。另外，在与马拉维人交往时，不可轻易询问对方年龄，打听对方的财产情况等。马拉维人在国际场合行握手礼，采用国际通用的称谓。马拉维忌讳谈论总统健康和计划生育问题。①

6. 婚姻

婚姻风俗盛行一夫多妻制，妇女地位低，承担了大多数的家务与农务工作。一夫多妻制有多种形式。在信仰伊斯兰教的黑人部族中，依据《古兰经》的规定，一个男子可以娶四个妻子。而在其他的部族里，娶妻的数量是不受限制的，酋长可以娶到几十个，在农忙时甚至可以娶到上百个妻子。不过普通的男子很少能娶到三个以上的妻子。众妻的地位相对平等，各个妻子都单独住在一间茅屋里，丈夫轮流到妻子处过夜。当然，正妻即第一个妻子的地位一般高于其他妻子，她管理着家庭的事务。

二 节日

拉维有很多重要的民族性和国际性的节日。

1 月 1 日 新年

1 月 15 日 民族英雄奇伦布韦纪念日

3 月 3 日 烈士纪念日

4 月 5 ~ 8 日 复活节

---

① 中国邮政网——马拉维概况。http://www.chinapost.gov.cn/upuxx/gaikuang/wen/malawi.htm.（最后访问时间：2006 年 3 月 10 日）

5月1日　劳动节

5月14日　总统生日（马拉维第一任总统海斯廷斯·卡穆祖·班达生于1902年5月14日）

6月14日　自由日

7月6日　国庆节（马拉维于1966年7月6日成立）

10月17日　妇女节（这一天，马拉维全国放假，妇女们身穿艳丽的民族服装，在各地举行隆重的庆祝活动；男人们则大都在家操持家务，对妇女百般照顾）

12月25日　圣诞节

第五节　主要城市

一　利隆圭

利隆圭位于马拉维中西部，跨利隆圭河两岸，是马拉维的首都和全国政治中心，也是马拉维的第二大城市，人口45.7万（2001年统计）。利隆圭始建于1968年，1975年1月马拉维首都从松巴迁于此。利隆圭周围是富庶的烟草、花生、玉米产区和养牛区，其工业以烟草加工为主，还有肉类加工、服装、家具等工业。利隆圭是马拉维中部地区农产品的集散中心，商业繁荣发达。利隆圭为全国公路中心，干线公路南通布兰太尔和松巴，北通广大北部地区，东至马拉维湖畔，西通邻国赞比亚。利隆圭建有国际机场。

利隆圭的城市分新城和旧城两部分。旧城为传统服务业和零售业集中区，新城为政府机构、使馆、警察总部、银行和法庭的集中区。

位于城市正中的首都山是政府首脑机关所在地，山上有9幢色彩纷呈、造型美观的三层办公大楼。总统和内阁办公大楼居中，政府各部陪伴周围。这些漂亮的建筑匀称地镶嵌在一片葱绿草木之中，相映成趣，使首都山成为“园中之园”。在首都山的周围，有新兴的商业区，整齐的工业区，幽静的使馆区，发展中的居民区，南郊的防风林区。在商业区的中央广场有一家规模较大的商场——“人民贸易中心”（People's Trading Centre-PTC）。这个超级市场里商品不少，但绝大部分是进口货，尤以南非商品为多，如高档日用品、服装、电器、食品等，价格昂贵。今天的利隆圭已初步形成了一座布局合理的现代化城市①。

在紧靠城西的利隆圭河畔还保存着传统风格浓郁的旧城。居住区分传统居民区和新住宅区。传统居民区是以原来的村社为基础，在政府帮助下建立起来的。区内有医疗站、小学、商店、教堂、俱乐部等，还配有电灯、公用自来水，这与非洲许多城市普遍存在的棚户区形成鲜明对照。新住宅区的住房分两部分：一部分是由“国家房屋公司”建成出租或出卖给市民的；一部分由市民购得地皮后自行设计建造。在新住宅区，简易砖房和漂亮洋房杂陈，但各具特色。利隆圭较好地解决了市民的住房问题。

利隆圭不但是马拉维的政治中心，也是马拉维教育中心，许多的大学和学院都在这里，如卡穆祖护理学院和邦德农学院等。②

二　布兰太尔

布兰太尔位于马拉维南部希雷高原上，海拔 1039 米，东北距松巴 60 公里，是马拉维的经济首都和最大城市，也是南部省首府，有人口 100 多万。

---

① 参见陈一飞《马拉维社会调查纪实》，载《西亚非洲》1987 年第 5 期第 62～63页。

② Owen J. M. Kalinga, Cynthia A. Crosby, *Historical Dictionary of Malawi*, The Scarecrow Press, Inc. Lanham, Maryland and London, 2001, pp. 211～212.

布兰太尔始建于1876年，原是苏格兰教会的驻地，曾经长期作为英国殖民地统治的重要据点，也是英国在南部非洲最早的殖民地统治据点之一。1883年英国在这里设立领事馆，1895年设市级建制，成为马拉维最早的一座城市。1956年，布兰太尔与位于东郊8公里处的林贝联合组成一个市，称为布兰太尔－林贝市，但人们习惯称为布兰太尔，视林贝为布兰太尔的一座卫星城市①。

林贝与布兰太尔有铁路和公路相连，交通十分方便，这里不仅是最大的烟草市场，而且是茶叶和桐油的集散地，有卷烟、制皂等工业，每年的4月底到9月，是布兰太尔最繁华的时期，因为在这一段时间里林贝的烟草市场开放，世界各地的烟草贸易商接踵而来，尤其是西方国家的烟草商，展开激烈的收购价格竞争；布兰太尔大街小巷都是肤色不同但个个腰缠万贯的富翁，这些人在谈判烟草生意的同时，逛商场，购物品，游名胜，探奇景，带来了马拉维旅游事业的兴旺发达。②

布兰太尔现为马拉维工商业中心，集中全国大部分工厂，有食品、纺织、烟草加工、水泥、皮革、家具、车辆修理等部门，附近建有瀑布水电站，农产品贸易非常兴旺。布兰太尔是南部地区的交通枢纽。铁路向东、南通莫桑比克的贝拉和纳卡拉，是对外联系的要道；向北通马拉维湖的水陆联运港萨利马，是联系北部地区的要道。公路通首都利隆圭和其他主要城市。建有国际航空港。

布兰太尔也是马拉维的教育中心之一，设有许多初级、中级学校和学院以及马拉维大学综合技术学院。著名的伊丽莎白医院就在布兰太尔，它是马拉维政府指定的重要医疗中心。近年来布兰太尔的工业持续发展。

布兰太尔还是马拉维总统的主要官邸——桑济卡宫（Sanjika

① 非洲商务网——马拉维国家介绍。

② 同注①。

Palace）的所在地。尽管它从来没有成为马拉维的政治中心，但是所有的政府部门都在这座城市保留了主要的附属办公地点。

马拉维人自豪地称自己的国家是非洲的好客之邦，布兰太尔是马拉维的好客之都。

三　松巴

松巴位于马拉维东南部松巴山麓，海拔 960 米。1885 年英国殖民者将这里建为统治据点，1891 年松巴成为尼亚萨兰保护国首府。1964 年马拉维独立后，松巴被定为首都，1975 年利隆圭取代松巴成为新首都。市内的著名建筑有：建于 1887 年的松巴大厦、1922 年的政府办公大楼和 1957 年的议会大厦。1975 年迁都后，马拉维议会继续在此办公开会，1994 年大选后，马拉维政府通过决议，在利隆圭建造了新的议会大厦。

松巴有日用化工、食品、服装、锯木、水泥等小型工业，是烟草加工和集散中心。松巴交通便利，有公路通往利隆圭与布兰太尔，建有航空站。

松巴还是马拉维重要的文化中心。从 1973 年起，松巴已经成为一座大学城，是马拉维大学管理学院和马拉维大学管理中心所在地。同时，马拉维国家档案馆和马拉维国家考试委员会也都设在松巴。①

四　卡松古

卡松古位于恩科塔科塔（Nkhotakota）西北大约 80 英里处，是马拉维首任总统班达的故乡。卡松古是马拉

① Owen J. M. Kalinga, Cynthia A. Crosby, *Historical Dictionary of Malawi*, The Scarecrow Press, Inc. Lanham, Maryland and London, 2001, pp. 414 ~ 415.

维主要的烟草产地之一。卡松古西部的卡松古国家公园是马拉维最大的野生动物保护区。

五　姆钦吉

姆钦吉就是原来的曼宁堡，位于契瓦区域，建城于1898年。这里肥沃的土地，使得该区成为主要的烟草、玉米产地。姆钦吉是该地区的首府，也是马拉维从利隆圭到马拉维—赞比亚边境铁路线的重要城市。①

六　萨利马

萨利马，位于马拉维湖的西南岸。自1935年起，它已经是马拉维铁路系统北部的终点。在马拉维摆脱英国殖民统治之前，萨利马属于多瓦行政区。20世纪70年代，在加拿大政府的资金支持下，修建了从萨利马到新都利隆圭的铁路。这里是马拉维棉花和稻米的主要集散区，德国人在萨利马湖滨援助了为提高这两种作物产量的发展计划。②

---

① Ibid.，140，141.

② Ibid.，355.

第二章

历　史

第一节　上古简史

一　石器时代

在 200 万年前或更早以前，马拉维这块土地上就有古人类出没。早期石器时代马拉维人的生活很大程度上受到环境因素的影响，迄今为止发现的早期石器时代的人类遗址大多分布在马拉维湖滨或者河谷之中。据研究，马拉维更新世的年降水量在现在降水的 50% ~150% 之间波动。① 因此，马拉维无论是高原上的红、棕壤，还是低地的黑壤都适宜于作物发育生长，是富饶的狩猎采集地域。马拉维湖滨和希雷河谷地不仅雨量充沛，土地肥沃，水草肥美，还没有萃萃蝇的滋扰，适宜于农耕和放牧。马拉维湖、马隆贝湖和奇乌塔湖、奇尔瓦湖都为捕鱼者提供了大量的鱼类资源。这些环境和条件适于人类的生存、进化和发展。1965 年发掘的奇翁杜遗址表明，200 万年以前可能已有人类居住在马拉维，他们是从非洲的早期猿人直接进化而来的，已开始狩猎，生活处于不停地迁徙流动中。奇蒂姆威遗址出土了

① B. Paehai (ed.), *The Early History of Malawi*, Longman, 1972, p. 41.

一些砍砸器和切削器。石器工具的发现可以确证已有人类存在。到距今150万年前的阿舍利石器时代晚期，用火的知识已传到了马拉维。

在距今12.5万年前，马拉维的早石器时代已向中石器时代过渡。中石器时代遗址中发掘了大量人工制品。除了砍砸器、刮削器外，还有尖状器，部分已开始磨制。这一时期，随着古人类向智人阶段发展，作为主要劳动工具的石器的制作技术已显著改进。从考古遗址的分布可以看出，当时的人口数量有明显的增加，人们的活动空间已从湖滨地区向高原上的河谷地区和马拉维高地地区扩展。马拉维的晚石器时代从8000年前开始，一直由卡富拉人狩猎采集者延续到公元200年。这一时期的考古遗址从南到北都有。出土文物中有石英岩做的砍砸和切削工具，有骨制尖状器，有加工植物性食物用的石臼、石杵和磨石，有狩猎用的弓箭，还有装有木把手的投掷器。在姆津巴、利隆圭等地还发现了这一时期的岩壁画。初期多用红颜色，后改为红、白相间或单独着白色，画面上多为狩猎场面。这说明随着生产工具的改进，人类的生产能力大大提高，较大范围的人类共同体的出现成为可能。最为重要的是1950年发掘的霍纳山遗址和1967年发掘的芬吉纳遗址中都出土了人类骨骼遗物。从这些人体骨骼化石来看，他们既有尼格罗人的特征，又有一些布须曼人的特点，其体格短小粗壮，说布须曼人特有的“倒吸气音”语言。他们被称作“卡富拉人”。[①] 卡富拉人是马拉维的原始居民，他们住在地穴里，从事狩猎、捕鱼，农耕也有一定的发展。约在公元300年左右，第一批移民进入马拉维[②]，13～16世纪班图人逐渐进入马拉维地区定居、建立国家。马拉维的湖滨地区和希雷河谷地是人口

---

① 葛公尚主编《万国博览·非洲卷》，新华出版社，1999，第623～624页。

② B. Paehai (ed.), *The Early History of Malawi*, Longman, 1972, p. 71.

密集的地区，是人种聚集融合的场所和重新进行大规模迁徙的起点，是经济和政治的重心，也是东部、中部和南部非洲文化交流的枢纽。

二　铁器时代

铁器的出现和应用在非洲历史上具有划时代的意义。马拉维历史上没有经历青铜时代。公元2~3世纪马拉维直接从石器时代向铁器时代过渡。这一时期马拉维地区广泛分布着使用铁制工具的农业种植者。他们和石器晚期时代的人生活在一起，共同创造了目前所知马拉维最早的陶器“恩考坡陶器”（Nkope ware）。在他们的永久居住地恩考坡湾地区，这些人制造了很多带有装饰精美花边的碗。他们的食物都放在碗里，包括鱼、海龟、野生动物、谷物和蔬菜。[①] 在霍波山遗址，出土了大量质地较厚的陶器，大堆炉渣，深处还有大量铁渣和通风口的碎片。这说明制陶业已有一定发展，已能用熔铁炉生产大量的铁。马托佩遗址中出土了铁锄碎片和本地不生产的玻璃珠子和玛瑙贝壳，这说明当时人们已用铁锄耕种，已有贸易。进入晚铁器时代后，马拉维原始居民的生产和生活方式有所变化。在北部卡龙加地区发掘的姆瓦马萨帕墓葬遗址中出土了陶器、玻璃串珠和高粱粒的化石等。陶器质地细薄，颈口没有厚边。这种陶器原本是马拉维湖西南炎热低地地区的产品，这说明马拉维湖西南地区用陶器换北部地区的谷物有古老的渊源。高粱作为陪葬品说明当时农业尚不够发达，植物果实仍是奢侈品。在南部的麦克利尔南遗址出土了印度产的红圆柱珠子，这说明当地人不仅与非洲大陆内部有贸易关系，还与印度开展了贸易。

---

① Owen J. M. Kalinga & Cynthia A. Crosby, *Historical Dictionary of Malawi*, The Scarecrow Press, Inc. Lanham, Maryland, and London, 2001, xxxiii.

从马拉维铁器时代考古成果可以看出，迁入马拉维的第一批移民是在早铁器时代到达的，大约是公元 300 年左右。[①] 因为在撒哈拉以南非洲，虽然许多地区开采铁矿砂已有悠久的历史，但只有西非才是最早掌握炼铁技术的地区。以后随着班图人的迁徙，他们的冶铁技术也就传播到了马拉维。这些移民主要沿松戈韦河从北向南迁入，分布在马拉维湖西岸和南岸，以猎获动物和捕捞湖里的水产为生。农业和手工业也有一定的发展，内外贸易都已开始进行。马拉维北部南鲁库鲁河上福波山旁的一个遗址，发现有早期铁器时代文化长期存在的证据，其年代是公元 2～5 世纪。发现的实物有陶器碎片、野兽骨和炼铁的遗迹以及贝壳盘形圆珠，但没有发现玻璃珠。这里的陶器和赞比亚东部的卡姆纳马群遗址显然接近，而与东非的早期铁器时代的器物也有密切关系。[②] 根据考古学家的发掘，在公元 10 世纪到 13 世纪期间，马拉维地区存在着另一种类型的陶器，称为"卡派尼"陶器（Kapeni）。卡派尼陶器的制造者很明显与恩考坡陶器的制造者有一定的联系。他们还影响了 15～17 世纪的马五渡陶器文化，因为两种陶器中都出现过一种带有底座的碗。[③]

铁器的出现增强了人类对环境的控制，促进了农业的发展和人口的增长。同时，由于铁器的使用，促进了人类需求的多样化，交换和贸易得到了发展。铁器所引起的生产力的发展，导致了私有制的出现和阶级的产生，于是在非洲涌现出一系列文明古国，其中之一就是著名的马拉维王国。

---

① 葛公尚主编《万国博览・非洲卷》，新华出版社，1999，第 624 页。

② G. 莫赫塔尔主编《非洲通史》（第二卷），中国对外翻译出版公司，联合国教科文组织出版办公室，1984，第 528 页。

③ Owen J. M. Kalinga & Cynthia A. Crosby, *Historical Dictionary of Malawi*, The Scarecrow Press, Inc. Lanham, Maryland, and London, 2001, xxxiv.

第二节　中古简史

一　马拉维王国的建立

在叙述马拉维王国古代史之前，我们首先应当弄清楚“马拉维”（Malawi）一词的含义。从语源学来看，关于马拉维词义的传说有三种：第一种传说认为，马拉维是奇契瓦语中“火焰”（fire flame）一词，后来被一群先辈移民所采用。因为，他们从马拉维湖周围的高地上向下俯视大湖时，惊奇地发现它在阳光下闪烁着火焰般的光芒。第二种传说认为，新迁到湖滨的移民发现肥美的草地环绕着燃烧的湖，这群移民就以神奇的火焰命名这个地区。第三种传说是由著名历史学家 S. Y. 恩塔纳收集的。他在自己的著作《契瓦人口述史集》中写道：“马拉维就是指炎热、低洼的土地，源于低湿土地上的热空气振动起来好像火焰”，于是迁入者便以火焰命名。[①] 这一地区指从北边的林塞佩河到南边的约翰斯顿堡的湖滨地区，这也是马拉维移民首先居住的地方。

从地理志来看，马拉维一词常指湖西南地区，同时也指古代的聚居地、群山。关于马拉维常指湖西南地区这一点，国际史学界已基本达成共识。三位马拉维早期史的专家 S. Y. 恩塔纳、W. H. J. 兰吉利和 T. 普赖斯对此都持相同意见。主要论据有两点：一是实地调查的结果。湖西南地区的居民把自己所在区域看成是原始的马拉维所在地。这种看法从古到今一直流传，没有改变。二是早期到达此地的旅行家留下了一幅珍贵地图，图上标出

① 〔英〕约翰·派克著《马拉维政治经济史》，史一竹译，商务印书馆，1973，第 67 页。

的湖西南地区就是马拉维王国。最重要的证据是葡萄牙旅行家加斯帕尔·博卡诺。博卡诺于1616年亲自到了湖西南岸的穆祖拉酋长国，但他的报告公布较晚。他认为，马拉维是穆祖拉酋长国的首都，但位置离湖较远。不管马拉维的准确方位在那里，穆祖拉酋长国的首都就在湖西南地区，而且取名为马拉维，这是毫无疑问的。穆祖拉是菲里人，这是众所周知的事实，所以，马拉维与菲里人有关系。恩塔纳根据自己实地调查所收集到的口述史料分析，认为菲里人习惯于称自己的聚居地为马拉维。据此，我们可以初步推论，马拉维可能就是菲里人的首都或聚居地。

总之，从口述史、地理志和现有文字材料可以证明，马拉维作为一个地名，就是指过去菲里移民所居住和控制的地区，即湖西南地区；马拉维作为一个民族名称，指菲里人。

马拉维人或菲里人何时进入马拉维，史学界尚有争论。通常认为，马拉维人或菲里人是在1400~1409年的干旱时期迁移到马拉维湖区的。从民族史和语言学角度来看，进入马拉维的移民并非一个整体。根据17世纪葡萄牙人的观察，那时马拉维族除了菲里族外，还有另外的族群，它们也被称为马拉维人或是马拉维人的后裔。[①] 这些族群分别是恩森加族、奇昆达族、契瓦族、津巴族、奇佩塔族、恩图巴族、姆博族、曼干加族、尼扬加族和尼亚萨族。其中除恩森加族外，其余各族都说尼扬加语的不同方言。这说明，在17世纪以前，在赞比西河以南、马拉维湖以西地区已存在一个马拉维王国，这个国家的移民是在此以前的不同时期、分批进入的。而菲里人是最早来到马拉维的一个族群。

---

① M. G. Marwick, "History and Tradition in East Central Africa through the eyes of the Northern Rhodesian Cewa", *Journal of African History*, Ⅳ 3 (1963), pp. 375 ~ 390.

根据正统的说法，马拉维部族是由马济济·卡龙加率领从刚果河那里出来的。[①]“卡龙加”（Karonga）一词是由动词“库龙加”（kulonga，意为“集合在一起”）演变而来，词意是“王子”、“大酋长”或“国王”。这个词最初是一些部族酋长的世袭称号，后来酋长自己也以此为名。菲里人最早定居在今姆祖祖以北不远的乔马山脉附近，然后向南迁移，部分同化、部分赶走了当地的卡富拉人，定都曼肯巴（Mankhamba），然后按亲属关系进行大分封。

为什么是移入马拉维的菲里人或马拉维人而不是当地的土著建立了国家呢？回答这个问题首先要从马拉维人的起源谈起。人类学家根据口头传说认为，马拉维人按传统的职能分工为两个主要的母系氏族：一个是菲里，它拥有传统酋长的职位，有政治权力；另一个是班达，他们可能是原来部族的后裔（或许就是马拉维最早的居民卡富拉人的后裔），具有祈雨的宗教权力。[②]根据这一传说，我们可以得出较为合理的解释，即菲里人的到来就是主要入侵者的到来，是卢巴王国的班图人的到来，他们对当地居民卡富拉人建立了统治。为什么菲里人初到就能成为当地居民的统治者呢？最主要的原因是两者的社会发展水平不同。外来移民给当地人带来了冶铁技术并把铁工具使用于生产，而当地人那时仍在石器时代徘徊。根据马拉维人传说，这些菲里人身材高大健壮，耳垂都穿了孔，他们既养牛又农耕，还以猎象著称；既使用铁锄、铁箭头，还使用精制的宽刃矛。这种沉重的工具在当今马拉维人的面具舞蹈中仍可看到。他们住在村庄里分散的茅屋中。这就与形体矮胖、住在地穴、只知狩猎捕捞采集、使用细石

---

① 〔英〕约翰·派克著《马拉维政治经济史》，史一竹译，商务印书馆，1973，第62页。

② R. A. Hamilton, "Oral Tradition: Central Africa", in D. H. Jones (ed.), *History and Archaeology in Africa*, London, 1959, p. 220.

器的卡富拉人形成了先进与落后的明显对比。铁工具用于农业和狩猎，使劳动生产率大大提高，农业的发展使以农为生的菲里人逐渐积累起财富；猎象业的发展使对外象牙贸易大发展。一般而言，菲里人输出象牙、毛皮等，进口串珠、布匹等。这些进口的物品在马拉维铁器时代考古发掘中已普遍得到证明。贸易的发展使财富更加集中于菲里人之手。这就形成了经济上的分化，土著族群相对贫困化。加之菲里人是征服者，具有各方面的优势，因此，很快上升为社会的统治集团，而当地人和一些贫困化的移民集团逐渐沦为被统治阶层。于是，菲里人迅速建立起一个分封制的马拉维王国。

15～18世纪，整个马拉维地区处于卡龙加王朝的统治之下。在16～17世纪间，马拉维各部族的势力向周边地区不断扩张。菲里集团的一些成员随着实力的增强，开始摆脱了卡龙加的控制，建立了独立的王国。其中一个例子是卡夫威蒂（Kaphwiti）和他的侄子伦杜（Lundu）。17世纪中期，伦杜的政权在今天的奇罗莫（Chiromo）地区正式建立，此后向东扩张到莫桑比克的马库-烙烙地区（Makua-Lolo）。[①]

马拉维的一个部族在翁迪（Undi）的带领下向西扩张，他们占领了卡波切河（Kapoche River）上游、太特河（Tete River）以北的地区。还有一些马拉维人向北迁移，占据了契瓦族（Chewa）和图姆布卡人（Tumbuka）、通加人（Tonga）居住的地区。上述所有封臣都隶属于国王卡龙加。马拉维王国建立后，其疆域南到赞比西河附近（尚未到赞比西河），东到希雷河两岸，北到卢安瓜河。

16世纪末，一个名为穆祖拉的人继任卡龙加。穆祖拉来自

① Owen J. M. Kalinga & Cynthia A. Crosby, *Historical Dictionary of Malawi*, The Scarecrow Press, Inc. Lanham, Maryland, and London, 2001, xxxiv.

菲里氏族的母系，是合法继承者。穆祖拉本人有雄才大略，他励精图治，使国家迅速强盛。1608 年，穆祖拉国王派兵 4000 人越过赞比西河追击逃亡到那儿的小酋长；同时帮助葡萄牙人侵蚀赞比西河以南的强大国家莫诺姆塔帕。就在穆祖拉国王加强中央集权的同时，南面的封臣伦杜日益坐大。16 世纪末，伦杜因为拥有湖西南肥沃地区，控制了与穆斯林商人和葡萄牙商人的贸易而逐渐强大。他大肆向东、向南扩张。向东，他击败了住在今莫桑比克境内的马库阿人和隆威人；向南，派小酋长姆洛洛和滕加尼征服了希雷河和鲁奥河交汇处；派多布武和莫尼奥一路烧杀抢掠，扩张到赞比西河北岸。强大的伦杜个人野心膨胀，想成为马拉维王国的卡龙加。这就与企图完全控制对外贸易、加强卡龙加对各封臣权威的穆祖拉发生严重冲突，结果穆祖拉在葡萄牙人的支持下于 1622 年彻底击败了伦杜，加强了中央集权，马拉维王国进入鼎盛时期。1623 年，当莫诺姆塔帕王国的国王加兹·鲁塞莱去世时，穆祖拉对这个国家发动了大规模战争，摧毁了葡萄牙人在赞比西河上的一些据点，越过赞比西河。这就引起企图霸占莫诺姆塔帕王国产金地的葡萄牙人的强烈不满。葡萄牙人与莫诺姆塔帕王国结成联盟，进行反击。马拉维王国军队劫掠了大量财富后退回赞比西河北岸。从 1622 年起，葡萄牙人就称马拉维王国为“马拉维帝国”。根据 1635 年博卡诺的记载，此时的马拉维王国统治着南起赞比西河，北达德万格瓦河，东起克利马内往里的古鲁埃高地，西到卢安瓜河的广大地区。马拉维人与葡萄牙人之间进行的大宗贸易是象牙、铁器和粗棉布。穆祖拉指挥着一支超过 1 万人的军队，希望葡萄牙人不再称其为“国王”(King)，而要求他们像对待莫诺姆塔帕皇帝那样尊称他为“皇帝”(Emperor)。马拉维王国的强大也可以从当时的社会风尚得到证明：其他族群的人纷纷归附马拉维人，并以此为荣耀。马拉维王国之所以强大，并非像某些西方学者所强调的那样，是好战的本性驱使其征服的结果，而是由多种有利因素综合作用的结果。一是马拉维王国军事力量强大，不仅人数多，装备也好，据说已使用少量火枪，因而战斗力强。二是马拉维王国的分封制看起来较松散，但在国家建立之初还比较稳定，这就为精明能干的穆祖拉加强中央集权奠定了有利的基础。三是卡龙加控制了对外贸易。因为，各地猎获的象牙大部分要作为贡品上缴卡龙加，使国王大体上能垄断对外贸易，进而获得大量的利益，以维持中央和卡龙加的权威。四是传统宗教在维护国家统一方面发挥了重要作用。这主要指雨神崇拜。在那时，降雨被他们认为是由本部落祖先的灵魂决定的，能够直接向祖先之灵请求降雨的只能是王室中的姆博纳（Mbona），即降雨法师。马拉维国王严格控制着姆博纳。

二 马拉维王国的统治结构

马拉维王国构筑了层层分封的金字塔式等级统治结构，最顶层的是国王卡龙加，其次是封地上的藩王，再下面是各地的酋长，最下层是各部族的头人。每一个层面都有自己的顾问委员会。藩王、酋长和头人都由母系世袭继承，但要经过当地选举，高层统治者很少干预下属的选举，最多是派一位代表协助解决继承纠纷，其作用主要是肯定当地人民的选择，确认新选出的统治者。王位实行母系男子继承制，也就是国王的兄弟或外甥才有继承王位的资格。具体由谁来继承要由国王的顾问们选择产生。新选出的国王为了得到人民的承认必须与姆瓦里族（Mwali clan）妇女结婚。姆瓦里族高层人物还世袭担任国王的顾问[①]。

要维护国王的权威，首先必须得到王族的支持。王族一般都

① 葛公尚主编《万国博览·非洲卷》，新华出版社，1999，第625页。

支持国王。因为，国王的权威会给他们带来权力和财富。王族由于本族人担任国王而荣耀，一旦失去了王位，就意味着他们将从显贵跌落为平民百姓；一旦国王权力大大削弱，不能给他们提供新的领地，王族就会分裂。对于非王族，国王要想取得他们的服从和忠诚，有两种办法：一是通过分封，使之拥有一定的封地和权力，从而与国王硬扯上一种亲戚关系。因为马拉维人认为，凡成为马拉维王国官员的人都肯定与国王有亲戚关系。另一种方法是国王与非王族妇女结婚，并使其子成为酋长，从而把非王族变成王族，进而取得对其所属土地的控制权。卡龙加就是用这种办法对付莫桑比克的马库亚人和隆威人。藩王翁迪在征服莫桑比克的奇富塔族和佩陶克区的姆瓦扎族时执行了同样的政策。这两种办法都把与非王族的疏远关系变成了一种密切的私人亲戚关系，也就是把非主流族群整合到主流族群中，从而消灭了不忠和分离的隐患。

马拉维王国尚未形成一套严密的中央集权的官僚体制，但国王身边的顾问和宫廷官员在国王处理国家事务时能发挥较大作用。顾问们常常既辅佐国王，又审查国王的政绩。在国王进行重大决策时，顾问们要讨论，提建议。顾问们还负责一些具体事务，如负责贡物的收缴和储藏，监督贸易，重新分配各种贡物和进口的商品，招待来访者，处理下层统治者奏请国王裁决的问题，充任国王派往各地的代表等。[①]

国王与下属各统治者之间存在一种互惠关系。国王必须向下属提供宗教、仪式、司法、经济、军事等服务。国王有义务为新选出的下属统治者举行任命或批准典礼。通过举行这种仪式，下属统治者就正式得到了国王委托的权力，从而使自己的权力合法化。国王是唯一可接近祖先之灵的人，他能唤请神灵保护自己的

① 葛公尚主编《万国博览·非洲卷》，新华出版社，1999，第625页。

领地，国王还具有神奇的巫术能力，既用于保护下属，又用于对付下属的不满。[①]

在司法方面，国王把一般司法权力委托给下属统治者，他自己只处理一些重大的、棘手的问题。这类问题主要有三类：一是下属统治者不能解决的问题；二是涉及下属统治者之间冲突的案件；三是关于国王土地所有权和国王自己比较关注的案件，如杀人犯、巫师、对皇家动物（这些动物要么具有重要经济价值，要么是举行仪式所必需的、要么就是可以提取毒液的）的死亡知而不报等。

在经济上，国王要给予下属统治者恩惠。国王给下属藩王和酋长分配从垄断外贸中得到的布匹和串珠等贵重物品，也分配一部分从下属统治者那儿交上来的贡物；国王还在平时储存大量谷物和牲畜，以备赈灾救荒。重新分配使下属统治者在经济上对国王有一定程度的依附。

在军事上，国王要为下属统治者提供强有力的保护。如果国家遭受外族入侵，国王就呼吁下属酋长派兵参加保家卫国的抗敌斗争。如果国王要扩疆拓土发动对外战争，下属统治者也必须给予人力支持。当然，国王也用强大的军事力量对付那些觊觎王位的藩王和酋长，制服那些拒不纳贡的下属统治者。不过，国王发动的每次军事行动的成功与否都有赖于下属统治者的合作。如果他们不给予人力支持，国王就难以组织起军队。

下属统治者对国王的义务可以概括为一句话，那就是纳贡。因为，国王是土地的最终所有者，他把土地和土地上的人民分封给下属统治者，并对他们负有一定的责任和义务。作为回报，下属统治者自然要向国王纳贡。美国威斯康星大学非洲史教授范西纳把上交的贡物分为两类：一类是忠诚贡，其经济价值很小，仅

① 葛公尚主编《万国博览·非洲卷》，新华出版社，1999，第625页。

仅象征着下属统治者承认了自己的从属依附地位。另一类是税贡，征收标准是以估算的产量为基数，按适当比例征收。收上来的税大部分上交国王，其余留给下属统治者。税贡的缴纳意味着下属统治者真心实意承认了王权的至尊地位。忠诚贡一般包括红羽毛、大象牙、狮皮、豹皮和某些动物。这些动物或是雄健的、或是高贵的、或是有毒的。在族人肢解大象、狮子、豹子时，国王的代表或酋长必须亲自到现场，以确定哪些部分应上缴国王。据说上缴红羽毛是因为它与火的宗教象征意义有关。另外，还要上缴一种特殊贡物，那就是少女青春期仪式中所使用的草垫子。这个垫子就是生育力的化身，控制了这个草垫子就意味着控制了下属部族的人口繁殖。税贡也具有忠诚的象征意义，但更重要的是具有经济价值。这种贡物的种类因地而异，首都附近送珍贵的实物如鹿、肉、鱼和水果，其它地区送象牙制品、盐、鸡、山羊、谷物、烟草、蜂蜜、陶器、修饰陶器用的石墨、篮子、毛制品、鼓和用于浸泡箭头、矛的毒液等。其中象牙作为贡品既有象征意义，又有重要的经济价值。猎手们得到的象牙要么交给酋长作为贡品上缴国王，要么就自己拿到首都的市场去卖掉，而首都的市场是受国王控制的，因此，国王有效地控制了象牙的收集。同时，国王还以象牙为出口品与进入内地的葡萄牙商人进行贸易。进口的多是布匹、珠子、铜钱、贝壳，偶尔还有枪支和弹药。用收集的贡物进行外贸是国王中央集权的重要经济保障。

总之，马拉维王国的政治统治不是靠庞大的官僚体制来维持，而是依赖于国王与下属统治者之间的微妙平衡。这是一种相互尽责任和义务的互惠关系，任何一方如不能尽义务，这个结构就会失去平衡，从而促使马拉维王国衰落和解体。[①]

---

① 葛公尚主编《万国博览·非洲卷》，新华出版社，1999，第625页。

三 马拉维王国的崩溃

17世纪末，马拉维王国开始衰落。卡龙加逐渐失去了对众多封臣的控制，封臣们也不再效忠国王。马拉维王国出现了严重的内乱，松散的分封逐渐破裂，自相残杀式的冲突增多。突出的例子是翁迪族封地崛起。翁迪族封地在葡萄牙人支持下迅速强大，从而削弱了国王的权力。翁迪族封地的强大也仅是昙花一现。1750 年，翁迪族封地内发现了黄金，葡萄牙人蜂拥而入，并获得大量租让权，他们甚至还直接猎象。强大的翁迪族封地赖以存在的对外贸易的垄断被打破了。翁迪族封地的解体标志着马拉维王国再也找不出一个可以替代弱小国王的新权威。居住在基尔瓦和马拉维湖之间的尧族人在 18 世纪完全接管了原来由马拉维王国所进行的贸易。这给已经奄奄一息的马拉维王国致命一击。1835 年 11 月，恩戈尼人越过赞比西河入侵马拉维王国。被征服各族或沦为恩戈尼人的农奴，或充当农奴团的武士。一个统一的、强大的马拉维王国分裂了、崩溃了。①

马拉维王国的衰落为奴隶贩子乘虚而入提供了大好的时机。此时正值非洲西海岸奴隶贸易衰落，殖民者把注意力转向了东非海岸。葡萄牙人在 15 世纪末到达马拉维南部，此后的一百多年里，在与马拉维人从事贸易往来的同时，很多探险队不断深入马拉维腹地，想发现一条横贯非洲大陆到达西海岸的通道，葡萄牙人凭借高明的手段和良好的装备，在竞争中逐渐成为印度洋的主人。东非印度洋沿岸贩卖奴隶的罪恶活动日益猖獗。17 世纪末叶，葡萄牙人的地位开始衰落，丧失了非洲内地的黄金来源，把注意力转向奴隶贸易。在下希雷谷地和沿柯克山脉一带从事奴隶贸易的主要是葡萄牙人。从赞比西河，经希雷河、尼亚萨湖周围

① 葛公尚主编《万国博览·非洲卷》，新华出版社，1999，第 626 页。

地区，直到刚果河上游卢阿拉巴河流域的大片土地，是葡萄牙奴隶贩子活动的一个重要地区。西方殖民者往往勾结当地非洲人奴隶贩子，通过制造部落间的相互仇杀掠人为奴。尧族人主要在马拉维湖滨地区和希雷谷地猎奴。经过大规模掠奴袭击后，马拉维境内曾经经济繁荣、人丁兴旺的希雷高地变得一片荒芜，杂草丛生；曾经繁华热闹的村镇变成一片废墟，到处是来不及掩埋的尸体。据利文斯敦估计，由于奴隶贩子的虐待、疾病和劳累的折磨，运出的奴隶中大约只有1/5活下来。[①] 马拉维的劳动生产力遭到严重的破坏。

1730年左右，葡萄牙势力衰落之后，阿拉伯人力量迅速壮大。19世纪30年代尧族在内地势力瓦解，阿拉伯人沿着贸易路线进入内地，开始贩卖奴隶的活动，奴隶贸易一直持续到19世纪末期。19世纪末，英国对马拉维进行殖民统治，称该地为尼亚萨兰，马拉维王国不复存在。

第三节　近代简史

一　英属中非保护国的建立

正当马拉维王国解体之时，英国殖民者打着消灭奴隶贸易的旗号，趁机向马拉维渗透和扩张。

传教士在英国侵略马拉维过程中充当急先锋。在众多的探险家和传教士中，利文斯敦最为突出。1858～1863年，利文斯敦曾4次探险马拉维湖地区，并希望在中非高地建立一个英国殖民地。1861年7月，利文斯敦在马戈梅罗建立了传教站。1875年，罗伯特·劳斯医生在马拉维湖滨的麦克利尔岬建立利文斯敦尼亚

① 葛公尚主编《万国博览·非洲卷》，新华出版社，1999，第626页。

传教会。此后不久，英国驻莫桑比克领事埃尔顿上校造访马拉维。英国还成立了“非洲湖区公司”，随这家公司而来的是欧洲商人、种植园主和以平民身份出现的青年陆军军官。1883 年，英国政府任命富特上校担任英国驻马拉维地区的领事。1884 年柏林会议后，欧洲列强在非洲掀起了瓜分的狂潮。英国和葡萄牙竞相争夺马拉维。葡萄牙人在赞比西河三角洲试图把英国传教会排挤出去，而把葡萄牙的主权扩张到马拉维地区。1889 年初，哈里·约翰斯顿被任命为英国驻莫桑比克和非洲内地的领事。在约翰斯顿进军马拉维时，谢西宁·罗德斯控制的英国南非公司也跟着侵入马拉维。1889 年 8 月底到 12 月，约翰斯顿同下希雷河、希雷高地和马拉维湖西岸的酋长们缔结了一些条约，取得了行政管理权，成立英国保护国。1890 年 7 月签订的《英德协定》是一个保护国的边界协定，规定保护国的东部边界和西南边界。1891 年 6 月，英国外交部与英国南非公司签订协议，规定了保护国的西部边界。至此，英国殖民部正式宣布这一地区为“英属中非保护国”，哈里·约翰斯顿被任命为女王驻英属中非保护国的专员兼赞比西河以北英国势力范围的总领事。英属中非保护国的东部边界抵达尼亚萨湖的东岸，西部边界是同英国南非公司进行商业贸易的结果，北部边界是英国以赫尔果兰为筹码换取德国让步形成的，南部边界是英国为了取得马尼卡兰（现津巴布韦的一部分）而把一片土地让给葡萄牙人的结果。① 英属中非保护国的边界大致就是今天马拉维的边界，这显然是列强争夺的结果。

保护国建立后，为了实施有效的统治，约翰斯顿动用锡克人军队武力扫荡横行霸道的奴隶贩子。1891 年，约翰斯顿击溃了尧族酋长和奴隶贩子契孔布。1895 年袭击了北部卡龙加地区的

① 参见〔英〕约翰·派克著《马拉维政治经济史》，史一竹译，商务印书馆，1973，第 140～142 页。

阿拉伯奴隶贩子姆洛齐，解放了1000多名奴隶。在打击奴隶贸易的活动中，约翰斯顿在保护国全境建立了有效的行政管理权力。欧洲人开始大量移入马拉维，他们疯狂地掠夺当地非洲人的肥沃土地，发展种植园经济，迫使非洲人充当廉价劳动力。失去土地的非洲人生活无着，在种植园做工的非洲人也只能拿最微薄的工资。保护国的苛捐杂税多如牛毛，后来还实行了三先令的茅屋税。非洲人民困苦不堪。相反，保护国向英国的出口却成倍增加，到1904年，经布兰太尔一地的输出增加到27436英镑，输入比这个数目还要大两倍。英属中非保护国成了英国廉价商品的倾销市场和初级原料产品的生产基地。[①]

二　尼亚萨兰保护国的统治

1907年7月6日，英国宣布英属中非保护国为尼亚萨兰保护国。尼亚萨兰保护国成立了行政会议，建立了从总督到省专员、区专员的等级组织结构。最基层的统治则是由非洲酋长负责的。英国统治者除了镇压非洲人的反抗、维护自己的统治外，还随意征税和掠夺马拉维的资源。第一次世界大战爆发后，尼亚萨兰随英国参战，并处于与德属东非作战的前哨阵地，英国在尼亚萨兰组织了“英王非洲人来复枪队”，攻打德国人。同时，尼亚萨兰还为英国提供了大量的搬运工。据估计，1916～1918年，尼亚萨兰有男子壮劳力20万人，约有12.5万人被招募去当搬运工。[②] 面对英国人用尼亚萨兰人充当炮灰的做法，尼亚萨兰的进步知识分子开始觉醒，并逐渐走上了反殖民统治的道路。典型的例子就是1915年奇伦布韦领导的武装反英斗争。

① 葛公尚主编《万国博览·非洲卷》，新华出版社，1999，第626页。

② 〔英〕约翰·派克著《马拉维政治经济史》，史一竹译，商务印书馆，1973，第154页。

三 约翰·奇伦布韦的反英起义

1913年，马拉维发生旱灾，饥馑遍地，哀鸿遍野。农业工人处境极其悲惨。奇伦布韦给尼亚萨兰保护国总督写信，抗议非洲农业工人受到的非人待遇。第一次世界大战爆发后，估计有30万马拉维人做劳役或者参军。很多士兵在战争和疾病中丧失了生命，也给家人带来了更大的痛苦。马拉维人像其他非洲人民一样，还被强迫提供更多的物资来支持战争。被迫参战使马拉维人感觉受到了蔑视，因此在1915年爆发了奇伦布韦领导的反英大起义。

奇伦布韦坚决反对非洲人参战。1914年11月，他给白人移民主办的《尼亚萨兰时报》写了一封抗议书，呼吁非洲人拒绝参加欧洲人的战争。他说："让那些有钱人、银行家、显贵和大商人、种植园主、地主们去打仗，去送死吧！"[①] 殖民政府禁止报社刊登这封抗议信，并声言要把奇伦布韦驱逐出境。1914年12月3日，奇伦布韦召集教徒开会，号召大家"宁愿死，也不受活罪"。1915年1月3日，奇伦布韦召开会议，决定采取行动。他积极储备武器，研究战术，培养战斗人员。

1915年1月23日夜间，奇伦布韦把起义人员集中到自己的教堂，分三路出击，一路进攻马戈梅罗，一路出击布兰太尔，第三路进攻姆万杰。进攻马戈梅罗的部队袭击了利文斯敦庄园，起义者收缴了武器弹药，砍掉了利文斯敦的头并带到姆邦布韦。[②] 利文斯敦的头被挂在教堂的旗杆上示众。进攻姆万杰的部队冲进了布鲁斯庄园，杀死了一些白人统治者。但起义者对白人妇女和小孩，只要她们不是道德堕落、负隅顽抗，就秋毫无犯。起义者

---

① 葛公尚主编《万国博览·非洲卷》，新华出版社，1999，第628页。

② 〔英〕约翰·派克著《马拉维政治经济史》，史一竹译，商务印书馆，1973，第160页。

夺回了被白人种植园主占有的土地。但起义军内部发生了混乱，既没有发动南部全体居民起义，壮大队伍，增强对敌力量，也没有构筑防线或做撤退的计划。奇伦布韦本人也犹豫不决。殖民当局得到了喘息之机，迅速组成了由当地欧洲人自愿参加的“讨伐队”，并协助从境外调来的、配备有机枪和大炮的正规部队参与镇压。1915 年 1 月 26 日，殖民军开始进攻姆邦布韦。在强大的军事压力下，起义者被迫转移到靠近莫桑比克的边境，坚持战斗。殖民者炸毁了姆邦布韦教堂，吊死了许多被俘的起义者。1915 年 2 月 3 日，奇伦布韦在莫桑比克边境丛林深处与殖民军进行的激烈战斗中牺牲，起义失败。[①]

奇伦布韦领导的反对英国殖民统治的武装起义，在尼亚萨兰民族解放斗争史上写下了光辉灿烂的一页。

四　英属中非联邦

在两次世界大战中，殖民地对宗主国的战略地位越来越重要，同时，殖民地人民反殖民统治的斗争也日趋激烈。第二次世界大战期间，有 3 万多名马拉维人被迫奔赴在北部肯尼亚、索马里－埃塞俄比亚地区、马达加斯加、印度次大陆和缅甸的战场上，为宗主国卖命。

1944 年，布兰太尔高等法院的翻译桑加拉创立了“尼亚萨兰非洲人大会党”。为了能更隐蔽地掠夺非洲的资源，更有效地对殖民地进行统治，1953 年，英国保守党内阁强行将南罗得西亚（现津巴布韦）、北罗得西亚（现赞比亚）和尼亚萨兰保护国合并，拼凑成“英属中非联邦”。殖民者这种不顾非洲人民根本利益的做法自然引起了人民的强烈反对。在尼亚萨兰国内，尼亚萨兰非洲人大会党公开决定对联邦实行一种非暴力抵抗政策。它

① 葛公尚主编《万国博览·非洲卷》，新华出版社，1999，第 627～628 页。

成立了最高行动委员会，由戈曼尼酋长任主席，领导包括抵制、拒付税金和罢工在内的所有抗议运动。旅居英国伦敦的海斯廷斯·卡穆祖·班达（Hastings kamuzu Banda）博士与英国保守党政府展开了激烈辩论，坚决反对建立联邦。就是在这场辩论中，班达博士在海内外赢得了极高的声望，随后他愤而离开英国到加纳。他时刻关注着祖国的反殖民斗争。1957 年，国内斗争如火如荼，尼亚萨兰人民迫切要求班达博士回国领导斗争，尼亚萨兰非洲人大会党总书记德·班达亲赴加纳促请班达博士回国领导民族独立运动[①]。1958 年，班达博士回到了阔别 30 多年的祖国。班达的回国标志着殖民统治在尼亚萨兰已进入最后阶段。

第四节 现代简史

一 马拉维的独立

1958 年 8 月 1 日，尼亚萨兰非洲人大会党在恩卡塔贝召开代表大会，班达被任命为尼亚萨兰非洲人大会党的主席。从此以后，尼亚萨兰人民的民族解放运动就与班达博士的活动紧密地结合在一起。班达博士周游全国，在有大批群众参加的许多集会上发表了演说，并受到充满民族主义热情的大规模游行队伍的欢迎。他那激昂、雄辩的演讲激励鼓舞着尼亚萨兰人民奋起反抗英国炮制的“中非联邦”。班达倡导的斗争方式是不合作消极抵抗和非暴力政策。1959 年，联邦政府无视大会党要求修改宪法的意见，激起了全国各族人民的反抗，从南部的赫拉尔德港到北部的卡龙加都发生了武装起义，起义者沉重打击了各地的警察局、专员公署、监狱和机场。3 月 2 日，政府宣布全国

① 葛公尚主编《万国博览·非洲卷》，新华出版社，1999，第 628 页。

处于紧急状态，取缔了非洲人大会党，120 名大会党领导人包括班达博士在内被捕入狱。同年 9 月，高级律师奥顿·契尔瓦组建了“马拉维国民大会党”。1960 年 4 月，班达出狱后就被推选为该党主席，9 月又被选为“终身主席”。在 1961 年 8 月的选举中，班达领导的马拉维国民大会党击败了基督教民主党和国民大会解放党，赢得了选举的胜利。班达出任自然资源部部长。1962 年 11 月英国殖民政府在伦敦召开了马拉维制宪会议，会议同意 1963 年在马拉维实行新宪法。这部宪法准备分两个阶段实行充分的内部自治。1963 年 2 月 1 日，班达博士就任马拉维总统，尽管英国仍从财政、国防、司法上控制着马拉维。新宪法于 1963 年 5 月生效，尼亚萨兰实行完全的内部自治。1963 年 12 月 31 日，中非联邦宣告终结①。

1964 年 7 月 6 日，尼亚萨兰宣告独立，改名为马拉维。1966 年 7 月 6 日，马拉维宣布为共和国，班达当选为国家的第一任总统并被尊为“国父”。

二　海斯廷斯·班达时代

1966～1994 年，马拉维处于班达总统的统治下。在长达 30 年的班达统治时代，马拉维经济社会发展呈现出两大特色。

（一）经济发展成就显著

就人均收入而言，马拉维仍是世界上最贫穷的国家之一。1991 年，马拉维国内生产总值为 59.57 亿马拉维克瓦查，人均仅为 677 马拉维克瓦查，约合 241 美元。但马拉维却是 1964 年独立以后非洲经济发展成就比较显著的国家。

在殖民时期，马拉维不但经济基础薄弱，而且经济结构畸形。

① 参见葛公尚主编《万国博览·非洲卷》，新华出版社，1999，第 629 页。

马拉维的经济发展受到国际市场需要的外力所制约，特别是宗主国英国进口需求的规定，进而发展起单一种植制。棉花、烟草、茶叶等大量出口，食用粮食的生产滞后，林业、渔业和交通运输业不被重视，根本没有发展工业。殖民时期的马拉维完全是一个经济严重依附于世界主要资本主义国家的农副产品原料出口国。

1964 年取得独立后，马拉维推行“土地发展规划”，实行农业多样化政策，促进了农业的发展。班达总统非常重视农业。他曾经说过：“只有农业发展，首先解决吃饭问题，马拉维才能生存。”“如果农村有人挨饿，即使国家有一个平衡的预算，那又有什么用呢?”“我们大家都必须辛勤劳动，向大地要宝。”[1] 班达总统经常派部长到农村巡视，了解情况，解决问题。为加强对农业的领导，班达总统一直亲自兼任农业部长，指导农业生产。后来总统还兼任了与农业有关的自然资源部长、社会发展与福利部部长等职，非常关心人民疾苦。农业拨款在政府预算中占首位。例如 1987 年度预算中农林渔业占到了 5.5%，远远超过了对其它经济部门的拨款。班达总统每年还要周游全国，视察农业收成。尽管总统已年迈力衰，精力不如从前，但他仍或坐直升机，或坐大篷车，跋山涉水，过沼泽，穿山林，来往于马拉维的阡陌原野之间。他说：“看到我的人民在耕作，我很高兴，所有马拉维公民必须是农民，这就是我对我的国民的教导。毕竟我是马拉维的头号农民。”[2]

班达总统不仅高度重视农业，而且采取了一系列积极有效的措施。[3]（1）推行“土地发展规划”，帮助小农发展粮食生产。马拉维于 1968 年在全国推行的“土地发展规划”，是分农业发

① 王东来：《马拉维发展农业的政策与措施》，《西亚非洲》1988 年第 5 期。

② 葛公尚主编《万国博览·非洲卷》，新华出版社，1999，第 636 页。

③ 参见王东来《马拉维发展农业的政策与措施》，《西亚非洲》1988 年第 5 期。

展专区、发展规划区和增产计划区三级组织领导的。由于政府采取扶植政策，使小农得到实惠，充分调动了小农生产积极性。(2) 实行农业多样化政策，扩大经济作物种植。马拉维在解决人民吃饭问题的同时，政府鼓励兴办现代化农场和小农种植烟草、茶、棉花等经济作物，以提供出口换取更多外汇。马拉维经济作物中以烟草最为重要，1984 年增长到近 7 万吨，占出口总值的 53%，烟草不仅种类多（有烤烟、熏烟、晒烟、白莱烟、土耳其烟)，而且质量好，在国际市场上畅销。(3) 推广先进技术，提高农作物单产。马拉维农业生产水平较低，与非洲一些国家相比，多数作物单产都不高。为改变这种落后状况，马拉维于 1967 年成立了农业研究会，并先后设立了茶叶、烟草、棉花等研究机构，进行商品作物研究推广工作，使农作物单产有了一定提高。谷物平均单产由独立初期每公顷 1115.4 公斤，增长到 1982 年的 1399 公斤，其中玉米 1454.5 公斤，水稻 932.3 公斤，分别增长 39% 和 13%。谷物总产量达到 178.1 万吨，其中玉米 160 万吨，水稻 4 万多吨。经济作物单产也有很大提高，烟草增长 24.4%，花生增长 73.3%，棉花增长 77.2%。(4) 植树造林，防止水土流失，重视自然环境的保护。1976 年政府宣布每年的 1 月 21 日为马拉维的“植树节”，动员人民响应政府提出的每人种两棵树的号召，全国有 88 个苗圃由政府拨款补贴，免费提供树苗，仅 1985 年 1 月全国各地栽树 950 万株。林业部制定了一系列措施，一是重点保护狩猎区和风景区，严格管理经济价值很高的软、硬木材的采伐；二是凡能植树造林的地方不能荒芜，要求采伐与造林相结合，1985 年马拉维森林的更新面积已达 1.05 万公顷；三是在森林保护方面，既广泛发动人民造林护林，又注意发挥专业山林管理人员的作用。

班达总统对农业的重视收到了成效。马拉维不仅做到户户有粮仓，村村有磨坊，还在周围国家普遍干旱时取得粮食丰收。不仅粮食能够自给，甚至成为中南非洲主要的粮食出口国。农业的发展促进了整个马拉维经济的进步，其水利、能源动力、加工业、矿业和运输业都有很大发展。1978年，工业产值已在国民生产总值中占12.3%。整个班达统治时期，马拉维国民经济的年增长率在6%以上，按人口平均的国民收入年增长3.5%，马拉维物价平稳，人民生活安定。非洲和西方的外交官和国际援助机构都一致称赞马拉维创造了"经济奇迹"。

（二）集权统治政局相对稳定

班达以马拉维"缔造者"的身份，大权在握。班达统治时期，马拉维长期实行一党制，马拉维国民大会党一直是马拉维的唯一合法政党。作为党魁的班达，既是国家元首，又是政府首脑和武装部队总司令，他在马拉维建立了集权政治模式。

凭借一党制统治，班达时代的马拉维虽然保持了相对稳定的政治局面。但是，班达总统的集权统治也引起了马拉维各阶层、各族人民的抱怨。一位马拉维外交官曾写道："这位老人像锥子那样尖利，没有他的授命，国家的任何事情都无法办成。"普通老百姓也对这种高压统治心有怨气，他们说："这位老人什么事都要过问，没有他的同意就办不成事。"①

班达时代后期，国内要求民主的呼声日益高涨，动乱不断。班达总统在国内外要求民主改革的压力之下，被迫修改宪法，结束一党制统治，实行多党制。

三　巴基利·穆卢齐时代

1994年5月16日，马拉维国会批准了一部临时宪法。新宪法允许任命一个宪法委员会和一个人权调查团，废除了传统的法院体制。次日，马拉维依据宪法举行该国独立

① 葛公尚主编《万国博览·非洲卷》，新华出版社，1999，第630页。

30 年后的首次多党大选，选举总统和有 177 个席位的议会，有 8 个政党参加竞选。在占前四位的总统候选人中，曾在班达政府中任部长、后又反戈一击的联合民主阵线领袖巴基利·穆卢齐博士（Dr. Bakili Muluzi）获得了 47.3% 的选票，成功出任总统。在国会选举中，联合民主阵线在国民议会 177 个议席中获 84 席，前总统班达领导的马拉维国民大会党赢得 52 席，民主联盟只获得 36 席。1994 年 5 月 21 日，巴基利·穆卢齐博士及副总统朱斯汀·马勒维兹（Justin Malewezi）宣誓就职。

穆卢齐政府成立后的主要目标是减少贫困，并同贪污腐败以及资源管理不当行为作斗争。随后，三所监狱因为无视人权而被关闭，国内在押政治犯获得大赦，所有被判决死刑的人均减为终身监禁。穆卢齐政府的政策使多年封闭的马拉维有了些许生气。面对大选后部族分裂的危险，来自南部地区的穆卢齐总统一再呼吁消除部族主义，在全国实现和解与团结，国家政治经济生活更为多样化。一向在社会底层默默忍受艰难的妇女开始发出了自己的声音。1995 年，马拉维通过宪法修正案，取消了马拉维国民大会党先前享有的特权。经济发展的自由化和结构改革促进了马拉维政治体制的转型。

1995 年 4～5 月，马拉维发生了文职公务员的大罢工，引起了严重混乱，尤其是在保健服务和航空运输方面更为明显。一个由政府任命的委员会建议将公共部门的雇工的薪水增长三倍，但政府认为，这种增长会导致其他部门经费的缩减。5 月初，在一些罢工人员被逮捕后，大多数罢工人员已经恢复工作。

1997 年 11 月 25 日，前总统班达逝世后，穆卢齐总统客观评价其功过是非，注重安抚家属，致力填补政治真空，使班达时代平静结束。

但是，由于政府中贪污加剧，腐败成风，社会治安不断恶化，局部骚乱时有发生。1998 年 9 月，军队亦因对政府不满发动了政变，但政变没有成功。马拉维的政局基本稳定。

1999年6月15日马拉维举行多党民主选举，同时进行马拉维总统和议会选举。这是马拉维独立以来的第二次民主选举。联合民主阵线的巴基利·穆卢齐以51.37%的多数票获胜，得以连任5年。6月底，穆卢齐总统举行了就职仪式，并任命了新内阁。

2000年2月，巴基利·穆卢齐总统进行内阁改组，加大了反贪的力度，旨在巩固马拉维已取得的社会、政治、经济发展，维护马拉维初步发展的民主制度。

2001年以来，穆卢齐总统谋求通过修改宪法竞选第三任总统，这引起了国内各界人士的反对。2002年，马拉维局势虽然基本稳定，但朝野双方修宪与反修宪的争斗日趋激烈。2003年3月，穆卢齐总统迫于内外压力宣布放弃2004年总统竞选，马拉维政坛两年来围绕穆卢齐第三次连任的斗争得以平息。

四 宾古·瓦·穆塔里卡时代

2004年5月20日，马拉维举行新的总统选举和国会选举。570万选民在全国3800多个投票点投票，选举该国新一届总统和议会成员。这是马拉维自1994年首次进行多党制选举后第三次举行的全国大选。共有5名候选人在此次选举中角逐马拉维总统一职，1254名候选人争夺议会中的193个议席。来自欧盟、非洲联盟和英联邦的200名国际观察员监督了整个投票过程。本次大选投票原定于18日举行，因马拉维政府反对派认为选民名册存在严重问题而被推迟了两天。

根据选举委员会公布的结果，执政的联合民主阵线候选人宾古·瓦·穆塔里卡获得112万张选票，战胜其他四位候选人，当选为马拉维新任总统。马拉维国民大会党候选人约翰·滕博获得85万张选票。选前被许多人看好的反对党联盟候选人查库安巴仅获得80万张选票，位居第三。

2004年5月24日，当选总统宾古·瓦·穆塔里卡在马拉维经济首都布兰太尔的齐奇里体育场宣誓就职。南非总统姆贝基、莫桑比克总统西萨诺、津巴布韦总统穆加贝等非洲国家领导人参加了就职仪式。穆塔里卡在就职仪式上发表讲话说，他将实行一系列涉及公共管理、私营经济和农业等部门的改革，使马拉维从贫困走向繁荣。他同时承诺精简政府部门，加大反腐力度，对腐败行为要从快调查、从严处理。

穆塔里卡上台以来，大张旗鼓地开展反腐败运动，目标直指本党内的高级官员，包括前总统穆卢齐的高级助手在内的多名高级官员受到查处。最终导致他与前总统也是该党主席穆卢齐公开反目。

这场席卷马拉维的政治斗争实际上是现总统穆塔里卡与前总统穆卢齐之间的权力之争。究竟“鹿死谁手”，尚难预料。

第五节　著名历史人物介绍

一　海斯廷斯·卡穆祖·班达

海斯廷斯·卡穆祖·班达博士，生于1902年，卒于1997年。1966～1994年间，一直担任马拉维总统。是马拉维著名的政治家、医生、学者。被尊为马拉维的“独立之父”和“国父”。

1902年，班达出生于马拉维中部卡松古的一个契瓦族小农家庭。[①] 他自幼生活贫困，经历了苦难的少年时代。在普伦蒂斯传教士指导下才学会识字读书并进入利文斯敦尼亚教会小学学习。13

① 关于班达的生年有三种不同的说法：马拉维官方公布的是1906年；班达自己却说过1902年更为确切些；英国新闻记者菲利浦·邵特在其撰写的《班达传》中根据班达叔父的计算说应该是1898年。

岁时，为了谋生，他到南非的约翰内斯堡，在那里当过矿工、医院的清扫工、矿山公司的译员，进了教会主办的夜校，因成绩优良后来被聘为夜校兼职教员。1922 年，他正式成为美以美教会的教徒，从此和教会结下了不解之缘。[①] 在约翰内斯堡，班达第一次听说马库斯·加维领导的泛非运动，结识了创立非洲第一个工会组织的“工商业职工大会”的克莱门茨·卡达利和后来参与创立“南非非洲人国民大会”的阿·舒姆等人。班达开始考虑非洲黑人的命运和未来出路问题，立志做一个医生和民族主义者。

1925 年，班达由美以美教会资助派赴美国留学。在美国 13 年，他先后进入俄亥俄、印第安纳、芝加哥、田纳西等地好几所大学攻读农业、医学、政治、哲学、历史、英语等学科，获得了好几个博士学位。据说班达少年时候曾目睹一个黑人妇女难产致死的情景，促使他立志要做一个医生为人们解除痛苦。但他又认为仅懂医学解除不了广大黑人的痛苦。他“决不能做一个除了医学以外别无所知的人”。何况他在美国像在南非一样，到处受到欺凌，饱尝了种族歧视之苦，这就使他下定决心做一个以医生为职业的民族主义者。在美国期间，他深受美国著名黑人领袖杜波依斯“黑人解放”思想、罗斯福“新政”和甘地主义的影响。

1937 年，班达博士在美国取得了行医的资格。他思归心切，期盼早日回到祖国拯救自己备受折磨的同胞。但英国殖民地法律规定，要想回到尼亚萨兰行医，必先取得在英国行医的资格。因此，班达在 1937 年从美国转到苏格兰就学。1939 年，来自故乡的姆瓦塞（Mwase）酋长在英国会见了班达。姆瓦塞当时正在从事契瓦族的改良运动，这次会见使班达第一次同本国的政治斗争搭上了关系。班达开始了早期的政治活动。

在英国取得医学博士学位后，班达本来打算回到家乡当一个

---

① 原牧：《马拉维的终生总统班达》，《西亚非洲》1981 年第 4 期。

教会医院的医生，可是医院的白人护士联名给教会领导施加压力，声明他们不愿意在一个黑人医生手下工作。这样，由于尼亚萨兰白人的反对，班达不能立即回到祖国开业行医。1942 年，班达在利物浦开设了一个诊所，生意兴隆。班达博士用自己的劳动所得积极支持祖国人民的反殖独立运动。班达开始参与政治活动，他的寓所成为侨居国外的尼亚萨兰民族主义者经常聚会、讨论的场所。

1944 年，布兰太尔高等法院的翻译桑加拉创立了“尼亚萨兰非洲人大会党”，班达在英国给予大力支持，不仅在财政上援助他们，而且大会的许多决议方案也出自班达。由于班达和国内的知识分子接触频繁，从 1944 年起他就被委派为“大会”驻英国的代表。班达还参加了英国工党和费边社。与此同时，他与恩克鲁玛、肯雅塔等非洲民族主义领袖建立了密切联系，共同探讨非洲黑人的解放问题。星期天，他的寓所往往成为工党议员、费边社社员、非洲政界人士和留学生、记者等议论非洲和世界大事的场所。这一时期班达的生活比较富裕。他曾资助大量的尼亚萨兰青年和其他非洲国家的青年赴英国深造。班达逐渐卷入马拉维国内的政治斗争。1953 年，班达在反对“中非联邦”的斗争中赢得了崇高的声望。后来在反抗英国殖民统治的民族独立运动中，班达众望所归，成为马拉维的“独立之父”。

班达在马拉维执政达 30 年之久，应该说，班达为马拉维的独立和富强做出了重大贡献。当然，班达的集权统治和个人崇拜也招致国内外众多批评。

20 世纪 90 年代的民主化浪潮席卷整个非洲大陆，迫于西方的压力，1993 年，班达总统不得不放弃一党专政，实施多党选举。1994 年的民主选举中，班达被巴基利·穆卢齐博士（Dr. Bakili Muluzi）击败。一度被奉为“终身总统”的班达不得不黯然下台。此后，90 多岁的班达便因人命案等多项指控被法庭传讯。由于班达身体状况使他无法出席审判，也无力为自己辩护。1995 年 5 月 31 日，马拉维最高法院决定对前总统班达进行缺席审判。12 月 23 日，马拉维最高法院作出判决，宣判被指控犯有谋杀罪的马拉维前总统班达无罪。

1997 年 11 月 25 日，前总统班达因病在约翰内斯堡逝世，享年 95 岁。

应该说，班达把毕生精力献给了马拉维。他动员和组织人民起来反对英国殖民当局，建立了马拉维共和国。独立后，马拉维政局长期相对稳定，人民生活安定。他根据马拉维国小民穷，资源贫乏的特点，采取适当的政策与措施，大力发展粮食及其他经济作物的生产，以农促工，使国民经济持续发展。凡此种种，使班达在马拉维国内赢得大多数人民的信任与尊敬，班达本人被尊称为黑色“圣人”。然而，班达在南部非洲民族解放运动中置身事外，特别是为了自身利益公然与实行种族隔离主义的南非发展关系的做法，遭到不少非洲国家的反对，被非洲舆论指责为白人的“小伙计”[①]。

二 约翰·奇伦布韦

约翰·奇伦布韦（John Chilembwe）被称为马拉维民族解放运动之父。1871 年 6 月，奇伦布韦生于尼亚萨兰东南部奇腊德祖卢地区（Chiradzulu）的桑格诸村。父亲名叫卡翁达马，是一位尧族奴隶贩子。母亲是当地人，被俘后成为卡翁达马的妻子。奇伦布韦出生后不久，他们举家迁往尼亚萨兰的商业都会布兰太尔。奇伦布韦进入布兰太尔郊外一所由苏格兰传教会办的小学学习英语和教理。1891 年，英国原教旨主义者约瑟夫·布思（Joseph Booth）在布兰太尔附近建立了属于浸礼会教会组织的赞比西实业教会，宣传人人平等，均贫富的平均主义福音，布思还批评白人传教会在贫困的非洲过着舒适的生活。

① 原牧：《马拉维的终生总统班达》，《西亚非洲》1981 年第 4 期。

1892年奇伦布韦认识了布思，他成为布思的一名仆人并充当布思小孩的看护人。布思的思想与奇伦布韦的想法不谋而合，并深深影响了奇伦布韦。他们志同道合，奇伦布韦成为布思的翻译和向导。1897年初，布思带着奇伦布韦到英国，先后游历了伦敦和利物浦。然后从英国到美国，寻求美国黑人浸礼教会对他们在尼亚萨兰活动的支持。他们除了游历纽约、费城、巴尔的摩和华盛顿外，还访问了美国南部的弗吉尼亚州、马里兰州和北卡罗来纳州。所到之处，奇伦布韦目睹了白人对黑人的歧视和压迫，同时也从美国黑人卓有成效的反对种族歧视的斗争中受到了启发，并逐渐接受了正在兴起的"非洲是非洲人的非洲"的政治思想。出国之旅是奇伦布韦一生的转折点，从此他坚定地走上反对殖民主义统治、争取非洲人基本权利的斗争道路。他主动与美国黑人浸礼教会取得联系，使之支持自己在尼亚萨兰建立黑人浸礼教会[①]。

1900年，奇伦布韦回到尼亚萨兰。他在美国黑人帮助下在奇腊德祖卢的姆邦布韦购买了90英亩土地，兴建了天命实业教会（Providence Industrial Mission），开办了一所可容纳100名学生的独立非洲人学校，还建立了一座坚固的教堂。此外，奇伦布韦还创办了一系列教会小学，按照英国的教学模式教授标准的英国小学课程，以及一些实用的农业课程。[②] 1909年，奇伦布韦参与建立了当地实业同盟，想通过搞实业挣钱来促进基督教的非洲化。他开办了一家乡村小店，但效益很差，导致他负债累累。同时，尼亚萨兰保护国政府仍在疯狂掠夺当地人的土地，强制征收各种费用，当地人饱受压迫。

---

① 参见葛公尚主编《万国博览·非洲卷》，新华出版社，1999，第627页。

② Owen J. M. Kalinga & Cynthia A. Crosby, *Historical Dictionary of Malawi*, Third edition, The Scarecrow Press, Inc. Lanham, Maryland, and London, 2001, p. 68.

在英国殖民者的掠夺和控制下，奇伦布韦拯救祖国的理想经过种种不懈努力，仍难以实现。第一次世界大战爆发后，奇伦布韦带领马拉维人民走上了武装反抗殖民者的道路。起义虽然失败了，但奇伦布韦反对殖民压迫、维护非洲人基本权利的至死不屈的斗争精神，激励着一代又一代的马拉维人为争取国家独立和民族解放而不懈斗争。1965 年，是奇伦布韦领导武装反英起义 50 周年，马拉维全国举行了多种形式的纪念活动，怀念这位为马拉维的独立献出了自己宝贵生命的民族英雄。

三 坎亚马·丘梅

坎亚马·丘梅，1929 年出生于恩卡塔贝区，通加族人。曾在乌干达的马克雷雷大学学习并获得了教育学学位。坎亚马·丘梅身材矮小、体格壮实、性格活泼，在马克雷雷大学时曾担任政治研究会的主席，期间学到不少政治理论，积累了较丰富的政治经验。后加入尼亚萨兰非洲人大会党。

1956 年 3 月，坎亚马·丘梅当选为立法会议成员，成为入选立法会议的 5 个非洲人之一。1964 年马拉维独立后，任内阁部长，因与班达政见不和于该年 9 月遭班达解职。1964 年 10 月前往达累斯萨拉姆。

四 马苏科·契彭贝尔

马苏科·契彭贝尔，1930 年生于约翰斯敦堡区，曾在南非的黑尔堡大学学习并获得了文科学位。1956 年 3 月马苏科·契彭贝尔当选立法会议成员，成为入选立法会议的 5 个非洲人之一。

马拉维独立后，契彭贝尔和丘梅一起作为内阁部长，成为班

达的主要助手，后与班达之间出现政见分歧。1964 年 9 月，班达撤换了与其政见不和的几位部长。契彭贝尔从加拿大回国后也被迫辞职，返回家乡，但其活动范围遭到限制。契彭贝尔拒绝接受限制而偷跑到曼戈切山，并吸引相当人数的追随者，与警察部队进行了武装斗争。1965 年 2 月，契彭贝尔率领武装人员袭击了约翰斯敦堡的专员公署，取得胜利，后遭警察部队截击，逃往坦桑尼亚，后一直居住在达累斯萨拉姆。

第三章

政治、军事

第一节　政治发展

一　独立后的政治演变

1964年7月6日，马拉维共和国成立，马拉维国民大会党完全控制了国家的各项事务。班达博士在独立后访问了英国和美国，并出席了1964年7月下旬在开罗举行的非洲统一组织第二届首脑会议。1966年7月6日，马拉维成为英联邦的一个共和国，班达博士当选为国家的首任总统。1970年班达总统修改宪法。1971年6月6日，班达总统宣誓就任马拉维终身总统，直到1994年下台。

班达总统在马拉维建立的是一种集权政治模式。马拉维独立之初，班达除担任总统外，还亲自兼任外交、国防、财政、新闻、旅游部的部长。1978年6月，马拉维举行独立后的第一次大选，班达总统在内阁15个部中兼任国防、内政、司法、农业与自然资源、社会发展与福利、工程与供应等6个部的部长职务。1983年第二次大选后，班达总统仍兼任农业、外交等好几个部的部长。1984年4月，内阁改组，班达总统仍兼任外交、农业、工程与供应、司法等4个部的部长职务。1992年9月大

选后，班达总统已90岁高龄，但仍然兼任18个部中的外交事务部、农业部、司法部、妇女和儿童事务部以及社会发展和社会福利部等部的部长。班达总统直接掌管总统和内阁办公室，这个办公室行使的职责范围广泛，包括国防、军队、警察、法治、内阁和宪法事务、国家发展的全面监督和协调、全国地区行政、酋长事务、移民、护照和公民权、全国房屋、公职人员管理和训练、土地和水利、新闻和广播、旅游、青年事务、国家发展公司等。

班达总统绝不容许国内有反对派出现。班达总统的内阁部长和党政军官员经常被更换、撤职甚至被逮捕入狱，有些还被迫逃亡国外。1964年独立之初，班达总统内阁中的几位青年部长起而反对班达的专断作风以及不同中国建交的决定，反对他任用白人充当文职官员和任人唯亲、徇私枉法。班达总统在治安部队配合下，赢得议会信任投票的胜利，撤换了丘梅、契尔瓦和布瓦瑙西三位部长，迫使内务部长契西萨、劳工部长肖卡尼和契彭贝尔辞职。这些反对派在国内没有立足之地，纷纷出逃国外。即使是已流亡国外，在国内拥有大量支持者的马拉维社会主义者联盟和马拉维自由运动也不能有所作为。

进入20世纪90年代初，受一些邻国“政治民主化”的影响，马拉维国内也掀起了“多党制”的风潮，流亡在外的持不同政见分子组建了一些政党。1992年3月，马拉维天主教会致函班达总统，谴责政府践踏人权、限制学术自由、迫害持不同政见人士，主张政治改革。同月，大约80名马拉维政治流亡人士聚集在赞比亚的卢萨卡，提出了一项迅速改革政治的方案。4月，马拉维著名工会领导人、新成立的流亡者和班达政府批评者委员会主席查库瓦·奇哈纳（Chakufwa Chihana）公开宣布其斗争的目标是推翻班达政权，呼吁国际社会停止对马拉维的援助，促使其进行民主改革，并毅然回国，向班达挑战。但是奇哈纳回国后很快被捕。5月初，首都利隆圭、布兰太尔爆发有史以来最大规模的罢工和游行示威，数千名纺织工人走上街头要求增加工资，得到其他劳动群众和学生的广泛支持，这次罢工逐渐升级为凶猛的反政府暴乱，导致40人死亡。5月13日，国际捐赠者中止了对马拉维的全部非人道主义援助。5月中旬，南部茶农再度为增加工资举行罢工。1992年6月，马拉维举行了立法机关的扩充选举，675名马拉维国民大会党候选人竞选141个国会议席：其中45名候选人顺利当选，5个议席因为部分候选人不具备资格而空缺，62名前国会议员落选。1992年7月，查库瓦·奇哈纳被释放，但很快又因为煽动叛乱而被捕，一直被囚禁到全民公决之前。1992年9月，马拉维历史上出现了两个反对派组织：一群马拉维反对派政客组织了争取民主联盟（Alliance for Democracy，简称AFORD），由查库瓦·奇哈纳领导，目的是给马拉维政府施加压力，促进政府的政治改革；另一个是由穆卢齐领导的联合民主阵线（The United Democratic Front，简称UDF）。这两个反对派共同反对班达专制统治，要求实行多党民主。1993年1月，马拉维社会主义者同盟（LESOMA）和另一党派马拉维联合会合并组建了多党民主联合阵线，总部设在赞比亚。

班达总统在国内外要求民主改革的压力之下，终于同意在1993年6月14日举行公民投票，400多万登记选民中的320万人参加了投票。尽管政府在全民公决之前对反对派的活动进行了破坏，但6月18日全民公决的结果仍然是63%的人赞成实行多党制。马拉维北部和南部的选民大多赞成多党制，而只有中部的选民仍然拥护马拉维国民大会党。班达拒绝了反对派关于立即成立民族联合政府的要求，但是他同意设立一个国家行政委员会来监督向多党政府的过渡，成立一个国家顾问委员会草拟新宪法。班达总统随后宣布修改宪法。此后，代表反对党的公共事务委员会和代表政府的总统对话委员会就民主进程过渡问题举行了多次谈判，达成了一系列协议。

1993年6月29日，马拉维议会通过了宪法修正案，马拉维结束一党制的政体，实行多党制，包括争取民主联盟和联合民主阵线在内的五个组织获得了合法地位；取消总统终身制；批准总统大赦令，允许流亡在国外的持不同政见者安全返回；通过组成反对党法令，允许反对党在境内合法存在；保护多党民主和独立的司法权。7月21日，在联合国直接主持下，马拉维政府和反对派就向民主过渡举行会谈。11月中旬，国会又通过了宪法修正案，包括废除总统终身任职制，将总统候选人的年龄从40岁降至35岁，废除候选人为马拉维国民大会党成员的强制性规定，把享有选举权的最低年龄从21岁降至18岁。

1994年5月17日，马拉维举行该国独立30年后的首次多党大选，联合民主阵线的领袖巴基利·穆卢齐当选为总统。

1998~1999年初，为即将举行的总统选举和国会选举作准备成了穆卢齐政府工作的重要任务。1998年6月，马拉维国会批准了一项法律，主要是用单一投票替代此前的复合投票选举制，以便强化选举委员会的独立性和权威性。1998年11月，该法律被允许适用于总统选举和国会选举。同时，总统和国会选举定在1999年5月18日。后来选举日期一再被推迟。1999年2月，马拉维国民大会党（MCP）和争取民主联盟（AFORD）正式宣布结成选举联盟，以便与执政的联合民主阵线相抗衡。马拉维国民大会党的主席和总统候选人查库安巴（Gwandaguluwe Chakuamba）和争取民主联盟的奇哈纳联合参加竞选。

1999年6月15日马拉维举行多党民主选举，同时进行马拉维总统和议会选举。这是马拉维独立以来的第二次民主选举。有11个政党参与竞争，最后有5名总统候选人参加竞选，分别是马拉维国民大会党、争取民主联盟、联合民主阵线党、联合党和民族联合大会的候选人。根据统计，马拉维高达93.8%的登记选民参加了选举。联合民主阵线的巴基利·穆卢齐以51.37%的多数票获胜，得以连任 5 年；马拉维国民大会党的查库安巴获得 43.3% 的选票。在国会的扩大选举中，来自 11 个党派的 658 名候选人角逐 193 个议会席位。当权的联合民主阵线党赢得了 93 个席位；马拉维国民大会党获得了 66 个席位；争取民主联盟获得了 29 席；独立候选人获得了 5 席。当选的 193 名议会议员中有 16 名女性，占总议员人数的 8.29%。内阁由总统、第一副总统、第二副总统及总统任命的各部部长和副部长组成。

2000 年 11 月，马拉维首次举行全国地方政府选举。在 860 个选区中，执政的联合民主阵线赢得 610 个选区的选票，获压倒性胜利。主要反对党马拉维国民大会党仅获 84 个选区的选票，第二大反对党争取民主联盟获 120 个选区的选票。

2001 年以来，穆卢齐谋求通过修改宪法竞选第三任总统，这引起了国内各界人士的争议，执政党内部也产生了较大分歧，而反对党则一致表示反对。在马拉维国内，反对总统连任的呼声一浪高过一浪。反对党马拉维国民大会党和全国民主联盟在国内举行了声势浩大的反修宪游行示威活动。联合民主阵线内部反对穆卢齐连任的力量也有所增强，2002 年 7 月，联合民主阵线利用反对派内部矛盾，成功拉拢和争取到民主联盟与其合作，议会讨论审议由争取民族联盟议员提交的修宪议案，因 3 票之差未获所需的三分之二多数。

2003 年 4 月，在没有任何征兆的情况下，穆卢齐宣布解散内阁。为扩大联合民主阵线的政治基础，4 月 9 日，巴基利·穆卢齐任命一个由执政的联合民主阵线和反对党争取民主联盟 46 名成员组成的新内阁。在新内阁中，争取民主联盟主席恰库夫瓦·奇哈纳担任第二副总统兼农业、灌溉和粮食安全部长。同时进入新内阁的反对党成员还包括：不管部长奇皮姆帕·姆贡贡，旅游、自然公园和野生动植物部长瓦雷斯·奇乌米等。8 月，联合民主阵线全国代表大会提名穆卢齐推荐的经济计划和发展部长瓦·穆塔里卡（Bingu wa Mutharika）为该党总统候选人，并确定穆卢齐在卸任后继续担任党主席。因为穆塔里卡此前名不见经传，所以穆卢齐此举引起了党内多数人的反对，有多人辞职，其中包括环境部长哈里·托马逊和农业部长阿莱克·班达。2004年5月20日，宾古·瓦·穆塔里卡当选为马拉维新任总统。

穆塔里卡上台以来大张旗鼓地开展反腐败运动最终导致他与前总统也是该党主席穆卢齐的矛盾激化。2005年1月3日，运输和公共工程部副部长库姆西、联合民主阵线执委会委员汤普森和议员维楚穆在出席一个有总统穆塔里卡参加的会议时，因被发现携带手枪遭到逮捕。穆塔里卡随即取消了会议。检察院以谋反罪对这3人提出起诉。1月6日，穆塔里卡赦免了这3名因携带枪支参加总统会议而被控谋反罪的官员，宣称前总统穆卢齐才是谋杀自己的幕后元凶。

2005年1月30日马拉维内政部长宣布，马拉维执政党联合民主阵线在当天召开的全国执行委员会会议上以行为不当的“罪名”将现任总统宾古·瓦·穆塔里卡开除出党。“开除”事件让穆塔里卡与巴基利·穆卢齐之间逐步升级的权力对抗更加凸显。2月，穆塔里卡脱离联合民主阵线，成立了自己的民主进步党。

此后，已经沦为在野党的联合民主阵线联手马拉维国民大会党，指责穆塔里卡无视国家宪法，滥用政府资金，创建了自己的政党，并开始策划弹劾穆塔里卡。

联合民主阵线于2005年6月在议会以挪用公款等罪名对总统提出弹劾，激烈的辩论导致了当时的议长穆耶耶姆贝当场脑血管破裂。穆耶耶姆贝于5天后在南非一家医院去世，弹劾案也被暂时搁置。

穆塔里卡与穆卢齐的争斗愈演愈烈。2005年10月2日和3日，反对党联合民主阵线议员班达与米兰兹被捕入狱，罪名分别是涉嫌伪造学历和在 2004 年竞选议员时隐瞒曾因贪污被判刑的历史。4 日，马拉维前议长、联合民主阵线发言人姆帕素因涉嫌滥用职权被捕。15 日，副总统奇伦帕被指控涉嫌在 1999 年任教育部长期间，通过虚假合同贪污公款达 200 万美元。上述 4 人均是联合民主阵线的骨干。

联合民主阵线加紧反击。2005 年 10 月 17 日，马拉维议会以穆塔里卡总统滥用国家资金、违宪为由，开始就弹劾总统的程序问题进行辩论。这份由联合民主阵线议员提交的议案对穆塔里卡提出 7 项指控，其中包括挪用公款为自己的政党建立秘密账户，未经议会同意取消化肥补贴，煽动公众对议会的不满等。

根据马拉维宪法规定，正式的弹劾行动需要议会 2/3 多数通过。而马拉维宪法中虽有关于弹劾总统的规定，却没有明确弹劾的具体程序。联合民主阵线和马拉维国民大会党为了填补这一法律空白，在议会中挑起了激烈的争论。马拉维议会 18 日就弹劾总统的程序进行了辩论，并于 20 日正式通过了该程序。联合民主阵线议员米兰兹随后提交了弹劾议案。

马拉维议会共有 193 个议席，联合民主阵线和马拉维国民大会党在 2005 年的议会选举中赢得了 110 个议席，在议会中占优势，但未达到 2/3 的多数议席。21 日，马拉维议会开始对总统穆塔里卡的弹劾案展开激烈辩论，并要求总统于 27 日到议会为自己辩护。

穆塔里卡的支持者对弹劾表示了不满。司法与宪法部长菲亚向议长奇曼戈提出抗议，指出对总统进行弹劾并不在议会当天的议程之内，这样做不符合程序。但奇曼戈没有采纳菲亚的建议，要求议会继续就弹劾展开讨论。穆塔里卡政府的所有内阁部长愤然离席，以示抗议。

与此同时，马拉维反贪局对穆卢齐担任总统期间涉嫌贪污

1100 万美元援助款一案展开调查，要求他解释自己数百万美元财产的来源，并就他与中国台湾、利比亚、摩洛哥、卢旺达和一些外国机构的交易接受质询。并要求穆卢齐到反贪局接受讯问。关键时刻穆卢齐从法院拿到了暂缓令，免于接受传讯。不过，警方和反贪部门于 27 日对穆卢齐在利隆圭、布兰太尔等地的多处住所进行了搜查。

2005 年 10 月 26 日，马拉维宪法法院作出裁决，马拉维议会暂停了对穆塔里卡总统的弹劾程序。2006 年 1 月 9 日，应联合民主阵线议员米兰兹的要求，马拉维议会撤销了弹劾总统穆塔里卡的动议。米兰兹在写给马拉维议长的信中表示，弹劾总统不利于维护马拉维人民的利益，没有得到马拉维人民的广泛支持。

二　国体与政体

1. 国家性质与形式

殖民统治时期，马拉维是英国的“保护国”，英国在马拉维设立行政机构，派遣的总督是马拉维的最高长官。1953 年 10 月，英国强行将马拉维与南罗得西亚和北罗得西亚组成“中非联邦”。但联邦制遭到尼亚萨兰非洲人大会党为首的马拉维人民的坚决反对。1963 年 2 月 1 日，马拉维实行内部自治。1964 年 7 月 6 日，马拉维独立，将“尼亚萨兰”改名为“马拉维”。独立后，马拉维仍然留在英联邦中，奉英国女王为国家元首。1966 年 7 月 6 日，马拉维改制共和，宣布成立共和国。班达为马拉维共和国第一任总统。

2. 政府体制

独立后的马拉维实行共和制，总统任期终身，并实行一党专政，马拉维国民大会党是惟一的合法政党。班达总统宣布，马拉维“不是资本主义，也不是社会主义或共产主义”，实行自由经营发展经济的政策。

20 世纪 90 年代后，迫于国内外民主势力的压力，马拉维修改宪法，实行资本主义的议会制。国会享有独立的立法权，包括宪法的修改权，监督政府的权力。国会由国民大会和参议院组成。国家法律由总统发布。总统兼国家元首和政府首脑，任期为 5 年，总统领导政府内阁。司法独立，不受其他机关的非法干涉。1994 年后开始实行多党制，并允许反对党存在，实行西方的三权分立的制度，行政、司法和立法各自独立。

三　宪法及其发展

1. 殖民时期的制宪活动

1907 年 7 月 6 日，英国正式宣布马拉维为尼亚萨兰保护国，设总督，成立了行政会议，并制定殖民地宪法，以保障其殖民统治。尼亚萨兰自此具备了差不多所有英属非洲殖民地都有的古典统治形式，建立了一种从总督到省专员、区专员的等级组织结构。

20 世纪 50 年代初，英国在马拉维的制宪活动又迈出了一步。英国殖民大臣詹姆斯·格里菲思于 1952 年 1 月同戈弗雷·哈金斯爵士和北罗得西亚及尼亚萨兰的总督就“联邦宪法”的制定进行了商讨。同年 4 月，会议拟订了新宪法的细节，组成了各种委员会；同时英国国会通过了一项根据女王敕令成立联邦的授权法案。1953 年 8 月 1 日，联邦（宪法）敕令得到了女王的同意。1953 年，英国把尼亚萨兰同南罗得西亚（今津巴布韦）和北罗得西亚（今赞比亚）组成了“中非联邦”。

英国于 1954 年成立咨询性的中非委员会，目的在促进尼亚萨兰及南北罗德西亚三地区之间政策的协调，此举遭到非洲籍人士的反对。但白人议员在议会中利用压倒多数，反对各种族合作之议案。中非联邦成立后，英国政府开始考虑修改联邦宪法，以便让非洲人代表所占的比例更大一些。1955 年 6 月，一部以 4 年为期的临时宪法公布。1956 年 3 月有 5 个非洲人被选入立法会议，此事标志着尼亚萨兰非洲人大会党新阶段的开始。这 5 个非洲人代表表达了坚决反对联邦的态度。班达博士于 1958 年以尼亚萨兰非洲人大会党的当选主席的身份返回尼亚萨兰，该党随即迅速发展。班达的到来标志着殖民统治在尼亚萨兰已进入最后阶段。

1959 年 1 月 20 日，班达与总督罗伯特·阿米塔奇爵士会晤，提出了大会党关于修改宪法的要求。3 月，中非联邦各地发生动乱，尤以尼亚萨兰境内最为严重。英国殖民政府镇压了骚乱，大会党被总督取缔，班达博士以及 120 个大会党领导人被捕并拘留在南罗得西亚。

1959 年 10 月，为了缓和矛盾，英国政府改变了对非洲独立时间表的意见。新殖民大臣伊恩·麦克劳德是自由派的实用主义者，他接受的任务是用行动来证实新的帝国政策。1959 年 12 月，他在肯尼亚主持宪法会谈后，在达累斯萨拉姆会见了尼亚萨兰的总督。开始释放被拘留人员。

1960 年 4 月 1 日，班达博士获释后，参加了 7 月于伦敦召开的宪法会议。伦敦制宪会议最后放弃了立法会议中非洲人与非非洲人席位的概念，而实行高级选民名单和低级选民名单的办法，实际上前者将以非非洲人为主，而后者以非洲人为主。

1961 年尼亚萨兰的选举开始，结果是马拉维国民大会党赢得了低级选民名单中所有的席位。投票是按严格的民主方式进行的，选举提供的并不是一次测验人们是否支持另外一种意见的机会，而是一次表明所有非洲人团结一致的时机。班达博士被任命为立法会议中的马拉维国民大会党领导人，同时被任命为自然资源部长。

1962 年 11 月在伦敦召开了新的宪法会议。会议同意 1963

年实行新宪法，这部宪法准备分两个阶段实行充分的内部自治，即通过马拉维自治的形式来达到马拉维的独立。

1963 年 2 月 1 日，尼亚萨兰实行内部自治。1963 年 12 月 31 日，联邦结束。

1964 年，马拉维国民大会党在选举中大胜，6 月，尼亚萨兰总督宣布马拉维独立，并公布了马拉维《独立宪法》。

1964 年 7 月 6 日成为尼亚萨兰的独立日，“尼亚萨兰”改名“马拉维”，7 月 6 日就成了马拉维的国庆日。

2. 班达时代的制宪活动

1966 年宪法是马拉维的第一部正式宪法。根据该部宪法，马拉维实行总统内阁制，总统为国家元首、武装部队总司令和政府首脑。内阁部长、首席法官、高级文官和军官均由总统任命。1970 年 11 月，马拉维修改宪法，规定班达总统为终身总统。而且规定，班达去世后，由执政党总书记和两名部长组成临时执政小组，并监督选举新总统。

1993 年 6 月，由于国内民主力量的发展，迫于国内外的压力，班达不得不修改宪法，实行西方的民主制度，取消终身制，允许反对党的存在，实行多党制。

3. 马拉维现行宪法

1994 年 5 月 17 日，马拉维首次多党制总统和议会选举后，制定了临时宪法。临时宪法于 1994 年 5 月 18 日生效。临时生效期为 12 个月左右。1994 年 12 月 10 日、1995 年 5 月 21 日，临时宪法经两次修正后，成为马拉维现行宪法。1995 年马拉维宪法有五个显著特点：

第一，内容繁杂，条文多。

马拉维现行宪法共 23 章 214 条，共计 44500 余字，内容广泛，涉及马拉维政治、经济、军事和社会生活的方方面面。具体条款是：第一章，马拉维共和国，共 9 条；第二章，适用与解

释，共2条；第三章，基本原则，共3条；第四章，基本人权，共32条；第五章，公民权，共1条；第六章，立法，共27条；第七章，选举，共3条；第八章，行政，共25条；第九章，司法，共17条；第十章，监察，共9条；第十一章，人权大会，共3条；第十二章，法律委员会，共5条；第十三章，国家赔偿法庭，共9条；第十四章，地方政府，共6条；第十五章，警察，共7条；第十六章，国防，共4条；第十七章，狱政，共8条；第十八章，财政，共14条；第十九章，马拉维储备银行，共1条；第二十章，文官行政，共9条；第二十一章，宪法之修改，共3条；第二十二章，过渡性问题，共14条；第二十三章，其他，共3条。

第二，确定了三权分立原则，体现了司法独立的精神。

鉴于班达时期集权统治的教训，马拉维现行宪法规定，马拉维实行议会制和多党制，取消总统终身制，保护多党民主和独立的司法权，实行西方的三权分立原则，并体现了司法独立的精神。例如，宪法第四条规定，本宪法拘束国家各级政府行政、立法、司法机关；第四十八条规定，共和国的所有立法权均归属于国会；第一百零三条规定，所有法院及法官应独立行使其职权，而免于其他人或机关之影响及指示。

第三，对人权保护有详尽规定。

马拉维现行宪法有关人权保护的条款多达53条，特别是第四章“基本人权”、第五章“公民权”、第十一章“人权大会”和第十三章“国家赔偿法庭”，以及第十七章“狱政”部分的规定非常详尽。宪法第十五条明确了人权及自由的保护，它规定，本宪法所定的人权与自由权，应被马拉维的行政、立法与司法部门，各政府机关及其机构，以及所有自然人与法人所尊重和保护，并依法予以强制实行。宪法所规定的基本人权的种类非常丰富，诸如生命权、自由权、人性尊严与个人自由、平等权、隐私权、财产权、发展权、工作权、结社自由、思想自由、言论自由、表达自由、出版自由、集会自由、迁徙及居住自由、参政权、公民权和选举权，等等。

第四，对过渡性问题有专章安排。

政治民主化对马拉维的影响是深远的，政治的转型需要平稳过渡，为此，马拉维宪法对有关过渡性问题有专章安排。过渡性的问题涉及法律的效力、政府组成的合法性、公职人员的继任、传统法院的存在和国际协议的执行等诸多方面。例如，宪法规定，在过渡期内，在宪法生效之前存在的国会法令、普通法、习惯法如与宪法不相符，应假设其与宪法相符。另外，可以通过国会法令或者相关法院的判决来宣布其与宪法不符，将其修改或者代替之。法院享有在宪法生效前的权力和程序，除非经国会法令进行修改和代替。在此期间未执行的判决都应符合宪法的规定。在宪法生效前的国际协定应继续成为马拉维国家法律的一部分，除非国会以后废止该协定。习惯上的国际法，除非与宪法或者国会法令不相符，应继续适用。

第五，专列“附表”，明确规定宪法有关章节及所属条文不得修改。

现行宪法文本后还有一“附表”，规定，本附表所列之宪法各章及所属条文与本附表，除依第 196 条规定外，不得修正之。这些不得修改的条款和内容是：

第一章　马拉维共和国

第一条　主权国家

第二条　国旗等

第三条　国家领土

第四条　本宪法对马拉维人民之保障

第五条　宪法之优越性

第二章　适用与解释

第三章　基本原则

第四章　基本人权

第三十二条 结社自由
第三十三条 思想自由
第三十四条 言论自由
第三十五条 表达自由
第三十六条 出版自由
第三十七条 资讯取得之途径
第三十八条 集会自由
第三十九条 迁徙及居住自由
第四十条 参政权
第四十一条 求取正义及合法救济之途径
第四十二条 逮捕、拘留及公平审判
第四十三条 程序之正义
第四十四条 权利之限制
第四十五条 权利减损及社会紧急状态
第四十六条 实行

第五章 公民权

第四十七条 公民权

第七章 选举

第七十七条 选举权

第九章 司法

第一百零三条 法院与司法官之独立及管辖
第一百十一条 司法官之任命
第一百十四条 俸给
第一百十九条 法官职位之保障

现行宪法阐明了此项规定的目的及理由："本法案之目的系废止自1966年马拉维成为一党专政国家以来，屡经修正之1966年马拉维宪法，并制定一适合马拉维人民于1993年6月14日举行之全国性复决中所选择之多党政治体系之新宪法。”①

四 著名政治人物

1. 巴基利·穆卢齐

巴基利·穆卢齐于1943年3月17日出生在马钦加区，获丹麦锡斯太德（Thisted）教育学院和英国哈德斯菲尔德（Huddersfield）科技学院的毕业文凭。1959年，穆卢齐16岁那年，开始了他政治奋斗的生涯。1973年，穆卢齐受命任奇拉祖卢区纳萨瓦（Nasawa）科技学院的院长。1975年，他成了马钦加区提名的国会议员候选人，正式步入政坛。自此他仕途畅通，1976~1977年在班达政府中任过教育部长，后来曾任马拉维国民大会党书记兼行政书记，1981~1982年在前政府中任交通和运输部长等职。1982年退出班达内阁从商，主要投资领域是马拉维的工商业、道路交通等。1991年当选为秘密民主联盟党的主席（即现在的民主联合阵线党），1992年组建联合民主阵线并出任该党主席。1994年3月，穆卢齐作为5名总统候选人之一，开始竞选总统。1994年5月17日当选总统，1999年6月连任。穆卢齐在任期间，马拉维国家实现了政治民主化改革，经济也有了较大的发展。按照马拉维宪法规定，总统只能连任一次，穆卢齐曾试图修改宪法，谋求再次连任，但没有成功。穆卢齐卸任以后，一直担任联合民主阵线的主席。

2. 宾古·瓦·穆塔里卡

穆塔里卡出生于1934年2月24日，是一位资深经济学家，曾长期在联合国和世界银行等国际组织任职。1991~1997年间，他曾出任非洲区域性组织“东部和南部非洲共同市场”的秘书

---

① 台湾“国民大会秘书处”资料组：《新编世界各国宪法大全》（非洲宪法部分），台北文芳印刷事务有限公司，1996，第1014页。

长。穆塔里卡不断受到穆卢齐的重用，曾先后担任过马拉维中央储备银行副行长及经济计划和发展部长等职。2004 年 5 月，穆塔里卡作为联合民主阵线的候选人击败了穆卢齐，当选为马拉维新总统。穆塔里卡是马拉维的现任总统，也是马拉维独立后的第三位总统。

第二节　政治制度

一　国家元首—共和国总统

独立后马拉维实行的是总统制。马拉维的首位总统是海斯廷斯·卡穆祖·班达。1970 年 11 月修改后的宪法补充规定，于 1966 年当选的班达博士为终身总统。至 1994 年，马拉维一直在班达的统治之下，长达 30 年。

1994 年 5 月 17 日，马拉维首次举行多党制选举，联合民主阵线主席巴基利·穆卢齐当选总统。1996 年 6 月，马拉维举行第二次全国大选，穆卢齐获胜连任。按照马拉维宪法规定，总统只能连任一次，穆卢齐曾试图修改宪法，谋求再次连任，但没有成功。

2004 年 5 月，穆卢齐被联合民主阵线及其联盟候选人穆塔里卡击败。穆塔里卡是马拉维的现任总统，也是马拉维独立后的第三位总统。

根据 1995 年新宪法的规定，总统是马拉维的国家元首，政府首脑兼武装部队总司令。总统掌管国家行政大权，任命内阁。内阁协助总统行使职权，并对总统负责。国家设第一副总统和第二副总统作为总统的助手，他们的权力由宪法规定，或者有些情况由国会和总统的法令决定。总统的选举由宪法规定，并按国会指定的方式进行。除非宪法另有规定，总统的选举应和国民大会的选举同时进行。总统由全国民众直接选举，过半数即可。第一副总统也同时选举产生。总统认为合适时，可以任命一位第二副总统，总统和两位副总统都必须是在马拉维出生的或者带有马拉维血统的公民，年龄在35周岁以上，精神智力正常，是国会的议员，且在最近7年内无犯罪记录等。总统任期5年。副总统的任期相同。副总统因死亡或者辞职而空缺时由总统任命其他人选。总统和第一副总统空缺时，由内阁从其成员中选出一名代理总统和代理副总统，但任期不得超过60天，或者剩余的1年时间。总统和第一副总统在遭到国会弹劾时应被解除职务。但弹劾必须经过国会的议事程序，且符合法律的公正原则。只有在严重违反国家宪法或者成文法时才可弹劾。弹劾时需国民大会和参议院的全体议员2/3以上同意才可通过。弹劾成功后，总统和第一副总统应被解职，且剥夺其以后担任任何公职的资格。总统在不能行使权力时，由第一副总统代替总统行使，直至总统能行使为止。

根据现行宪法，马拉维总统有下列权力：（1）签署和发布国会通过的法律；（2）召开并主持内阁会议；（3）授予荣誉权；（4）按宪法和法律的规定所拥有的人事任命权；（5）根据宪法任命、授予、接受和承认大使、高级专员、全权大使，授予外交代表和其他外交官员、领事和领事官员的权力；（6）谈判、签署和加入国际条约的权力，或者将此权力委派给阁员行使；（7）任命特别调查委员会；（8）将有关宪法的争议问题提交高等法院；（9）根据宪法和国会的法令宣布公民投票的结果。总统可以赦免罪犯，延缓死刑的执行，减免罪刑。

总统在每年讨论政府预算之前，应出席国会，并（1）向国会发表国情咨文，阐述将来政府的政策；（2）报告上一年的国家政策；（3）接受国会的质询。

在国民大会或参议院的提议下，或者在国会议事程序的决定下，总统应到国会接受质询。总统在宪法和国会法令的范围内合理地行使权力。

总统的职权应由其个人行使，或者由经总统书面授权的内阁成员或政府官员行使。总统决定的确认：（1）总统的任何决定都应当是书面形式，并加上签名；（2）总统在任何文件上的签名都应得到公章管理部门的确认。

总统及其办公室人员的免责条款：（1）总统办公室的任何人员及执行总统职责的任何人员免于在民事诉讼中被起诉，但在法庭起诉时涉及宪法里的权利和义务除外；（2）总统办公室的任何人员免于在任何法庭的刑事犯罪的指控，弹劾除外；（3）任何人从总统办公室离职后，对于其在位期间行使职权的活动不负个人责任。

二 行政机构

（一）中央行政机构

内阁是马拉维最高国家行政机关。依据1995年马拉维宪法，内阁由总统、第一副总统、第二副总统及总统任命的各部部长和副部长组成。总统行使行政权，主持内阁会议。总统暂时性缺席时由第一副总统主持，总统与第一副总统均暂时性缺席时由第二副总统主持。

内阁集体向议会负责。内阁根据宪法和国会的法令行使权力和职责，其主要职权是：（1）对总统的政府政策及总统向内阁咨询的其他事务提供建议；（2）指挥、协调及监督各级政府部门；（3）向国民会议提出法案并解释其内容；（4）为国会准备预算与经济计划，并参与有关政府政策内容的辩论；（5）襄助总统决定缔结或参加的国际协定并通知国会；（6）负责法律的践履与实行；（7）依国会法律之规定或总统的要求，以符合宪法规定的方式，实行其他对于执行其义务合理且必要的功能。

内阁设秘书长一人，由总统任命并具有公务员的性质。其主要职责是：承内阁之命负责安排并维持内阁的各项事务与议程，传递内阁的决议，负责内阁所交办的其他事务。

依据宪法，部长与副部长由总统任命。部长与副部长应执行由总统依宪法所要求的事务并负责掌理政府各部门。被任命为部长或副部长者应具下列资格：(1) 就职时年满二十一岁的马拉维共和国公民；(2) 具备英语的说读能力；(3) 某一选区注册的选民。

如有下列行为，则无资格担任部长和副部长职务：(1) 忠于外国；(2) 国家现有生效的法律中，被判决或者宣布有精神障碍；(3) 在最近的 7 年内，由于欺诈和道德败坏而被法院判有罪；(4) 被国家法律宣布为破产；(5) 已经担任其他国家机关的公职（宪法明确规定或者当事人先辞职，才有资格）；(6) 隶属或在国防部和警察署服务。

在按照国会法律规定的方式公开地进行宣誓前，任何部长、副部长不得任职。总统有权免除各部部长和副部长的职务。

2004 年穆塔里卡当选为总统后，对政府各部门及各部部长进行了调整。2005 年 7 月又对政府进行改组。成员有：

总统兼国防部部长宾古·瓦·穆塔里卡（Bingu wa Mutharika）；

副总统卡西姆·奇伦帕（Cassim Chilumpha）；

水利灌溉部　部长西迪克·米阿（Sidik Mia）；

财政部　部长古德尔·贡德韦（Goodall Gondwe）；

经济计划与发展部　部长大卫·费迪（David Faiti）；

外交部　部长戴维斯·卡松加（Davis Katsonga）；

司法与宪法事务部　部长亨利·福亚（Henry Phoya）；

科技部　部长孔博·齐尔瓦（Khumbo chirwa）；

内政与安全部　部长乌拉迪·穆萨（Uladi Mussa）；

贸易与私企发展部　部长马丁·坎西奇（Martin Kansichi）；

教育与人力资源部　部长尤素夫·姆瓦瓦（Yusuf Mwawa）；

运输与公共事务部　部长亨利·穆萨（Henry Mussa）；

土地、住房与调查部　部长巴祖卡·姆汉戈（Bazuka Mhango）；

地方政府与乡村发展部　部长乔治·沙蓬达（George Chaponda）；

新闻通信与旅游部　部长帕特利西亚·加利亚悌（Patricia Kaliati）；

劳工与职业培训部　部长肯·利鹏加（Ken Lipenga）；

卫生部　部长赫瑟威克·恩塔巴（Hetherwick Ntaba）；

农业与食品安全部　部长乌拉迪·穆萨（Uladi Mussa）；

矿产资源与环境部　部长尤妮斯·卡赞贝（Eunice Kazembe）；

青少年、体育与文化部　部长加费利亚班达·穆萨（Jaffalie Mussa）；

妇女、儿童福利与社区服务部　部长乔伊斯·班达（Joyce Banda）；

社会发展与残疾人事务部　部长克莱门特·奇瓦亚（Clement Chiwaya）

（二）地方行政机构

1. 地方政府的组成

独立后马拉维建立了较完善的地方政府机关，主要有：省政府、县政府、地方议会和地方财政委员会。

地方政府当局的官员由当地有投票权的选民经自由、公平的选举产生。该选举由选举委员会组织、操作和监督。

地方政府的官员包括市和自治市的市长，地方议员。他们根据国会法令的规定享有权力，履行其职责和义务。地方政府有相应的行政职员，以协助地方官员工作。

2. 地方政府的管辖区域

地方政府管辖的区域在选举委员会的建议下，同时应在符合宪法和其他法律的相关规定的前提下，进行划分。所有的管辖区域的划分只是进行地理上的划分，不涉及该地区居民的种族、肤色、部落民族。

3. 地方政府的职能

地方政府当局的权力由宪法和国会法令授予。地方政府负责向国家转达其辖区人民的意见，负责他们的社会福利，同时履行以下职责：通过制定、执行地方的发展计划和奖励工商企业的发展，提高当地的基础设施和经济的发展；将地方的发展计划详细汇报给中央政府；巩固和提高当地民主制度和民主参与的程度；其他国会法令规定的职责。

4. 地方政府财政委员会

在地方政府的机构中有一个财政委员会，其权力和职责由宪法和国会法令授予。有如下权力：(1) 接收地方政府的岁入概算书和所有的计划预算；(2) 在总审计员的建议下，根据国会法令，监督和稽查地方政府的各项账户；(3) 对于分配给地方政府资金在使用上提供意见，并根据当地经济、地理和人口的情况变更支付的数目；(4) 在和财政部协商后，准备 1 份统一的地方政府机构的预算，并在每一个财政年度开始之前由负责地方政府的部长提交国民大会；(5) 在必要时，向负责地方政府的部长请求额外的资金。

地方财政委员会由以下成员组成：(1) 1 名由地方政府领导人秘密会议决定的人员；(2) 作为当地政府主要负责人的秘书；(3) 1 名精通会计的人员；(4) 内务司法委员会的主席或者经他任命的委员会的其他人员；(5) 1 名由选举委员会随时任命的人员。

三 立法

班达时代，议会为一院制，由总统和国民议会组成。1978年大选后成立的议会由议长、2名副议长、14名部长、5名议会秘书、政府会计委员会主席和60名议员组成。1981年3月5日，议会通过修正案，授权总统可以提名他认为合适的人担任议员，名额不限。议会议员必须是马拉维国民大会党的党员。总统有权任命议长，有权宣布议会休会或解散。所有民选议员一律由总统终审批准。议会每届任期5年。

1994年大选后，议会共177席。各政党议席分配情况是：联合民主阵线86席，马拉维国民大会党56席，争取民主联盟35席。

1999年6月大选后，议会共193席。各政党议席分配情况是：联合民主阵线93席，马拉维国民大会党66席，争取民主联盟29席，独立议员4席，空缺1席。

2004年5月大选结束后，据马拉维选举委员会公布的议会选举结果，马拉维国民大会党在全部193个议席中共获得59席，成为议会中的第一大党，联合民主阵线获得49席，反对党联盟获得28席，全国民主联盟获得19席，独立候选人获得38席。

在国会选举结束后，还要举行地方选举。根据1995年新宪法第四十九条规定，除非宪法另有规定，国会由国民大会、参议院和作为国家元首的总统构成。宪法规定，参议院应在地方选举两个月后建立。2000年11月，地方选举最终举行。但是，由于种种原因，议会决定不再设立参议院。因此，就出现了宪法规定与现实政治运作不完全吻合的情况。

马拉维议会仍然实行一院制。议会由总统、议长、副议长、民选议员等组成，每届任期5年。

1. 国会议员的资格

有下列条件才能当选议员：（1）是马拉维的公民，且得到议员提名，年龄在21周岁以上；（2）能熟练地应用英语，并用英语积极地参与国会的各项议程；（3）在过去的7年里，没有涉及欺诈的刑事犯罪。

有下列行为的没有当选议员的资格：（1）效忠于其他国家；（2）在国家的法律下受到审判，或者被宣布为精神障碍；（3）在过去的7年内，被判决有欺诈的刑事犯罪；（4）被法律判决或者宣布破产；（5）在国家公共部门已经担任公职，除非宪法规定其能担任议员，或者他辞掉此公职；（6）属于马拉维军事部门或者警察部门；（7）在过去7年内，因违反总统或议员选举的法律而被宣判有罪的人。

2. 国民大会的构成

国民大会应该由代表马拉维各个选区的议员组成，其具体人数由选举委员会决定。每个马拉维选区的选民都可以按照宪法和国会法令的规定，自由地选出任何能在国民大会中代表该选区的议员。

3. 国民大会的权力和职责

国民大会是经直接选举产生的议院。其基本权力和职责的依据是立法。按宪法的规定，它拥有以下权力：（1）接收、修改、接受和拒绝政府和私法法案；（2）在议员的推动下，发起、修改、接受和拒绝国民大会议员的议案；（3）接收、修改、接受或拒绝参议院的任何议案；（4）就任何事情，包括对总统和副总统的弹劾进行讨论和表决；（5）使用宪法授予的其他权力和职责；（6）可就其正当权力和职责的行使所采取的必要的行为。

根据宪法的规定，政府的议案必须由政府公布并以政府的名义提交给国会。私法法案应由政府之外的机构公布，此机构受国会法令的委托，并以该机构的名义提交国会。

4. 国民大会的解散

（1）国民大会应在其选举上任后的第五年的 3 月 20 日解散。下一届国民大会的选举日应在同年 5 月第三周的星期二举行。如确有原因使得那天的选举不能举行，则可在接下来的 7 天之内举行。具体日期由选举委员会决定。

（2）选举委员会可以在大选中为特定阶层和部分的选民设定其他投票的日期，但只能在大选的前后两天，不包括星期天。

（3）国民大会第一次会议的日期由总统在选举完成后的 45 天内指定。如果选举的时间超出一天，则从选举完成的最后一天起算的 45 天内，不包括星期天。

（4）在国民大会解散后至大选中间这段时间内，如果发生宪法危机或者紧急情况，总统可重新召集解散的国民大会通过法案。但重新召集的国民大会应在选举日解散。

（5）国民大会解散后，其议员在大选前的最后一天仍然有权领取应得的报酬。

四　司法

（一）司法独立

马拉维现行宪法确定了司法独立的原则。法官独立行使其权力，履行其职责，不接受任何机构和个人的干涉及命令。法官对所有涉及司法正义的问题都有管辖权，在决定某一事情是否在他的能力范围之内享有不可干涉的权力。法官任职前必须按照国会法令规定的形式和方法对他正确履行其职权宣誓效忠。

如果首席大法官的职位空缺，或者他由于某种原因不能履行其职责，在有人被任命行使其职责前，应由最高上诉法院或者高等法院的资格最老的法官行使其职权。当任何法官的席位空缺，或者任何法官被任命为代理首席法官，或者由于任何原因不能行

使其职责，总统在内务司法委员会的建议下，任命有资格的人担任此职务。

法官的工资、退休金、养老金、奖金和津贴由国民大会决定。工资和津贴应由国家统一支付，并保持不断地增长。

（二）司法部长

司法部长是政府的首席法律顾问，也是总统的首席法律顾问。

司法部长的权力是既定的，由被任命为司法部长的人行使，或者由担任公职的其他人员行使。

总统任命司法部长。现任司法与宪法部长是亨利·菲亚。

司法部长的职位每5年一换，或辞职，或退休。无论何者在前，都不能超过5年。这样在总统认为适当时，可以提名继续下一届司法部长的任期。

司法部长在没有能力给政府提出合理的法律意见，或者无法行使其职权时，应由总统予以罢免。

（三）司法系统

马拉维司法系统包括最高上诉法院、高等法院和地方法院以及军事法庭。地方法院在1994年以前称为传统法院。在最高上诉法院或高等法院之上没有更高级的法院，或者没有与它们行使共同管辖权的法院。

这些法院是依据殖民时期众所周知的“双重标准”建立起来的：马拉维所采用的英国法及马拉维本国制定的法规主要适用于高等法院及下级法院；当地习惯法主要适用于在大部分殖民统治时期即已盛行于尼亚萨兰的独立的法院组织，即非洲传统法院（其管辖权只限于非洲人）。双重制度的一个重要特点是，下级法院一般由行使司法权的当地行政官员主管，而非洲法院由非洲土著当局主管。这一特点也普遍存在于其他非洲领地。

1. 最高上诉法院

马拉维设置一个最高上诉法院，根据1964年的《独立宪法》而成立，行使宪法及其他法律所赋予的权力。按照国会法律的规定，最高上诉法院是受理上诉案件的最高法院，有权受理来自高级法院和其他法院的上诉。

最高上诉法院的构成：法官应包括首席大法官，不少于3名其他的法官，或者其数量由国会法令决定，首席大法官由总统选任，并经国民大会2/3的议员出席多数同意。

最高上诉法院在决定案件时，除非案件是和解的，审判庭法官的人数应是奇数，且不少于3人。上诉法院的法官的任命必须符合相关的条件。

上诉法院的代理法官：由于上诉法院的法官空缺导致法官的人数少于3人时，总统在司法内务委员会的建议下任命高等法院的法官为上诉法院的代理法官。

代理法官的任期直到该法官被任命为上诉法院的首席大法官。法官按法律规定任免。当法官成为低级法院案件中一方当事人时，经请求，上诉法院可以解除其职务。或者首席大法官或司法内务委员会认为有碍于其行使职责的其他原因时，可以免除其职务。

2. 高等法院

马拉维国家高等法院根据1964年的《独立宪法》而成立，有权管辖任何民事、刑事案件。根据宪法，高等法院可以审查任何其他法律、政府的决定是否符合宪法的规定，并行使宪法或者其他法律赋予的司法管辖权等职责。

高等法院的构成：按国会法令的规定，高等法院应有一定数量的法官，且不少于3人。首席法官由总统任命。首席法官有权对高等法院的实践和程序作出规定，但其规定不适用于传统法院和军事法院。

3. 地方法院

地方法院在级别上低于高等法院，按国会法令由地方法官承担法院工作。地方法院中应有工业关系法院，其组成和程序由国会法令专门规定，对涉及劳动纠纷和就业问题行使管辖权。国会可以就地方法院由酋长或者其他人主持其工作制定法规。地方法院的管辖权由国会法令规定，只能管辖习惯法内的民事案件和法定的犯罪。

地方法院在 1994 年以前称为传统法院，分省、地区、A 级和 B 级 4 级。即由传统上诉法院（审理和判决 A 级和 B 级法院的上诉）、区传统法院、省传统法院和国家传统上诉法院（审理和决定其他传统法院的上诉）组成。

传统法院根据 1962 年《传统法院法》而成立，受理一般的刑事案件和民事案件。该法第 9 条规定："根据本法的规定，每一个传统法院都在其授权范围内享有和实施刑事司法管辖权。这种管辖权应延伸至听审、审理和判决所有被告是非洲人并且被指控的主犯和从犯犯罪全部或部分发生在法院的司法管辖权以内的所有指控和案件。"传统法院由部族酋长管理。被告不能聘请辩护律师，亦不能对传统法院的判决向最高法院提出上诉和抗诉。传统法院的民事和刑事司法管辖权是由建立法院的令状赋予并由在《传统法院法》授权下不时公布的部长的命令作为补充。

（四）司法委员会

在马拉维的司法机构中还应提到一个机构，就是司法委员会。它拥有对法律修改、废止、进行复查和提出建议的权力。同时拥有宪法和国会法令授予的权力。

司法委员会由以下人员组成：上诉法院的法官或者总统任命的法官，作为首席大法官的咨询人员；由总统任命的法律实践者或者地方法官作为首席大法官的咨询人员。

司法委员会的权力和职责。司法委员会有如下权力：

（1）对于任何与马拉维法律有关的事情，及法律的合宪性，国际法的应用有复查和提供建议的权力。

（2）对于任何与宪法有关的事情进行复查和提供建议权。

（3）将各部部长的工作情况汇报给国会。

司法委员会独立行使其权力和职责，不受任何机构和个人的干涉。

（五）国家检察机关总检察长

马拉维设立总检察长，国家检察机关作为国家的一个法律监督机构。

总检察长在任何刑事案件中有如下权力：（1）针对任何有犯罪嫌疑的人展开刑事程序的调查；（2）个人已经开始的刑事诉讼；（3）已管辖或者其他人或机构管辖的刑事案件，在判决作出之前，可以在任何阶段停止此案的审理。

根据先法，上述的第一和第二项权力是总检察长的既定权力，当总检察长行使时，不受任何机构和个人的干涉，但应在10天之内向国会或者法律事务委员会解释原因。

当刑事案件的当事人被判决有罪而上诉时，总检察长不得行使上述第三种权力。

授予总检察长的权力是既定的，可以由总检察长来行使，也可以由政府部门中的其他人来行使，但其他人只能作为总检察长的下属，并服从总检察长根据国会法令所作出的命令。

总检察长以自己名义行使权力，或者其下属以他的名义行使权力时，总检察长应对国会的法律事务委员会负责。国会的法律可以限制任何警察的权力范围。

总检察长由总统任命，国家任命委员会根据其是否满足总检察长的条件，是否具备相应的条件，能否独立开展工作来批准总统的任命。

总检察长在行使宪法和法律授予的权力时，只服从司法部长的依法的指示而独立于其他机关和个人的命令。

国会的法律事务委员会召集总检察长和司法部长来解释其权力的使用情况。

总检察长的任期为7年，到期时应退休或者辞职。总统认为合适时可以任命其再担任此职，但不得超过5年。

总检察长有下述情形时，总统可以在其任期结束前免除其职务：（1）不能胜任其职务；（2）其行使职权的能力存在很大的问题；（3）因其他的原因不能胜任其工作；（4）到退休的年龄。

第三节　政党、团体

一　政党

（一）政党发展简史

马拉维政党发展史上最主要的政党是马拉维国民大会党。正是在马拉维国民大会党的领导下，马拉维才取得了国家的独立。在1993年之前，马拉维长期实行一党制，不容许反对党存在。1994年6月4日公民投票后，马拉维修改宪法，允许反对党成立，实行多党制，并进行首次选举，其他党派才被承认并允许参与国家政治活动。现在马拉维重要的政党有民主进步党、联合民主阵线、马拉维国民大会党、争取民主联盟、全国民主联盟和人民进步运动。

（二）主要政党介绍

1. 民主进步党（Democratic Progressive Party—DPP）

民主进步党成立于2005年2月，它是马拉维现任总统穆塔里卡与前总统穆卢齐权力斗争的产物。穆塔里卡本为联合民主阵线的成员，却因与联合民主阵线主席穆卢齐的严重政治冲突，最后被开除出党。穆塔里卡随后组建了自己的政党——民主进步党，并担任党主席。民主进步党是马拉维现在的执政党，也是马拉维最年轻的政党。

2. 联合民主阵线（United Democratic Front—UDF）

联合民主阵线的前身为1992年3月在利隆圭成立的联合民主独立党。1992年10月改为联合民主阵线，总部设在布兰太尔。该党主张建立开放型的经济、消除贫困。该党在中产阶级中以及在中部地区和南部有较大的影响。巴基利·穆卢齐自1994年以来一直担任该党主席。在2005年2月以前联合民主阵线是马拉维的执政党。

3. 马拉维国民大会党（Malawi Congress Party—MCP）

马拉维国民大会党成立于1944年。原名尼亚萨兰非洲人国民大会党。1958年班达担任该党主席，并被选为党的终身主席。1959年尼亚萨兰非洲人国民大会党更名为马拉维国民大会党。马拉维独立前，该党领导马拉维人民争取民族独立的斗争，反对殖民当局拼凑的“中非联邦”。1959年3月，英国殖民政府宣布紧急状态，取缔该党，班达等党的领导人被捕。1960年班达出狱，继续担任党的主席。1964年马拉维独立后直至1994年，国民大会党为马拉维唯一的合法政党，执政长达30年。

马拉维国民大会党在主席之下设有总书记，但班达主席长期掌管马拉维国民大会党。该党纲领为团结、忠诚、服从和纪律。班达要求“每个成年马拉维人必须是大会党成员”。1982年1月5日，班达总统撤换了原大会党总书记巴基利·穆卢齐的职务，改由迪克·马腾杰担任。1983年迪克·马腾杰因车祸而死。同年6月，班达总统任命罗布森·奇尔瓦为行政书记，7月11日，班达又任命了3名省委书记。从1984年起，大会党的总书记一职长期空缺。直到1994年才恢复了总书记职务，由戈万达·查库安巴（Chakuamba）担任。

1997年，班达退位，查库安巴当选主席。2002年7月原副主席约翰·坦博（John Tembo）为主席。约翰·坦博出生于1932年，1964年马拉维独立时出任财政部长，1969年改任贸易与工业部长，1970年4月任马拉维储备银行行长。约翰·坦博是马拉维“官方女主人”卡扎米拉的叔父，是巨富之一，总统常常委以重要临时使命，代表政府办理对外交涉。1987年8月9日，约翰·坦博出任马拉维国民大会党总司库，并担任大会党全国执委会委员。2004年5月，约翰·坦博参加马拉维总统大选，获27.1%的选票，但未能当选。约翰·坦博是马拉维国民大会党的现任主席。

4. 争取民主联盟（Alliance for Democracy—AFORD）

争取民主联盟于1992年成立。成员主要包括马拉维前政要、学者和商人。1993年争取民主联盟与联合民主阵线联手，击败当时执政的马拉维国民大会党，实现了马拉维从一党制向多党制的转变。1995年参与联合政府，在政府中拥有4个部长职位。1996年5月，因对政府职位分配格局不满而退出联合政府。2002年，与联合民主阵线再度联手，并支持通过修改宪法案延长总统任期。该党在北部地区有较大影响，主张在马拉维实行多党民主政治和自由市场经济。主席为查库夫瓦·奇哈纳（Chakufwa Chihana）。查库夫瓦·奇哈纳曾被任命为穆卢齐政府的第二副总统，1996年5月因该党退出联合政府而辞去第二副总统职位。2003年争取民主联盟与联合民主阵线又再度联手，建立“民族团结政府”，奇哈纳再次出任第二副总统，兼农业部长。

5. 全国民主联盟（National Democratic Alliance—NDA）

全国民主联盟于2001年1月成立，2003年6月正式注册。主要成员均来自联合民主阵线。因为它公开地强烈反对穆卢齐谋求第三次连任总统。穆塔里卡当选总统后，全国民主联盟在议会

里与联合民主阵线结成同盟。现任主席为布朗·姆平甘拉（Bromn Mpingganjira），原系联合民主阵线要员，曾任穆卢齐政府的教育部长。

6. 人民进步运动（People's Progressive Movement—PPM）

人民进步运动成立于2003年3月，主要成员为商人，主张彻底改变马拉维恶劣的经济状况。现任主席为阿莱克·班达（Aleke Banda），曾任穆卢齐政府的农业部长。阿莱克·班达赢得的支持还得归功于他拥有的《民族报》，这是马拉维两种主要的报纸之一。人民进步运动与马拉维国民大会党一起充当议会中的反对派。

7. 共和党（Republican·party—Rp）

该党于2003年由原大会党主席查库安巴组建，成员主要来自大会党。成立该党的初衷是为阻止前总统穆卢齐谋求连任。在2004年大选中，共和党表现不俗，取得16个议席。

二　团体

1. 马拉维青年联盟

马拉维青年联盟（The Youth League of Malawi），亦称马拉维青年先锋队（The Malawi Young Pioneers），成立于1963年，由马拉维国民大会党领导，联盟的负责人亦由大会党领导人担任。其主要任务是对青年进行农业、卫生等各种专业技能的培训。在完成培训以后，一些人回到青年先锋队，另外一些人则受雇于公私机构和加入马拉维的情报机构。1966年初，班达总统曾将青年先锋队的人数发展到1200人，并作为警察和军队的补充。

1993年12月1日在姆祖祖的一家酒吧里面，马拉维青年先锋队的几名队员谋杀了两名士兵，引起了青年先锋队和马拉维军队之间的紧张关系。随后，马拉维青年先锋队的一名高级官员通过英国 BBC 宣称青年先锋队的成员将被调整到军队中，此举又引发了军队与青年先锋队的冲突。1993 年 12 月 3 日，代替班达总统处理国家事务的总统委员会下令解散由班达直接指挥的马拉维青年先锋队，由此导致马拉维政府军同马拉维青年先锋队在首都利隆圭发生冲突，至少 16 人丧生。随后，为了防止事态的进一步扩张，班达总统在国家电台中宣布解除马拉维青年先锋队的武装。不久，马拉维青年先锋队被解散。

2. 马拉维妇女联盟

马拉维妇女联盟（The League of Malawi Women）成立于 1958 年，由马拉维国民大会党领导。卡扎米拉夫人曾长期担任妇女联盟的负责人。卡扎米拉夫人被称为“官方女主人”，协助班达总统达 30 年之久，曾多次率妇女代表团出访。

20 世纪 90 年代以来，随着马拉维政治民主化的发展，马拉维妇女联盟的性质与职能也发生变化，逐渐发展为一个非盈利性、无党派性的人权组织，着眼于提高妇女的福利和公正的保护。1994 年，马拉维妇女联盟注册为团体法人。

3. 马拉维世界宣明会

马拉维世界宣明会（World Vision）是一个国际基督教救援机构，由美籍记者卜皮尔博士于 1950 年创立。该组织致力于帮助马拉维贫穷地区提高自力更生的能力，尤其是对儿童的保护。通过该组织，马拉维已经有 35000 名儿童被世界各地的人所收养。世界宣明会在马拉维设有三个孤儿看护中心。在中心里，孤儿受到良好的教育，营养和健康得到保障。当然，这些还不能满足当地孤儿的需要。

4. SOS 国际儿童村

马拉维的孤儿问题是该国一个重大的社会问题。SOS 儿童村组织是国际性的民间慈善团体，其任务是收养社会上那些丧失父母，又无亲友抚养的身体健康、智力健全的孤儿，并以“家庭”

形式进行管理。目前，SOS 儿童村在马拉维设有十几个“家庭”，每个“家庭”收养 8 名 2～6 岁的不同性别、不同民族的孤儿。每个“家庭”由一名 25～35 岁热爱孩子、身体健康的未婚女性，或离婚、丧偶但无子女的女性作为孩子的妈妈，担负起抚养、教育孩子的职责，这使孤儿重新获得母爱和家庭温暖并健康成长。

第四节　军事

一　马拉维军队简史

马拉维军队的雏形可以追溯到 1896 年“中非步兵部队”（CAR）的建立。当时，它由 6 个连队组成，到 1898 年发展到两个营，同年易名为“中非军团”，这些部队曾在毛里求斯、索马里等地服役。1902 年，英国将所有东非、中非所属殖民地的军队合并成立“皇家非洲步兵”（KAR），在尼亚萨兰的军队由陆军准将威廉·曼宁指挥。后来威廉·曼宁成为殖民地的总督。“中非军团”的两个营组成了“皇家非洲步兵”的第一营和第二营。

1953 年“中非联邦”成立时，尼亚萨兰的“皇家非洲步兵”成为了联邦军事武装力量的一部分。

1964 年，马拉维独立。“皇家非洲步兵”第一营和第二营成为了马拉维步兵的第一营和第二营，总部仍然保留在松巴的科本（Cobbe）军营。这个军营是以殖民地时期的陆军中尉亚历山大·科本命名的。1967 年，马拉维新成立了第三步兵营，其新军营是在姆祖祖新建的莫亚利（Moyale）军营。20 世纪 70 年代，马拉维军队的总部转移到利隆圭新卡穆祖军营。这里也已成为了第二营的驻扎地，科本军营继续成为第一营的基地。

殖民地时期，本土人是不能被任命为军官的。马拉维士兵被派往国外进行训练，大多数去英国。后来有一些到肯尼亚接受训练。1978 年，马拉维新的军事学院——卡穆祖军事学院在萨利马建立，主要是训练所有等级的士兵，而军官继续派往英国、美国、法国进行高级和更多的技术训练。

20 世纪 70 年代初，作为军事技术援助的一部分，英国为马拉维军队提供军事指挥领导层。英国也派遣军官帮助马拉维的基础军事训练。1972 年英国陆军准将格雷西亚诺·马特维尔（Graciano Matewere）升为少将，成为马拉维军队的指挥官。8 年后，梅尔文·马卢达·卡恩加（Melvin Maluda Khanga）将军代替格雷西亚诺·马特维尔少将成为马拉维军队的首位马拉维人司令官。卡恩加将军在英国陆军军官学校受过训练，被认为是非常优秀的士兵和管理者。1992 年，卡恩加将军退休时，马拉维军队已经培养了一批指挥官，包括约汉尼（Yohane）将军、奇加瓦（Chigawa）将军、凯尔文·西姆瓦卡（Kelvin Simwaka）将军、约瑟夫·奇姆巴约（Joseph Chimbayo）将军。

在 1970～1993 年之间，军队与国民之间总体上保持了良好、和谐的关系。此后，军方在决定国家命运的政治活动中扮演了更积极的角色。军方曾卷入一些政治事件当中，包括 1998 年 1 月 15 日，因不喜欢《布兰太尔泰晤士日报》上的故事而洗劫了报馆。士兵被控诉到法院，后来军方长官道歉，并且说士兵们没有得到批准，此事也就不了了之。

马拉维军队还积极参与国际维持和平部队，逐步在调停国际争端方面发挥作用。1986 年，莫桑比克发生叛乱，马拉维政府与莫桑比克政府签订协议，为保证纳卡拉（莫桑比克东北部港市）——马拉维铁路的安全，从 1987 年开始，马拉维军队加入前线部队，尽力牵制莫桑比克雷纳莫的游击队活动。马拉维军队在这里驻扎、巡逻了 3 年，这是马拉维独立以后第一次在国外执行军事任务。1994 年卢旺达发生种族大屠杀之后，马拉维的军队参加了联合国主持的卢旺达维和行动。近年来，在国际维和部队的支持下，马拉维派遣军事观察员参与了刚果（布）和科索沃地区的维和行动。马拉维军队还参加了津巴布韦的维和训练、2000 年的法国“天竺葵”军事演习，以及美国发起的旨在训练非洲士兵进行维和、人道主义援助和类似的紧急行动的非洲危机反应计划（the Crisis Response Initiative）。

1999 年后，马拉维军队历史上第一次招募女士兵。马拉维国防军继续在马夫卡和国外的其他军事院校训练女兵。2001 年 8 月，1 名受训于英国皇家军事学院的女兵获得了中尉军衔。还有 5 名受训于南非国防军的女兵也受到了类似的提升。到 2001 年 11 月，共有 5 名女兵获得了中尉军衔。

二　国防体制

1995 年马拉维宪法第 161 条规定，马拉维总统为马拉维军队的最高统帅。依据宪法成立军事委员会，该委员会成员包括国防部长及马拉维军队最高指挥官，并具有下列职权：（1）决定马拉维军队的任务及使用的权力；（2）任命并解除马拉维军队高级军官及其他成员的权力；（3）其他依法律规定的权力及职责。

马拉维军队实行义务兵役制，男子服役年龄为 18 ~ 49 岁，服役期 2 年。

三　武装力量

马拉维的武装力量由正规军、警察和准军事部队组成。马拉维现有正规军总兵力 5300 人、警察 1500 人、准军事部队 1000 余人。马拉维武装部队的武器主要由英国、法国、德国和南非等国提供，其中英国给予马拉维基本的军事援助。

2004年军费开支为11100万美元，占马拉维GDP的0.7%。[①] 军事开支主要用于：（1）武装部队，包括维和部队的支出；（2）国防部和其他负责国防事务的政府部门；（3）训练并参与军事行动的准武装力量；（4）军队的物资、人员、军事研究和发展、军队建设与军事实践、军队维护以及对其他国家的军事援助。

马拉维正规军有陆军、海军和空军三个兵种，各兵种均属陆军管辖。

马拉维陆军包括3个步兵营，1个支援营。每个步兵营有5个步兵连队。陆军装备有装甲车41辆、牵引炮9门、迫击炮8门、高炮40门、防空导弹发射装置15架。[②]

马拉维海军总部设在马拉维湖的猴子湾。海军陆战队有220人。海军装备有巡逻艇3艘，沿马拉维湖巡逻，守卫边境，特别是防守邻近莫桑比克的利科马岛。

马拉维空军80人，编为1个运输中队、1个直升机中队，运输机15架，作战飞机6架，武装直升机5架。松巴机场是空军的基地。

马拉维警察由警务督察长统帅。警察分陆警和水上警察。水上警察使用从英国进口的8艘汽艇在湖上巡逻。

四　国防发展计划与措施

马拉维政府制定的2001～2002年国防发展计划的主要内容是：（1）加强军事训练，配备必要军事装备，提高军事战斗力；（2）改善军队福利；（3）促进性别一体化进程；（4）修复损毁的军事设施；（5）紧急状态下协助维护国内治安；（6）将食物安全提高到制度层面；（7）确保国家领导人

---

① http://www.exxun.com/Malawi/h_ ml.htm (last visited 20 October, 2005).

② 《世界军事年鉴》（2003），解放军出版社，2003，第292～293页。

的活动和其他军事行动；（8）增加地区安全支持，主动进行人道主义援助；（9）恢复海上军事行动。

为实现上述目标，马拉维国防部采取了下列措施[①]：（1）为保证资源的有效利用，针对国内经济面对的困难，调整了马拉维军事行动的战略计划；（2）在此期间，马拉维国防白皮书、军队艾滋病防治计划将最终定稿，同时制定军民关系发展计划与马拉维军事战略发展计划；（3）训练新兵和见习军官；（4）提高军队战备，完成必要装备的配给和更新，加强军事训练，制定5年装备采集计划，对原有设备进行升级换代；（5）实现军队财政来源的集中管理；（6）作为南部非洲防御委员会（SADC）成员，马拉维将继续参加地区防御和安全问题会议，继续与赞比亚和坦桑尼亚商讨有关防御与安全的双边协议；（7）军官和士兵的训练任务在国内外同时进行；（8）通过提供住房和医疗设施，进一步提高士兵的福利；（9）总结回顾马拉维的军事行动计划；（10）改进国防部部长制的管理体制，努力协调国防部与其他部的关系；（11）增加军需生产，建立国防工业委员会。

① 参见 http：//www. malawi. gov. mw/defence/defence/htm（last visited 20 October，2005）.

第四章

经　济

第一节　概述

一　经济发展概况

马拉维是传统的农业国。长期以来，经济基础薄弱、自然灾害加之国际经济因素的影响，使得马拉维的经济十分困难。

独立以前，马拉维的经济基础非常薄弱，经济结构呈现畸形。1964 年，马拉维的国内生产总值为赞比亚的 25%，坦桑尼亚的 22%。是非洲人均国内生产总值最低的国家。[①] 独立后至 20 世纪 70 年代末，班达政府采取以出口带动经济增长的策略，主要集中在农业领域和使用外资与管理技术的手工领域。通过提供基础设施建设和其他服务，支持私人企业在农业领域的发展。在其独立后的第一个 15 年中（1964～1979 年），依靠烟草和茶叶出口，其年经济增长率达到 6%。1979～1982 年间，马拉维的经济遭遇了衰退。为使经济重新走入良性发展轨道，20 世纪 80 年代中叶起，马拉维着手进行调整经济结构的改革。政府认为需

① 参见原牧《马拉维的经济发展成就》，《西亚非洲》1981 年第 3 期。

要发展小规模农业，改进公共资源的管理及放松物价和薪酬控制，并为此制定了一系列措施，包括加大与国外贸易的自由化程度，彻底修改货币和纳税制度，加强进出口资格控制以及加大对国外和本地投资者的激励等。

1994 年 5 月穆卢齐政府成立后进行社会改革，加速实施私有化和吸引外资等政策。此外，政府还采取了依靠出口来带动经济增长的政策：一方面利用国外资金和先进管理手段进行大量农业基础设施建设，发展大规模农业及农产品加工业；另一方面鼓励私人投资中小农业生产项目，并为私人投资提供宽松的政策环境。1994 年，马拉维遭受特大干旱，国内生产总值下降 12.4%。新政府重视加强经济管理和促进生产，1995 年制定实施“脱贫计划”。1996 年，经济呈现了良好势头：农业丰收，通胀率下降，外汇储备增加到 1.45 亿美元，GDP 上升到 20.66 亿美元，人均 GDP 达到 193.1 美元。由于良好的天气条件下小规模农业的显著增长，加之政府实施了有力的经济发展政策，到 1999 年，GDP 增长为 6.7%，农业收入占 GDP 总额的 37.5%。除农业之外，商业和制造业是主要的增长点，其中商业占 GDP 总额的 22.2%，制造业占 12.8%。[①] 2002 年，穆卢齐政府制定了“脱贫战略三年计划”，将提高生产力、增加非农业就业、提高农业收入和改善社会服务作为经济工作重点，并着手实施经济多元化战略，扶持旅游业、矿产业和制造业。经过一系列的改革，马拉维宏观经济形势趋于好转，通货膨胀率、外债均呈下降趋势，烟草创汇增加。但同时由于自然灾害导致粮食减产，西方国家对其援助也大幅削减，这对马拉维经济发展影响甚大。[②] 2004 年 5

① 《南部非洲发展共同体 2003 年贸易及投资报告》。http：//www.sadcreview.com/country_ profiles/malawi/malawi.htm（last visited 19 July，2005）.

② 参见《世界知识年鉴》（2003/2004），世界知识出版社，2004，第 435 页。

月，穆塔里卡当选总统后，与国际货币基金组织达成一项为期12个月的经济自律计划。2005年6月，穆塔里卡政府在国际货币基金组织的支持下，开始实施为期三年的新“脱贫与增长战略”。总体来说，马拉维独立后，经过数十年的努力，经济呈现出稳步、缓慢发展的态势。

表4－1　2000～2004年主要经济指标

年　　份	2000[a]	2001[a]	2002[a]	2003[b]	2004[b]
以市场价格计算的GDP（十亿马拉维克瓦查）	97.2	121.5[b]	126.2[b]	149.3	171.7
GDP（十亿美元）	1.6	1.7[b]	1.6[b]	1.5	1.6
实际GDP增长率（%）	1.1	－4.2	1.8	4.4	4.0
消费品物价膨胀（平均；%）	29.6	22.7	14.7	9.6[a]	11.5
人口（百万）[c]	11.4	11.6	11.9	12.1	12.4
商品出口离岸价格（百万美元）	403.1	427.9	422.4	457.1	475.6
商品进口离岸价格（百万美元）	462.0	472.2	573.2	505.0	535.3
流动资产负债（百万美元）	－73.4	－59.9	－200.7	－62.5	－84.0
外汇储备（百万美元）	243.5	203.1	162.0	126.5[a]	120.0
外债总额（十亿美元）	2.7	2.6	2.9	3.1	3.2
偿债率（%）	12.5	8.1	7.6	10.9	11.0
汇率（平均；马拉维克瓦查：美元）	59.54	72.20	76.69	97.43[a]	110.04

说明：a年鉴；b英国经济学家情报社估算；c基于1998年人口普查的初步结果预计。

资料来源：Economist Intelligence Unit，*Country Report-Malawi*，*January 2005*，Printed and distributed by Patersons Dartford，Questor Trade Park，151 Avery Way，Dartford，Kent DA1 1JS，UK，p.5.

二　经济结构

长期以来，马拉维的经济结构是以农业为主导的单一结构模式，严重制约了国家的经济发展。独立后，经过建立民族经济体系、发展多样化经济以及调整经济结构等一系列的努力，单一经济结构中逐渐增加了制造工业、加工工业、服务业等多种经济元素，而且私营经济成分扩大，与国有经济共同发展。经过多年实践，经济结构正朝着合理化的方向发展。

为使国民经济摆脱对农业的单纯依赖，班达政府时期便拟定了工业化的计划并着手实行，计划内容包括设置工业区和鼓励外商投资。鼓励外商投资的方法有简化投资的程序及对各项投资予以奖励等。为达到这一目标，政府于1991年成立了马拉维投资促进会（Malawi Investment Promotion Agency）。该机构以协助外商在马拉维的各项投资为主旨，并为其投资提供全方位的服务。

马拉维的工业主要是初级农产品加工业，包括烟草、茶叶、蔗糖、酿酒、棉纺、建材等。其服务业和商业也不发达。此外，马拉维有着丰富的旅游资源，正日益成为新兴的观光地点。旅游资源的开发推动了旅游业的发展，并为商业、服务业的发展提供了良好契机。

表4-2 马拉维国内生产总值的部门构成

（按1994年不变价格计算，括号中为变化率%）

单位：百万马拉维克瓦查

年 份	1999	2000	2001	2002	2003
农业	4944 (10.1)	5130 (3.8)	4810 (-6.2)	4926 (2.4)	5261 (14.1)
小农部门	951	1075	949	3846	4359
种植园	3992	4055	3862	1081	902
制造业	1749 (1.9)	1696 (-3.0)	1456 (-14.2)	1454 (-0.1)	1471 (11.7)
电力与供水	172 (-0.0)	189 (9.9)	176 (-6.9)	186 (5.7)	195 (4.8)
建筑业	293 (15.8)	286 (-2.4)	273 (-4.5)	311 (13.9)	341 (9.6)
销售业	2760 (-1.8)	2752 (-0.3)	2782 (1.1)	2826 (1.6)	2892 (2.3)

续表 4-2

年　　份	1999	2000	2001	2002	2003
交通与通讯	573 (4.8)	549 (-4.2)	546 (-0.5)	625 (14.7)	639 (2.2)
金融与专业服务业	1031 (-0.3)	1052 (2.0)	1018 (-3.2)	1083 (6.4)	1147 (5.9)
住宅服务业	180 (2.3)	185 (2.8)	190 (2.7)	195 (2.6)	200 (2.6)
社会与社区服务业	264 (0.8)	271 (2.7)	279 (3.0)	287 (2.9)	295 (2.8)
政府服务业	1337 (-1.7)	1207 (-9.7)	1216 (0.7)	1208 (0.3)	1226 (1.5)
按成本计算的国民生产总值	13092 (3.5)	13117 (0.2)	12582 (-4.0)	12803 (1.8)	13373 (4.4)

说明：未计算未分配的财政费用。

资料来源：①马拉维储备银行：《财政与经济评论》。

② Economist Intelligence Unit, *Country Profile* 2005 - *Malawi*, Printed and distributed by Patersons Dartford, Questor Trade Park, 151 Avery Way, Dartford, Kent DA1 1JS, UK, p.49.

三　经济预测

估计 2005 年马拉维的经济增长率低于 3%。这种估计是基于在漫长的雨季中出现的干旱，已经使农业严重减产。但是在整体低迷的经济增长中，有些部门还将保持较高的增长率。估计建筑业约增长 17.1%。由于交通、通信等行业的持续增长，服务业也会增长达 10%。根据未来的气候条件及农业生产的回升，国际货币基金组织预计 2006 年马拉维的经济增长可达到 8.2%。同时，马拉维政府的财政管理措施的改进会降低利率、保持汇率的稳定；政府在 2005 年 6 月的财政预算中加大政府对于基础设施建设的投资力度会带来较高的投资率。

估计至2005年底，通货膨胀率达16.9%，2004年约为13.7%。最大的通货膨胀压力来自粮食的短缺。粮食的通货膨胀率将高达19.2%。其他通货膨胀率估计在13.8%左右。2006年，依靠有利的气候条件和政府启动的灌溉计划，粮食的通货膨胀率预计到2006年年底降低0.5%，总体的通货膨胀率降低3.9%。虽然政府一直致力于保持商业汇率的稳定，但由于2005年通货膨胀率的增长，正常的汇率会有所调整。利率在2005～2006年经济稳定和国内债务可能较少的条件下，进一步大幅度降低。

2005～2006年度财政预算的最重要的目标之一是减少25亿马拉维克瓦查的国债。期望通过延续的财政纪律和政府不断增加的信心赢得国内金融市场，并可能将国债中由短期国库券主导转变成低利率的长期局部记名股票。期望凭借国债的减少以及国债结构的改变来大幅降低利率。

表4-3　经济学家情报社对马拉维2005、2006年经济指标的预测

	2005	2006
实际GDP增长率(%)	3.2	3.4
工业总增长率(%)	1.0	1.5
农业总产品增长率(%)	2.8	2.5
消费价格涨幅(平均)(%)	10.8	9.9
消费价格涨幅(年终)(%)	12.0	10.2
短期银行利率(%)	25.0	26.0
政府平衡(%GDP)	-4.1	-3.8
出口货物离岸价值(百万美元)	482.7	496.9
进口货物离岸价格(百万美元)	529.9	548.5
经常账目平衡(百万美元)	-69.5	-75.6
经常账目平衡(%GDP)	-4.3	-4.5

续表 4-3

	2005	2006
外债(年终;十亿美元)	3.4	3.2
汇率　马拉维克瓦查:美元(平均)	120.94	129.40
汇率　马拉维克瓦查:100日元(平均)	127.64	137.66
汇率　马拉维克瓦查:特别提款权——SDR-国际货币基金组织(平均)	191.56	206.42

资料来源:Economist Intelligence Unit, *Country Report-Malawi*, *January 2005*, Printed and distributed by Patersons Dartford, Questor Trade Park, 151 Avery Way, Dartford, Kent DA1 1JS, UK, p.12.

第二节　农林牧渔业

一　农业

(一) 农业概况

马拉维是传统的农业国，经济以农业为主。作为马拉维最重要的经济部门，农业的产值占 GDP 总额的 1/3 以上，出口总额的 90% 以上。1999 年马拉维耕地面积为 187.5 万公顷，多年生作物面积 12.5 万公顷。主要的农作物有玉米、高粱、小米、薯类、橡胶、烟草、甘蔗、咖啡、茶叶和棉花。最主要的粮食作物是玉米，所有农户都种植玉米。烟草、甘蔗、茶叶、棉花和咖啡是主要的出口作物。烟叶是最主要的出口经济作物。1997 年出口总值中烟草占 59%，茶叶占 19%，花生占 2%，其它农产品占 12%。在马拉维，城市人口中大约 1/2 从事与农业相关的工作，总人口中 85% 的生计与农业相关。①

① 马拉维政府官方资讯：农业。http://www.maform.malawi.net/agriculture.htm (last visited 15 December, 2003).

马拉维的农业有着双重的生产结构即小农户和种植园。小农户所拥有的土地面积为410万公顷，种植园拥有土地115万公顷。小农户种植的主要粮食作物是玉米，此外还有高粱、水稻、小麦、木薯、豆类等。小农户生产的农产品占农业总产出的85%以上，主要用于满足国家对粮食的需求，剩余部分则用于出口。种植园的农产品虽然占农业总产出的比例不高，却占出口总量的大部分。马拉维的双重农业结构由来已久，其历史可以追溯到20世纪初，欧洲殖民者开始在马拉维建立种植园之时。当时种植园主要种植茶叶、烟草、咖啡、甘蔗和棉花并用于出口，而小农则种植粮食作物及较低价值的经济作物。独立后，政府进一步加强了这种双重农业结构，同时采取鼓励出口的农业政策，这些都促进了种植园的发展。20世纪60～70年代农业的年平均增长率达到了5.7%，这也主要得益于种植园的发展。但此种结构的不平衡逐渐加剧，种植园优势的彰显也在一定程度上压制了小农的利益。20世纪80年代，在马拉维经济遭受了一系列外部重创（如传统产品出口贸易的下降，全球石油价格上涨等）之际，马拉维政府采取了“结构调整计划”（Structural Adjustment Programmes）[①]，该计划于1981年得到了世界银行的支持。结构调整计划的关键部分是农业改革，此项改革的目的在于取消政府立法中牺牲小农利益而向种植园主倾斜的政策规定，并同时提高种植园土地的利用效率。在对农业政策进行改革之余，马拉维政府又拟定了一个农业服务计划，该计划的目的是通过增加粮食作物的产量和经济作物的品种来提高小农的收入和给予其必要的粮食保障。

农业在马拉维经济中的地位举足轻重，可以说农业的发展直接决定了整个经济状况甚至国家的前景。以下的一组数据足以说

① 世界银行：《马拉维政府2000公共消费报告》（Government of Malawi. Malawi 2000 Public Expenditure Review）。

明这个问题：世界银行1986年的报告中指出，1965～1980年间马拉维GDP年平均增长率大约为5.8%，这主要来源于其农产品出口（烟草、茶叶和蔗糖）4.1%的年平均增长率。同样，经济对农业的依赖也可以从农业产值与其GDP的关系中得到明显的反映，如1992年农业产值下降了25.1%，GDP则下降了7.9%，该年度中，农业收入占国家GDP的28.3%，远低于其平均指数。1995年，当农业以39.6%的增长率从1994年的衰退中复苏时，全国GDP则获得了历史性的增长，达到14.6%。1998年的情形也呈现了同样的趋势，该年中农业及全国GDP的增长率分别为7.5%和4.2%。[①] 2002年农业产值增长2.7%，2003年增长5.9%。

（二）影响马拉维农业的主要因素

影响马拉维农业的主要因素是天气情况及政府政策的导向。

1. 天气情况是决定农业收成好坏的主要外部因素

马拉维是典型的热带气候，一年有旱季和雨季之分，旱季从5月至10月，雨季从11月至来年4月。雨季是从事农业生产的主要时期，而在旱季所做的工作主要是为来年生产做准备：通过焚烧或掩埋粮食作物的残余物来蓄肥。从历史上看，由于特殊的自然地理气候条件，马拉维农业一直非常依赖降雨，天气情况的变化对整个农业影响十分显著，[②] 干旱年份农业生产因缺乏雨水而遭受巨大损失，严重影响了整个国民经济的发展。例如1994年该国大旱，其农业产出大幅度削减，到1995年降雨增多情况方见好转。由于缺水，土地贫瘠和沙化现象较为严重，这又对农业生产造成了许多负面影响。为了降低农业生产对气候的依赖程度，马拉维政府一直把兴修水利列为农业发展的重点之一，但由

① 世界银行：《马拉维政府2000公共消费报告》（Government of Malawi. Malawi 2000 Public Expenditure Review）。

② 世界银行：《马拉维政府2000公共消费报告》（Government of Malawi. Malawi 2000 Public Expenditure Review）。

于经济发展的局限，水利设施并不发达。不过马拉维有较为丰富的湖泊资源，这在相当大程度上为政府节约了大规模兴修水利的资金，也缓解了来自农业生产需求的压力。通过国家和私人联合投资，采用引水灌溉等方式，马拉维的农业生产得以维持。

2. 政策导向对农业的影响

政府在农业方面的政策导向在过去的数十年中发生了重大的变化。已有研究显示出政府的农业产业政策与农业产出甚至整个国民经济之间的关联：正如研究结果表明的那样，政府曾有过的对农业生产和销售的限制性和区别对待的政策已限制了农业甚至整个国民经济的发展；而政府鼓励发展种植园并对出口商品的生产者提供诸多优惠条件的政策却带来了20世纪60～70年代农产品出口的惊人增长；20世纪80年代的结构调整又使得整个国民经济在外部环境恶化之际获得一线生机。

农业政策导向的改变对整个农业的影响颇大。过去常见的小农将自己拥有的小块土地转让给种植园主的情形现已被制止。大多数小农自己生产农产品，然后通过农业生产和营销公司（ADMARC）来销售，该公司在整个国家中拥有50多个存储仓库。从1987年开始，除烟草和棉花外，允许个人从事农产品的销售并能够给产品定价从而展开了与ADMARC的直接竞争。[①] 1990年起，小农可以种植白莱烟并直接送往拍卖市场交易。马拉维现是世界上最大的白莱烟生产国之一，烤烟产量也居于世界前列。农业政策导向的改变对农业的影响由此可见一斑。

（三）最主要的粮食作物——玉米

作为马拉维最主要的粮食作物，玉米产量的高低决定马拉维是否出现饥荒。如果玉米产量满足国内需求有剩余则用于出口，

---

① 马拉维政府官方资讯：农业。http：//www. maform. malawi. net/agriculture. htm（last visited 20 December，2003）.

否则只能靠进口或援助。而决定玉米产量的主要因素是天气。

1996~1997 年（10 月到次年 9 月）的干旱使玉米产量降到 130 万吨。1998 ~1999 年，马拉维实施驱动（starter pack）计划，政府增加了现代化农业技术的使用、提供无偿的杂交种子和肥料，加之种植面积的扩大，使产量恢复到 250 万吨。2001 年洪涝灾害导致 2000 ~2001 年玉米产量下降，接下来，干旱、低价和政策性储存谷物的销售，导致 2001 ~2002 年玉米产量进一步减少，出现最近 50 年最严重的饥荒。2002 ~2003 年，玉米种植面积增加了 21%，亩产增加 5%，玉米产量从前年的 150 万吨增加到 198 万吨。产量的增加是三个因素共同作用的结果：天公作美；免费种子的进一步配给；驱动计划投入的增加。外国援助的无偿玉米使农民多用于播种而不是消费。

表 4-4　小农户种植业产量

单位：千吨

	1999/2000	2000/2001	2001/2002	2002/2003	2003/2004
玉　米	2245.8	2211.9	1899.2	1983.4	1733.1
水　稻	92.9	67.1	93.2	88.2	49.7
花　生	124.6	116.4	155.2	190.1	161.2
烟　草	84.6	98.7	82.5	94.3	106.2
棉　花	50.6	34.9	37.6	40.4	53.6
高　粱	41.4	36.8	36.9	45.4	40.9
黍　子	20.2	19.5	20.4	24.5	17.3
豆　类	233.8	248.2	303.8	323.5	247.2
木　薯	895.4	2757.2	3362.4	1735.1	2559.3
甘　薯	1680.3	1634.3	2586.9	1535.1	1784.7

资料来源：①国家小农估产委员会；

② 南部非洲发展共同体网站 http：//www. sadcreview. com/country_ profiles/malawi/mal_ agriculture. htm（last visited 15 September，2005）.

2004年，年初雨季晚来，3、4月份又持续干旱，玉米产量降到173万吨。南部因降雨量低于全国平均水平，受到的影响最大。而满足国内需求，短缺200万吨左右玉米，可见天气对玉米产量的影响之大。

（四）最主要的经济作物——烟草

马拉维是世界烟草的重要出口国之一，其烟草生产的历史较长，可追溯至20世纪20年代，但其稳定、快速发展则是在20世纪70年代以后。马拉维烟草产量仅次于津巴布韦，居非洲第二位，是马拉维最重要的外汇来源，占外汇总额的50%～70%（视产量和价格而定）。因此，烟草是马拉维最主要的经济作物，也是整个国家农业发展中的重中之重，同时马拉维的烟草业对扩大就业机会，增加收入和促进地区发展有直接的影响，也对依赖于烟草业的许多行业有着间接的影响。

马拉维主要生产烤烟、白莱烟、熏烟、晒烟和土耳其烟。马拉维有烤烟农场、白莱烟农场各500多个，主要集中在利隆圭和卡松古两地，最大的烟草拍卖市场在林贝。

马拉维的烟草种植和销售经历了从严格限制到自由化的发展过程。1989年以前，政府严格管制烟草生产。所有烟草生产者必须到烟草管理委员会那里申请许可，只有种植园和较大的土地所有者才有资格申请，此外，只有达到一定产量规模才能直接将烟叶卖到拍卖行。这样一来，许多小规模的农场和佃农实质上被排除在烟草生产之外。有小农户种植烟草，也只被允许种植烘烟、晒烟且只能将烟草以固定的价格卖给农业发展与营销公司（ADMARC），而种植园则可以种熏烟和白莱烟，并且可以在市场上拍卖。1990年，政府同意让小农户种植白莱烟，在以后的8年中，白莱烟的产量增加了3倍，马拉维也成为世界上最大的白莱烟产地之一。1995年初，在世界银行与国际货币基金组织的帮助下，马拉维着手实行一项旨在重建金融稳定，建立经济持续发展基础的结构调整计划。反映在农业上，则是允许小农户种植经济作物，使农产品的进出口自由化。经过这次改革，小农户的产品也被允许卖给个体商人和进行拍卖。这些措施很大程度上促使马拉维的烟草业从1995年起得到快速的发展。马拉维登记在册种植白莱烟和烤烟的烟农从1990年的9500人增长到2000年的68150人，种植面积从1993年的10万公顷增加到17万公顷。尽管小规模种植者的烟草产量有大量的增加，种植园仍然占主要份额，2000年，种植园在拍卖市场拍卖8.4万吨，占总销量的68%。[①]

马拉维的烟草业可分为三部分：烟叶种植，烟叶加工、处理和销售，烟草制品零售。由于马拉维加工能力低下，国内烟草制品的需求反而要通过从国外进口来满足。许多马拉维人的生活和烟草业息息相关，这些人包括为数众多以烟草种植为主要收入来源的农民，加工、处理和买卖烟叶的人员，将烟叶运往非洲东部海岸港口的运输人员，马拉维国内烟草制品的进口商、分销商和零售商。此外，为烟草业提供商品和服务的其他行业也与烟草业有着间接的依赖关系。

烟叶种植和出口在马拉维烟草业的各个环节中至关重要，加工能力的低下又从另一个方向凸显了这种重要性。烟叶种植是烟叶出口的先决条件，而烟叶出口是马拉维整个经济前景的晴雨表。以1999年为例，马拉维全国共种植了134390吨烟叶（农业销售重量，区别于干烟草的重量），产值为1.875亿美元。出口147249吨烟叶，收入为2.72亿美元。这一收入包含了长期存储的12859吨烟叶的出口收益。据统计，从事烟叶生产的农民大约有8.6万人。白莱烟是马拉维烟叶生产的主要产品。在烟叶产品中，生产熏烟的利润比生产白莱烟高，但由于白莱烟的生产工艺

① http://www.fao.org/documents/show_cdr.asp?url_file=//docrep/006/y4997e/y4997e0i.htm (last visited 25 February, 2006).

简单、成本较低，因而马拉维从事烟草生产的农民主要生产的都是白莱烟。

表 4-5　烟草出口收入

单位：百万美元

	1997	1998	1999	2000	2001
熏　烟	64.9	28.3	32.7	21.1	13.1
白莱烟	246.8	179.5	208.7	206.3	188.0
晒　烟	1.5	2.8	0.7	0.9	0.1
其　他	19.5	127.0	18.4	18.5	10.8
总　量	332.7	337.6	260.5	246.8	212.0

资料来源：①马拉维烟草管理委员会；

② Economist Intelligence Unit, Country Profile 2005 - Malawi, Printed and distributed by Patersons Dartford, Questor Trade Park, 151 Avery Way, Dartford, Kent DA1 1JS, UK, p. 29.

对于烟叶出口来说，马拉维烟叶在世界市场上的价格对其国内经济有着至关重要的影响。由于高度依赖国内烟草产品的出口市场，马拉维对国际贸易环境的变化十分敏感。然而，从整个世界市场的范围来看，作为一个相对较小的烟叶供货商，马拉维只能作为烟草价格的接受者。由于无法通过调整烟叶的出口价格来影响最终收入，马拉维只能通过增加产量及提高烟叶质量来顺应世界市场的需要，从而增加收入。烟叶产量的提高将增加收入及生产资金的投入，烟叶质量也会得到进一步的提高。高质量的产品意味着更高的价值，更高的价值又进一步提高了产品的质量。这样就形成了良性循环，反之将形成恶性循环。[①] 如 1998 年，

① 英美烟草马来群岛基金会：《马拉维烟草工业 2003 报告》。http://www.fao.org/documents/show_cdr.asp?url_file=//docrep/006/y4997e/y4997e0i.htm (last visited 25 February, 2006).

烟草创汇高达338万美元。然而到了2003年，据马拉维烟草管理委员会的估计，下降到了211万美元。导致下降一方面是由于农民减少了烟草的种植而改种其他经济作物，更多的是由于烟草价格的下跌。马拉维烟草价格的跌幅比国际烟草价格要大得多。导致出现此情况的原因之一是总体削减了生产优质烟叶的奖金导致烟草质量下降。

表4－6　烟草拍卖

	2001	2002	增长率(%)
拍卖量(吨)			
白莱烟	115298.5	125365.0	8.7
烤　烟	8299.3	11151.9	34.4
北部深色烤烟	904.0	1345.4	48.8
平均价格(美分/千克)			
白莱烟	109.77	111.40	1.5
烤　烟	191.05	183.99	-3.7
北部深色烤烟	143.00	183.11	28.0
总出口值(百万美元)	235.1	178.0	-24.3

资料来源：①经济计划与发展部；

②http：//www.sadcreview.com/country_profiles/malawi/mal_agriculture.htm.

(五) 蔗糖

蔗糖是马拉维第三大出口农产品。1994年蔗糖出口量占全部农产品收入的8.2%。全国蔗糖种植面积5200多公顷，集中在中部地区。1994年，年产量提高了55.5%，达到20万吨左右。[①]

① 《世界经济年鉴》(1998年卷)，经济科学出版社，1999，第258页。

马拉维的蔗糖生产 1997 年以前由马拉维糖业公司（SUCOMA）和迪旺瓦（Dwangwa）糖业公司垄断经营。1997 年迪旺瓦糖业公司并入马拉维糖业公司，马拉维糖业公司成为马拉维惟一的蔗糖生产商，经过几年的投资经营加上有利的生产条件，2002 年第三季度（6 ~ 7 月）的糖产量达到 260441 吨。有利的生产条件同样也确保了 2003 年第四季度糖产量继续保持高产。另外，通过签署一系列条约，其配额进入了美国和欧盟的市场。虽然 20 世纪 80 年代以来，国内的消费以每年 10% 的速度增长，但是从津巴布韦的廉价进口可以满足需求的比例。

表 4 – 7 蔗糖产量

	1999	2000	2001	2002	2003
千吨	200	n/a	215	261	260

资料来源：①国际货币基金组织：马拉维。*Slelected Issues and Statistical Appendix*, 2004.

②Economist Intelligence Unit, *Country Profile 2005 – Malawi*, Printed and distributed by Patersons Dartford, Questor Trade Park, 151 Avery Way, Dartford, Kent DA1 1JS, UK, p. 30.

（六）茶

马拉维是肯尼亚之后非洲第二大茶叶产地。种植茶叶的商业种植园主要集中在林贝和马拉维湖南岸。林贝是非洲的茶叶拍卖中心之一。茶叶的价格由伦敦拍卖行或者林贝拍卖行自己决定。气候条件同样是决定茶叶产量的主要因素。根据世界粮食与农业组织 2005 年 7 月发布的茶业发展报告，2004 年，全球茶叶产量达到 320 万吨，涨幅为 2%。茶叶产量增加的国家主要有土耳其、中国、肯尼亚、马拉维、斯里兰卡和印度尼西亚。马拉维产量为 5 万吨，涨幅为 19%。

表 4-8 茶产量及产值

	2002	2003	增长率(%)
产量(千吨)	39.1	41.7	6.4
林贝拍卖(吨)	17.2	16.1	-6.4
林贝拍卖平均价格(美分/千克)	97.19	93.43	-3.9
出口量(千吨)	38.4	38.0	-1.1
价值(十亿马拉维克瓦查)	2.56	2.50	-2.3

资料来源：①马拉维茶叶联合会；
②http：//www.sadcreview.com/country_ profiles/malawi/mal_ agriculture.htm.

二 林业

据联合国粮农组织统计，1995 年马拉维森林总面积为 333.9 万公顷，森林覆盖率为 35.5%，人均森林面积为 0.3 公顷。天然林面积为 321.3 万公顷，占森林总面积的 96.2%。[①] 天然林大多为旱季落叶阔叶林和热带稀树干草原林，它们的特点是树干分杈、生长慢、郁闭度低、呈疏林状态。在土壤条件较好的地区分布着一些常绿阔叶树，以及高海拔地区分布着天然针叶林。东非桃花心木，树高可达到 40 米以上，且抗蚁害能力强，是生产高级建筑和家具的好材料。[②] 马拉维保护林面积为 918451 公顷。另外有 137726 公顷的建议保护林，9.7 万公顷的人工林。[③]

从 20 世纪 90 年代初期开始，木材燃料尤其是烟草加工的

① 许新桥：《马拉维林业》，载施昆山主编《当代世界林业》，中国林业出版社，2001，第 809 页。

② 同上，第 809 页。

③ 南部非洲发展共同体网站 http：//www.sadcreview.com/country_ profiles/malawi/mal_ agriculture.htm（last visited 15 September，2005）.

需求已经对该国的森林保护造成了压力，马拉维的森林正在快速退化而越来越引起人们的关注。早在1976年，马拉维政府便将每年1月21日定为“植树节”，号召全国各族人民每人种活两棵树。政府还拨出专款补贴88个苗圃，免费提供树苗，仅1985年1月全国各地栽树950万株。到1985年，马拉维的森林更新面积已达1.05万公顷。[①] 1991年在世界银行的支持下，木材燃料的次生林计划已开始付诸实施，且最近新树木的种植状况已有所改进。[②] 联合国难民署高级代表也为马拉维的林业发展作出了努力，1993年和1994年分别在难民聚集区增加林地面积6400公顷和1600公顷。[③] 2003年马拉维播种树种超过5000万株，不包括增植林和天然再生林，相当于24890公顷，但是仍少于每年1.6%的采伐率或每年采伐3.2万公顷。马拉维是南部非洲发展共同体中采伐率最高的国家。因此，马拉维政府正通过大量的发展计划和项目力图提高森林的可持续经营与利用。[④]

三 畜牧业

马拉维的畜牧业不发达。由于受地理气候条件的限制，没有形成规模化的大型牧场，主要饲养方式还是以乡村农民饲养和游牧民放牧饲养为主。这种较为原始的饲养方式制约了畜牧业的发展。独立后，出于发展经济，改变单一经济结构的需要，政府也加大了对畜牧业的支持力度。畜牧业主要在中部

① 参见葛公尚主编《万国博览·非洲卷》，新华出版社，1999，第639页。

② 《南部非洲发展共同体2003年贸易及投资报告》。http://www.sadcreview.com/country_profiles/malawi/malawi.htm (last visited 19 July, 2005).

③ 《世界知识年鉴》(2003/2004)，世界知识出版社，2004，第258页。

④ 南部非洲发展共同体网站 country_profiles: http://www.sadcreview.com/country_profiles/malawi/mal_agriculture.htm (last visited 15 September, 2005).

和北部，主要饲养牛和羊。据 1991 年统计，全国各类牲畜存栏数为：牛 86.7 万头，羊 95.3 万只，猪 23.8 万头。几乎所有牲畜均由小农户饲养。[①] 1995 年各种牲畜存栏数分别为：牛 98 万头、羊 108.6 万只、猪 24.5 万头。

马拉维政府正在实行一个提高牲畜奶和肉产量的计划。许多马拉维人饲养猪、牛、绵羊和山羊，因此马拉维出产大量猪肉、牛肉、羊肉。马拉维每年的牛奶产量大约为 800 万升，从 20 世纪 80 年代中期以来家禽及蛋的产量增长十分明显。[②]

四 渔业

马拉维的渔业较为发达，这主要得益于马拉维众多湖泊所提供的得天独厚的自然条件。马拉维的鱼类资源相当丰富，马拉维湖、奇尔瓦湖、希雷河上游都是捕鱼区，渔业的发展潜力相当大。马拉维大约有 4.9 万渔民，30 万人从事与渔业有关的工作如鱼产品加工、鱼销售、建造木船、机器修理。鱼类为马拉维人提供了超过 40% 的蛋白质摄入量，大部分捕捞来的鱼供应本地消费。鱼类出口带来的外汇收入占国民生产总值的 4% 左右。

20 世纪 80 年代，马拉维的捕鱼业发展很快，渔业资源的过度开发带来了许多负面影响，导致人均渔业产量下降了 25%。80 年代中期出口量有 14 万吨，到 1989 年已经下降到 5000 吨，甚至在 1992 ~ 1993 年停止了出口。1998 年出口稍有回升，也仅仅销售了 3 吨。在此种情况下，马拉维政府出台了一系列措施，这些措施都对捕鱼量有所限制，意图在可持续发展的基础上来提

---

① 《世界知识年鉴》(2003/2004)，世界知识出版社，2004，第 258 页。

② 马拉维政府官方资讯：农业。http://www.maform.malawi.net/agriculture.htm (last visited 15 December, 2003).

高渔业的产量,[①] 如政府考虑整体关闭马拉维湖的渔业捕捞来保护鱼类的繁殖。此外,保护鱼类的繁殖区域,禁止在特定时间、特定区域捕捞,同时限制可以捕捞鱼类的尺寸以及渔网的大小和孔距,防止捕捞鱼苗。但是,在很多渔村中,要用鱼来满足直接的消费需要或者与内陆村社来交换其他货物,这些措施并没有很好地执行。

表 4-9 商业性渔业捕捞总量

	1998	1999	2000	2001	2002
吨	1370	3674	3698	4927	3767

资料来源:①马拉维国家统计办公室;

② Economist Intelligence Unit, *Country Profile 2005 - Malawi*, Printed and distributed by Patersons Dartford, Questor Trade Park, 151 Avery Way, Dartford, Kent DA1 1JS, UK, p. 31.

第三节 工业、商业与服务业

一 工业

(一) 工业概况

马拉维工业基础薄弱,结构较为单一,以制造业为主,主要包括农产品加工业、纺织、服装、鞋类、建筑和建筑材料业。制造业约占工业的85%、占工业产品出口的1/4。马拉维大约有100家制造业和工业公司,2002年其产值占马拉维国内生产总值的12.1%。

为改变工业落后的局面,马拉维政府采取了很多措施,如积

① 《南部非洲发展共同体2003年贸易及投资报告》。http://www.sadcreview.com/country_profiles/malawi/malawi.htm (last visited 19 July, 2005).

极吸引外资，放松对投资建厂的限制，为投资者提供优惠等。具体表现在：利用外资成立了一些工业企业；取消投资者在申请工厂建设用地方面的诸多限制；建立为投资者提供特殊优惠的出口开发区；废除以往只有少数特殊工业才能申请的生产许可证等。

为提高工业产量，政府正计划成立产业中心。在世界银行的资助下，政府开始着手发展具有竞争优势的行业。为支持马拉维制造业的发展，联合国工业发展组织（UNIDO）帮助其制定了工业总体发展计划。此外，欧盟还提供了商业援助基金，对马拉维向欧盟的出口贸易提供帮助。

在日趋激烈的国际竞争中，马拉维政府认识到在国际市场上只有高质量的商品才能占有一席之地。为提高产品竞争力，政府一方面通过马拉维质量标准管理局加强对工业产品的质量管理及认证程序，另一方面又通过马拉维工业研究及技术发展中心来提高工业产品的生产率。①

目前，马拉维工业的投资方向主要集中于以下几个方面②：

轻工业主要是钢材滚轧、电线拉制、电镀、金属预制件、工具加工、电缆。矿产品加工业包括石灰、粉末粘合剂、微型粘合剂、隔音瓦、折射镜、陶瓷和石墨等。

轻化工业有纸回收、油精炼、塑料、橡胶、制药和农药生产、洗发液和洗涤剂。纺织业包括手织、机织、纺线、服装和渔网生产。

森林工业及木材加工业。

此外还有食物保鲜及鱼、咖啡、鳄梨油、果汁加工业，罐头

---

① 《南部非洲发展共同体2003年贸易及投资报告·马拉维工业和建筑业》。http：//www. sadcreview. com/country% 20profiles% 202001/malawi/malawi Construction & Industry. htm（last visited 19 July，2005）.

② 马拉维政府官方资讯：马拉维经济。http：//www. maform. malawi. net/economy. htm（last visited 15 December，2003）.

业，面包业和糖果业，肥料生产。

（二）制造业

马拉维的制造业主要是农产品加工业，生产的产品提供给本地市场。农副产品加工业主要包括茶叶加工、烟草加工、木材加工、粮油及肉类加工。此外还有肥皂及洗涤剂制造、啤酒酿造、酒精制造等。①

农产品加工与农业关系紧密，在干旱的年份会遭受重创。劳动力方面，虽然有着廉价的劳动力，但效率低下，缺乏熟练工和专业技术人员。此外，劳动力又受到艾滋病的困扰。诸多的不利条件大大制约了马拉维工业的发展。

马拉维的制造业增长缓慢，原因主要在于利率上调、马拉维克瓦查贬值及运输成本增加共同导致了国内产品的生产成本上升，在进口商品的冲击下，其竞争力很弱。以 1999 年为例，制造业产值大约占 GDP 总额的 13%，和往年相比，内销产品的产量下降了 59%，而出口产品的产量下降了 4%。

（三）矿业和建筑业

1. *矿业*

马拉维蕴藏的矿产还是比较丰富的，但是长期以来都没有大规模的采矿活动，仅局限于小规模的煤炭、石灰石、红宝石和蓝宝石的开采。主要原因是开矿所需基础设施的资金严重短缺。因此，政府鼓励私人投资者采用这样一种合理的投资模式：先对矿产开采的可行性进行评估，然后再行投资；在开采的同时，强调合理技术的采用。从 1980 年起，英国和法国公司对马拉维的铀、锡、钨、铌、磷酸盐、陶瓷黏土等资源进行了开发。② 1990 年石

① 马拉维政府官方资讯：马拉维经济。http://www.maform.malawi.net/economy.htm (last visited 15 d, 2003).

② 马拉维政府官方资讯：采矿业。http://www.maform.malawi.net/mining.htm (last visited 15 September, 2003).

膏矿开始开采，1994 年生产石灰 1100 吨，水泥 12.4 万吨，煤 3.4 万吨。此外，在 1989 年探明具有 9.855 亿吨的通杜鲁（Tundulu）磷灰石矿已小规模开采。①

2000 年 8 月，马拉维召开首届矿业大会。大会上，政府制定开发南部姆兰杰山钒土的计划，估计其储量为 20 万吨。同时，有望开发南部恩桑杰（Nsanje）和中部萨利马蕴藏的钛矿，估计储量在 170 万吨左右。马拉维与莫桑比克商讨了将姆兰杰山的钒土销往马普托（莫桑比克首都）外的摩扎尔（Mozal）铝厂（莫桑比克最大企业）的可行性，该计划需要投资约 800 万美元来开发矿产和用于基础设施建设。

由于重新恢复了因大雨冲垮姆钦加煤矿的生产，2003 年的采矿量同比 2002 年增长了 20%。

2004 年，重矿砂矿开始开采。该矿由一家地方公司、联合采购代办所（Allied Procurement Agency）和一家南非公司共同投资。萨利马的马拉维湖湖滨地区有 201 万吨的重矿砂将被开采，矿砂中含有钛铁矿、金红石、锆石和石榴石。挖泥船已经到位，各种机器设备正在陆续从南非进口。一家澳大利亚公司——千年矿业已经确定，在马拉维还有其他三个地点蕴藏矿砂：萨利马附近的奇波拉（Chipola）、曼戈切附近的马坎吉拉（Makanjira）、奇瓦湖沿岸的哈拉拉（Halala）。初期估计，马坎吉拉一处可开采 50 年，预计两个熔炉能够每年生产 7 万吨的重矿产。这三个地方的重矿砂储量开采的可行性正在研究和评估中，有望在 2007 年正式进行开采。

2. 建筑业

马拉维建筑业发展较为平稳，但严重依赖于国际援助。② 20

---

① 《世界经济年鉴》（1998 年卷），经济科学出版社，1999，第 258 页。

② 马拉维政府官方资讯：马拉维经济。http://www.maform.malawi.net/economy.htm（last visited 15 December，2003）.

表 4-10 矿业产量

	2001	2002	2003
煤(吨)	34410	43372	47037
石灰石(吨)	108761	86234	23965
熟石灰(吨)	3580	n/a	10125
农用石灰(吨)	2597	6776	8752
水磨石(立方米)	49	3960	330
岩石混凝料(立方米)	396652	73543	103196
黏土/陶土(立方米)	n/a	800	820
宝石(千克)	152	2305	2297
石料(立方米)	186	68	50

资料来源：①马拉维矿业部；

②马拉维政府官方资讯：采矿业。http://www.maform.malawi.net/mining.htm (last visited 15 December, 2003)。

世纪 70-80 年代，马拉维主要的建设项目由南非公司承建，尤其是利隆圭政府大楼的建设。一些马拉维人开设的大公司能够承建高质量的建筑，不少小建筑公司也能够建造低标准的建筑。在 1980~1986 年间，整个经济形势堪忧，和其他行业相比，建筑业的整体状况还是相当不错的。1989~1991 年间外贸增长且整个经济状况好转，其发展开始加速。1993 年，外国援助的恢复，重新获得捐资以及布兰太尔（Blantyre）和利隆圭（Lilongwe）的建筑计划驱动使马拉维的建筑充满生机，建筑业的增幅达到 47%。据国民经济委员会估计，1996 年建筑业增长 26%，但 1997~2000 年，由于马拉维克瓦查的频繁贬值，导致建筑公司的经营和管理费用增多，增长率仅为 2%~6%。①

① Economist Intelligence Unit, *Country Profile 2005 – Malawi*, Printed and distributed by Patersons Dartford, Questor Trade Park, 151 Avery Way, Dartford, Kent DA1 1JS, UK, p. 33.

（四）企业

1. 报业公司

马拉维工业产权高度集中是班达时期的产物。报业公司（Press Corporation，以下简称PCL）对于经济的重要作用不容忽视。PCL有多家子公司，涉及制造业、酿造、蒸馏、农业和金融等领域。其每年的营业额占马拉维GDP大约10%。PCL有几家合资企业，如英国BP公司、嘉士伯（carlsberg）（与丹麦合资）以及法国AXA保险公司（全球最大的保险公司）。

报业公司主要被报业信托公司控制，报业信托公司于1961年由班达创立并成为其个人巨富的根本。1980年金融危机后，报业信托公司于1984年重组，报业公司接管了报业信托很多业务。由于大量的证据显示，公共基金被用来投入该公司，因此，穆卢齐政府对其进行改组，1997年1月，最高法院准许国家接管。

表4-11　截至2000年报业公司在各领域持有股份情况

贸易领域	（%）	工业领域	（%）	投资领域	（%）
五金器具与日用品杂货	100	嘉士伯马拉维酒厂	51	马拉维商业银行	23
马拉维制药	68	南部灌瓶机	35	林贝烟草公司	42
Maldeco渔业	100	企业集装箱	100	国家银行	48
马拉维石油公司	50	乙醇公司	58	报业霍尔（Hall）钢铁	45
报业贸易	51	马拉维蒸馏器	100		
报业交通	100	报业与希雷服装	100		
报业管理服务	100	报业纺织与服装	100		
报业制造	100	PGI	100		
销售服务	100	中部家禽	100		
人民贸易中心	50	报业家禽	100		
赞比亚米特报业（Metpress）	50	国家家禽	50		
太姆巴拉食品制造	100	报业食品	100		

资料来源：Economist Intelligence Unit, *Country Profile 2005 - Malawi*, Printed and distributed by Patersons Dartford, Questor Trade Park, 151 Avery Way, Dartford, Kent DA1 1JS, UK, p. 32.

2. 中、小型企业[①]

中、小型企业是马拉维国民经济的主导力量。农、工、商以及服务业中都以中、小型企业为主导。这也成为马拉维经济的主要特色之一。

在认识到大型企业只能解决小部分人的就业问题之后，马拉维政府和国际发展机构从20世纪80年代起开始着重发展中、小企业，以解决就业问题并增加收入。马拉维的中、小型企业在经济中具有十分重要的作用：马拉维家庭收入的25%来自于中、小型企业。中、小型企业的雇员有170万人，占马拉维所有劳动力的38%，据统计，马拉维15岁以上的人口（约100万）中有1/5在小型企业工作。57万家小型企业中雇佣人数在20人或20人以下。中、小型企业的产值占国民生产总值的15.6%。

马拉维对中、小型企业发展的公共机构支持模式与其他发展中国家类似。大部分中、小型企业支持机构建立于20世纪80～90年代。从1992年的调查结果中可以看出，中、小型企业的状况发生了重大的改变：

（1）城市中企业的数量上升，但非农中、小型企业的总体比重下降了。在过去的一段时间中，被关闭的中、小型企业较多，这种状况是由多种因素造成的，艾滋病只是众多因素之一。

（2）政府政策的改变对于激励农业经济作物的种植，尤其是白莱烟生产，有着重要的影响。从事白莱烟生产的中、小型企业增多。

（3）尽管从整体来看，非农企业的数目减少了，但拥有2个到10个雇员的企业的数量却增加了。雇佣情况通常被认为是

① John Masten, Benson Kandoole, "The Capacity of the Small and Medium Enterprise Support System in Malawi to Support Small Business Expansion", http://www.usasbe.org/knowledge/proceedings/1999/masten.pdf (last visited 4 May, 2005).

企业活力的标志，这意味着这些企业有着较强的活力。

农工联合的中、小型企业在扩大就业、发展生产和增加盈利方面最具潜力。自然资源加工企业（渔业，矿业，畜牧业和作物生产）成长迅速并且给企业主和雇员都带来了更多的收益。按企业总量和雇佣人数来看，生产加工白莱烟的企业占了中、小型企业总量的15%，其雇佣的人数占了全国中、小型企业雇员总量的25%，其次是农产品销售、鱼类销售、酒类、餐饮和啤酒酿造。这些企业的生命力较强并代表了更为稳定的发展模式。

尽管政府对中、小企业给予很多的扶持，也存在着制约其发展的因素，影响较大的是艾滋病的影响。从总体上来看，大约有37%的马拉维中、小型企业受到了艾滋病的影响，而12%的中、小型企业已直接感受到艾滋病的威胁。受艾滋病影响最严重的主要是从事建筑业、服务业、林业和商业的中、小型企业。大体上看，城市的工业企业和低收入企业可以承受这种影响，湖区所受的影响最小。

此外，在马拉维只有极少数企业能够得到相应的销售服务的支持，企业强烈的农村色彩可能是原因之一，而另一个原因则可能是商业的本性使然。在得到销售服务支持的企业中，销售量和雇员数目的上升导致了一系列后果。培训企业员工和维持其它直接支持企业运转的机制，尤其是实行与这些企业整体营业额相关措施的费用都十分高昂。这使得对企业的整体支持转向了局部支持，即具体采用了许多通过市场机制加强企业之间的联系和实现市场机制杠杆作用的措施。局部支持给很多企业提供了良好的发展机会，尤其是自然资源的加工企业和产销一条龙的企业。①

① 马拉维中小企业2000年度调查报告。http：//www.nso.malawi.net/data_on_line/economics/gemini/gemini.html（last visited 10 March，2006）.

二 商业与服务业

马拉维的商业及服务业不发达。一定意义上，商业和服务业的发达程度与国民经济发展状况之间密不可分。历史与现实国情再加之自然地理气候条件的影响展现了马拉维商业和服务业的整体面貌。

马拉维受雨季影响比较大，雨季时部分农村地区道路泥泞，很难到达，这使得商品销售会遇到一定的困难。此外，城市之外的购买力十分低下，只有部分当地公司拥有农村销售网络，大多数企业为获得市场宁愿选择把商品直接批发给农村当地承包者的销售方式。

商业和服务业虽然不发达，但还是有相当的发展潜力。马拉维有丰富的旅游资源，正日益成为新兴的观光地点，观光者来自世界各地。这为商业、服务业的发展提供了良好契机。马拉维政府已开始发展与旅游相关的商业和服务业。[①]

第四节 交通、能源、电信与邮政

一 交通

（一）主要对外交通路线

马拉维为内陆国，依靠陆路进行进出口运输，因此与邻国的交通网对经济影响甚大。传统对外贸易路线是莫桑比克的纳卡拉港和贝拉—纳卡拉港。1982 年以前，约 95% 的对外贸易通过这两个港口完成。但是 20 世纪 80 年代和 90 年代

① 马拉维政府报告：贸易和投资环境。http://www.malawibiz.com/infocountrep.html (last visited 24 May, 2005).

初的莫桑比克内战使得这些路线受到损坏，迫使多数的进出口运输取道靠近南非与坦桑尼亚的港口。

20世纪80年代，在发达国家及国际组织的援助下，马拉维积极辟建“北部走廊”的工程由南部非洲发展共同体国家启动，并于1992年完成，该工程利用马拉维的公路和湖运与中国援建的坦赞铁路连通后直达达累斯萨拉姆，经达累斯萨拉姆港出海，以缓解对外运输困难。到1994年，铁路货运线随着延伸至莫桑比克的“北部走廊”的发展而得到扩展。货运量再次增长。1996年该运输线承担了全国15%的货运量。[①] 1992年10月，莫桑比克和平协议签订后。“太特走廊”重开，马拉维经由莫桑比克贝拉港的运输量显著增长。1994年经此线的货运量达82.9万吨，1995年为86.6万吨。[②] 经由莫桑比克纳卡拉港的货运线也得到改善，通往印度洋港口的线路也重新开放。但是莫桑比克铁路在内战期间被严重损坏，两国边界的修复工作进展缓慢。直到2002年12月通往纳卡拉的铁路才被完全修复。

（二）公路

马拉维多数的国际货物运输是通过其2.7万公里（沥青路占17%）[③] 的公路网完成的。姆万扎边防站是主要的连接点，纳卡拉走廊也是最重要的外运路线之一。[④] 由公路网通达莫桑比克的贝拉、南非共和国的德班（Durban）或坦桑尼亚的达累斯萨拉姆港。纵贯南北的M1公路现为马拉维主要交通动脉，利翁德（Liwande）至恩卡塔贝的湖滨公路以及东起萨拉姆西至姆奇济的

① 《世界经济年鉴》（1998年卷），经济科学出版社，1999，第259页。

② 《世界经济年鉴》（1998年卷），经济科学出版社，1999，第259页。

③ 《世界知识年鉴》（2003/2004），世界知识出版社，2004，第436页。

④ http://www.sadcreview.com/country_profiles/malawi/mal_transport.htm（last visited 15 September，2005）.

公路，均为重要公路线。①

马拉维的国内交通状况比较差。一是路况不好。柏油路只占很少的一部分，而且公路的基础设施破坏情况很严重。排水系统的不完善经常造成路面的破坏，雨季时甚至会引起道路坍塌。许多道路在雨季时都因过于泥泞而无法使用。1997 年马拉维国会通过《国家公路法案》，依该法案成立国家公路管理局，作为监督公路运输基础设施建设管理和发展的机构，并取代工业建筑与供给部的这一职能。随着国家公路管理局的建立，政府在改善这一状况方面已取得显著的成效。二是交通工具短缺。虽然公路交通工具总体上在增加，但据世界银行估计，在马拉维每千人仅有 6 辆交通工具。公路运输现由公共马车（Stagecoach）公司经营，因车辆老旧，班次不足，目前仅有在利隆圭、布兰太尔及姆祖祖三大城市间的长途客运汽车，运行比较良好。

马拉维还是世界上公路安全状况最差的国家之一。由于公路路况差和道路安全法实施得不得力，每年每千辆交通工具的交通事故造成 89 人受伤或死亡。

（三）铁路

马拉维国内铁路总长 797 公里，南起姆兰杰，经布兰太尔、利隆圭至赞比亚和马拉维边界的姆钦吉。因火车陈旧，车速缓慢，营运效率不高。1999 年 12 月，中东非铁路有限公司（Central East African Railways Company Limited）接管了前马拉维铁路有限公司的业务，2000 年该公司全面运营。中东非铁路有限公司是由美国铁路发展公司（Rail Development Corporation）等数家实体联合注资的国际联营企业，通过这一方式马拉维铁路实现了私有化，其服务能力得到了一定的提高。中东非铁路有限公

① 参见马拉维的交通运输网 http://www.boca.gov.tw/boca3007/trav/malawi.htm（last visited 7 June, 2005）.

司除了承接利隆圭、布兰太尔和莫桑比克纳卡拉港之间以及马拉维南部到莫桑比克边境附近的马钦加的货物运输外，还承接少量的客运。[①] 2003 年，经铁路运输的货流量下降 37.9%，客流量下降 18.6%。里维里维（Rivi-rivi）桥被水冲垮，导致通往利隆圭的铁路线关闭，很大程度上影响了货物特别是烟草的运输。此外，昌加鲁姆水泥厂的关闭也减少了当地的铁路货运量。

（四）水运

马拉维地形狭长且北部没有铁路，因此，马拉维的湖运就成为沟通南北的重要渠道。湖上主要港口有奇波卡、恩科塔科塔、奇伦巴、卡龙加等。马拉维湖湖运公司（Malawi Lake Services）在马拉维湖上提供有限的货运、客运服务，在猴子湾（Monkey-Bay）拥有一个船坞、几个工厂以及 14 艘船，现有 9 艘可以使用。这些船只可以运输集装箱、石油产品及旅客。2005 年 2 月 1 日，马拉维湖运公司转让特许权给格伦斯水运公司（Glens Waterway Limited），特许权为 20 年。[②] 马拉维水运（Lake Malawi Ports）是马拉维公共工程和交通部的一个部门，主要提供导航设备并且在奇波卡（Chipoka）、奇鲁巴（Chilumba）和恩卡塔贝三个重要港口拥有部分设施。

（五）航空

马拉维有民用机场 4 个，有大小客机 9 架，国际航线 5 条，通往南非、肯尼亚、坦桑尼亚、埃塞俄比亚、赞比亚、津巴布韦和欧洲。[③]

马拉维航空公司系马拉维国有航空公司，成立于 1967 年，经营国内航线及区域国际航线。外国航空公司有英国、南非、荷

---

① http://www.malawi.com.tw/b5（last visited 9 March，2006）.

② 马拉维私有化委员会网 http://www.privatisationmalawi.org/detail.asp?CID=25（last visited 9 March，2006）.

③《世界知识年鉴》(2003/2004)，世界知识出版社，2004，第 436 页。

兰、坦桑尼亚、津巴布韦、肯尼亚、乌干达、埃塞俄比亚等航空公司经营马拉维的国际航线，但班次不多。一般均系搭乘马航或南非航空公司班机至南非约翰内斯堡后，再转机至世界其它主要城市。只有英国航空公司可以直飞欧洲。

利隆圭机场和布兰太尔的奇莱卡（Chileka）机场是马拉维的两个国际机场。两机场的客运量2003年是283691人，2004年为237492人，同比下降16.3%。部分因为航线的减少，作为从马拉维直飞欧洲的唯一一家航空公司——英国航空公司也于2004年3月停飞。

表4－12 马拉维交通运输情况一览表

年 份	2000	2001	2002	2003	2004*
货运（千吨）					
铁路	240	257	184	115	103
湖运	10	5	8	4	4
公路	201	229	279	236	235
航运（国际）	5.4	3.9	9.0	3.5	2.5
客运（千人）					
铁路	560	599	603	532	386
湖运	91	70	76	78	80
公路	58506	74888	92610	75335	72634
航运（国际）	311.3	307.8	282.0	283.7	237.5
车辆登记（千辆）	13.2	14.1	9.7	7.4	6.9

说明：* 估算。

资料来源：①马拉维交通与公共建设工程部；

② http://www.sadcreview.com/country_profiles/malawi/mal_transport.htm.（last visited 15 September, 2005）.

二 能源

马拉维能源严重不足。全国能源需求90%以上靠木材和木炭，3%靠水力发电，4%靠石油产品，1%靠煤。[①] 穆卢齐政府时期的能源政策和目标是提高能源部门实现2020年国家远景规划、脱贫计划的能力。该政策包括加强能源部门管理的短期和长期的计划与发展目标。主要致力于改革能源部门、提高能源的科技和经济运行能力从而促进工业的发展；制定相关法律，加强对经济部门的规制；积极促进乡村电气化。同时，国家能源政策的目标是建立一个更为自由、私有化的部门加强能源对工业的支持力度。2003年1月，该能源政策获得批准。

（一）薪材

薪材是马拉维主要的能源材料，每年提供主要能源需求的91%。2000年，薪材需求约1837万立方米，且每年增长近6%，其中80%属于家庭消费。薪材主要用于农产品加工特别是烤烟和茶。大量薪材的消费导致严重的森林采伐，每年采伐大约在4万公顷。农业开发土地也减少了森林中薪材可持续发展的数量，因此，马拉维政府制定了相应的措施来提高薪材的利用率。

（二）电力

马拉维电力短缺。1989年希雷河四个水利发电站投入使用。不幸的是，由于干旱导致低水位和高度淤积阻碍了水电站的正常运行。近年来，尽管发电量增加，但是仍然不能满足国内的需要。2002年全国有超过8.4万家庭用户，占电力销售的大约20%。工业用电大约占60%，其余则是工业服务业。国有电力供应委员会制定的低电价导致电力投资与发展的不足，虽然电税增长，但也只占其费用的2/3。国有电力供应委员会资金和能力的缺乏使得农村电力的发展遥遥无期。1999年9月，有议案将国家电力供应委员会分割成几个公司包括发电、传输、配给和乡村电气化，但是进展很慢。

1998年2月，马拉维与莫桑比克签署了有关动力系统相互

① 《世界经济年鉴》（1998年卷），经济科学出版社，1999，第258页。

连接的协议。该计划在此前就已经提交讨论，后由于双边协议的批准和财政安排问题而搁浅。根据该协议，已经制定了马拉维电网与莫桑比克电网相连以使得可以从卡布拉巴萨站传送电力的计划。2003 年 10 月，马拉维电力公司支付 45 万马拉维克瓦查购买中部省巴拉卡的一片土地，建造新的变电所。新电站与莫桑比克太特省的马塔姆伯（Matambo）变电所相连，然后到达卡伯拉一巴萨。整个电网预计在 2006 年完成，花费 8700 万美元。在此期间电力供应将持续不稳。

（三）煤

马拉维每年国内煤炭的需求量约 7.4 万吨。马拉维惟一的煤矿是马钦加煤矿，其储量约为 230 万吨。1999 年马钦加煤矿私有化后，其产煤量有所增加，2000 年增产 25% 达到 5.5 万吨。但是由于财政管制，其不能达到最高产量，其余的煤炭需求要靠进口满足。而且马钦加位于马拉维的北端，离主要需求的中央地区很远。政府有计划开发南部希雷河谷的伦格维·姆瓦比威地区的煤田来满足其附近主要需求地的消费，平衡全国煤炭需求。①

（四）燃料

马拉维所有的石油产品都要依靠进口。由于大的油库建在坦桑尼亚，坦桑尼亚北部达累斯萨拉姆和姆贝亚（Mbeya）便成为主要的输油线，承载着马拉维将近 44% 的燃料进口。未来经由纳卡拉港和贝拉进口燃料的比重将会增加，但是新的燃料储存设施同时也需要进一步增加。

1999 年，马拉维石油工业市场化，2000 年 4 月，石油控制委员会失去了对进口燃料的控制权。根据援助国家的建议，其职

① Economist Intelligence Unit, *Country Profile 2005 - Malawi*, Printed and distributed by Patersons Dartford, Questor Trade Park, 151 Avery Way, Dartford, Kent DA1 1JS, UK, p. 20.

权由一个石油公司和石油进口商组成的联盟——石油进口有限公司（Petroleum Importers Limited）接管。燃料价格由自动价格机制决定。当以马拉维克瓦查计算的进口燃料价格改变超过5%，该机制就会自动调整价格。但是，分销商与以低于价格机制决定的价格销售石油的商人之间的竞争则是越来越激烈了。

（五）太阳能

1999 年 9 月马拉维启动了国家能源可持续发展计划。该计划的目标是提高马拉维能源再生技术包括太阳能发电、光热复合发电、风力能源、沼气等。国家能源可持续发展计划由联合国开发计划署等援助组织来负责实施。

2003 年太阳能发电公司的数量从 6 家增加到 16 家，其中 3 家公司成为太阳能发电的供应商。19 家健康门诊部拥有太阳能发电装置用于照明、冷藏和无线电通讯，此外，有 3 个村庄安装了太阳能。

三　电信

马拉维大力发展电信业，以适应经济发展和通讯的需要。1998 年《通讯法》对私有公司参与电讯和邮政业务作出规定。根据该法成立马拉维通讯管理局，负责管理获得许可，从事邮政、广播和电讯业务的企业。

1. 电话

马拉维 98% 的电话可以直拨至世界主要的城市，马拉维电信公司是固定电话的唯一服务商。2000 年 5 月马拉维邮政与电信公司的邮政与电信业务一分为二，成立马拉维电信公司。然而电信业的落后阻碍着国家的发展，马拉维电信公司也濒于破产。为扭转局面，政府试图将马拉维电信公司 30% 的股份卖掉，但苦于没有买家，无法注入新资本，马拉维电信公司只有在困境中努力更新换代，拓展国家现有的通信电缆系统。马拉维电信公司通过马拉维电讯网络公司（Telekom Networks Malawi Limited —— TNM）（马拉维电信公司持有其40%的股份）也进行移动电话业务。

马拉维电讯网络公司成立于1996年7月，是马拉维第一家移动电话公司。1999年第二大移动电话运营商凯尔特尔公司（Celtel Limited）正式运营。2002年5月，马拉维移动公司成为第三家获得许可从事移动通讯业务的公司。

马拉维的主要城市都可以使用移动电话。现在没有漫游协议，但是已经在规划中。目前，马拉维正在扩大移动电话的服务范围，让农村地区也都能够使用。电信目标指出："到2012年，将为目标人口的80%在最大5公里的距离内提供基本的电信服务"。为了实现扩展农村电信的目标并确保对这一问题的持续关注，现已设立了农村电信论坛（RTF）。另外，还设立了农村电信发展基金（RTDF），以促进并管理将电信服务扩展到非赢利地区的事业。[①]

2. 网络

马拉维现有3个网络服务供应商。马拉维网络（MalawiNet）是马拉维首个网络服务供应商，2000年末有3500个用户；联合国开发计划署发起的网络服务供应商——可持续发展网络（Sustainable Development Network Programme）约有1500个用户；WISS（Web and Internet Service Solutions）估计有几百个用户。网络服务供应商每分钟收费5马拉维克瓦查至15马拉维克瓦查。尽管服务质量一直在提高，服务者仍趋于破产。从2000年起，马拉维的网吧数量增长迅速。

---

① 国际电信联盟世界电信发展大会：《走向普遍接入：四个发展中国家的战略方法》。http：//www. itu. int/ITU-D/conferences/wtdc/2002/doc/otherlanguages/chinese/063C. doc（last visited 20 Dcemeber，2003）.

马拉维几个主要的私有公司都有网站。尽管近几年网上银行服务已经启动，但只有为数很少的用户。由于相关硬件设施和电信设施的落后，加上拨号上网费用高，对于绝大多数的人来说，网络还是可望而不可即的。

四 邮政

马拉维主要的邮局可以发电报，从邮局寄航空信到欧洲约需 7 天到 10 天。邮局的开门时间是星期一到星期五的上午 7 点半到 12 点和下午的 1 点到 5 点。在一些大城镇的邮局可能在星期日的上午 9 点到 10 点开门，但是仅提供出售邮票和电报服务。[①]

马拉维对包裹邮寄有些特殊规定。（1）尺寸：最大长度为 1.07 米，高与底边周长之和不得超过 2.01 米。（2）禁邮品：未标明药品成分及剂量的专利医药品；欺骗性公司的邮件及涉及算卜方面的邮件；武器、弹药及同类物品；旧衣服和“春药”。万国邮政联盟规定的禁邮品与限制规定在马拉维同样适用。[②]

对特快专递也有特殊规定。（1）尺寸：最大长度为 0.92 米，高与底边周长之和不得超过 2.01 米。（2）邮寄范围：国际邮政部门规定的邮件可以邮寄到马拉维，但硬币、银行支票、货币支付，付给付票人的证券及旅游支票禁止以特快专递形式进入马拉维。（3）服务范围：布兰太尔、奇奇里、利隆圭、林贝、姆祖祖和松巴提供特快专递服务。（4）服务标准：周一至周五

① 马拉维政府报告：贸易和投资环境。http://www.malawibiz.com/infocountrep.html（last visited 23 November，2005）.

② 宇桥网 http://www.china-yuqiao.com/zlk/gbxx/gbxx_detail.asp?flag=1215&title=%C2%ED%C0%AD%CE%AC%B9%FA%BC%D2%B8%C5%BF%F6.（最后访问时间：2006 年 3 月 10 日）

来的特快专递，当日的邮件便可送到收件人手中，但没有服务保证。①

表 4-13 电信指标

年 份	1998	1999	2000	2001	2002
已安装的电话线路	37371	41562	46444	54307	73100
待安装的电话线路	31554	31554	22554	20075	17430
移动电话用户	10500	22500	49000	55730	86047
个人电脑用户	8000	10000	12000	13000	14000
互联网用户	2000	10000	15000	20000	27000

资料来源：①国际电信组织－非洲电信指标；

② Economist Intelligence Unit, *Country Profile 2005 - Malawi*, Printed and distributed by Patersons Dartford, Questor Trade Park, 151 Avery Way, Dartford, Kent DA1 1JS, UK, p. 18.

第五节 财政、金融

一 财政

（一）概况

独立以来，马拉维经济有了一定的增长，但仍未摆脱贫穷落后的局面，财政收支不平衡。赤字补差 80% 靠国外贷款，20% 靠发行公债。1997～1998 年财政预算总收入为 105.54 亿马拉维克瓦查，总支出 132.12 亿马拉维克瓦查，赤字 26.59 亿马拉维克瓦查；1998～1999 年财政预算总收入 162.08 亿马拉维克瓦查，总支出 172.51 亿马拉维克瓦查，赤字 10.44

① 宇桥网 http://www.china-yuqiao.com/zlk/gbxx/gbxx_detail.asp?flag=1215&title=%C2%ED%C0%AD%CE%AC%B9%FA%BC%D2%B8%C5%BF%F6.（最后访问时间：2006 年 3 月 10 日）

亿马拉维克瓦查；1999～2000 年财政预算总收入为 212.48 亿马拉维克瓦查，总支出为 230.40 亿马拉维克瓦查，赤字 17.92 亿马拉维克瓦查；2003～2004 年财政预算总收入 600 亿马拉维克瓦查，总支出 565 亿马拉维克瓦查；2004～2005 年财政预算总收入 772 亿马拉维克瓦查，总支出 856 亿马拉维克瓦查，赤字 84 亿马拉维克瓦查。

据国际货币基金组织统计，实际上，1999～2000 年，马拉维实际财政总收入为 221 亿马拉维克瓦查，财政总支出 272.3 亿马拉维克瓦查，赤字 51.25 亿马拉维克瓦查；2000～2001 年，财政总收入 312.3 亿马拉维克瓦查，财政总支出 378.5 亿马拉维克瓦查，赤字为 66.18 亿马拉维克瓦查；2001～2002 年，财政总收入 319.97 亿马拉维克瓦查，财政总支出 424.9 亿马拉维克瓦查，赤字为 104.93 亿马拉维克瓦查；2003～2004 年，财政总收入为 653.65 亿马拉维克瓦查，总支出为 785.98 亿马拉维克瓦查，赤字为 132.33 亿马拉维克瓦查。可见，虽然近年马拉维的财政收入有所增长，但赤字却逐年增加。

表 4－14　1999～2004 年马拉维的财政情况

单位：百万马拉维克瓦查

	1999/2000	2000/01	2001/02	2002/03[a]	2003/04[b]
收入	15808	20880	22853	32009	42754
税收	14353	19285	20382	27251	36902
直接税收	6590	8740	9458	12146	15839
商品与服务税	5834	8169	8935	12379	16634
国际贸易税	2201	2385	2423	3136	5082
非税收收入	1455	1595	2471	4758	5852
捐助款	6296	10353	9144	10675	22611
总收入与捐助款	22104	31233	31997	42685	65365
支出	27221	37266	42490	61260	78598

续表 4-14

	1999/2000	2000/01	2001/02	2002/03[a]	2003/04[b]
经常性支出	17638	26736	32675	49473	58086
工资与薪酬	4296	5954	9201	10930	12302
债务利息	3400	5267	6820	10985	20024
购买其他货物与服务支出	7043	7659	10731	20127	16902
偿还欠款支出	276	616	380	0	0
发展性支出	9583	11530	9816	11787	20512
净贷款	8	584	0	61	0
总支出与净贷款	27230	37851	42490	61322	78598
总收支平衡	-5125	-6618	-10493	-18637	-13233
融资	6258	6945	9148	18099	14938
国外	4373	5544	-268	-730	425
国内	1866	1401	9146	18829	14512
出入	-1133	-327	1346	538	-1704

说明：[a] 原始数据；[b] 估算。

资料来源：①国际货币基金组织——Selected Issues and Statistical Appendix, 2004；

②Economist Intelligence Unit, *Country Profile 2005 - Malawi*, Printed and distributed by Patersons Dartford, Questor Trade Park, 151 Avery Way, Dartford, Kent DA1 1JS, UK, p. 50.

（二）2005～2006 财政年度预算情况

2005～2006 财政年度预算计划财政收入和补助款为 1161.88 亿马拉维克瓦查（相当于国内生产总值的 44%），支出 1188.01 亿马拉维克瓦查（国内生产总值的 45%）。财政赤字计划为 26.13 亿马拉维克瓦查，即从 2004～2005 年度实际赤字的 78.59 亿马拉维克瓦查（国内生产总值的 3%）减少到 2005～2006 年度的 26.13 亿马拉维克瓦查（国内生产总值的 1%）。在偿还 93.93 亿的外债后，净外债估计为 49.08 亿马拉维克瓦查。减少国内债务22.95亿马拉维克瓦查（国内生产总值的0.9%）。财政收入中653.85亿马拉维克瓦查来自家庭收入，572.58亿来自税收收入，81.27亿来自非税收收入。经常开支预计841.38亿马拉维克瓦查，约占总支出的70%和国民生产总值的32%。发展性费用支出约346.63亿马拉维克瓦查，约占总支出的30%和国民生产总值的13%。

二　金融

（一）概况

马拉维金融资源的利用效率不高，过去一直是由中央银行指令来控制金融机制，金融系统自由化和现代化的程度离现代社会的要求还有甚远的距离。为此，马拉维政府已经着手实施旨在使金融系统实现自由化和现代化的计划。该计划的主要特点有：利率市场化、政府不直接控制贷款、国内外投资者都可无限制地使用金融设施、允许出口商拥有指定银行的国外账户、在指定酒店和其他机构中可以使用旅行支票和所有主要货币的国外支票、对可带入马拉维的国外货币的数量无限制等。[①]

马拉维政府拟定计划的同时，通过一系列的措施加以实行，其成效颇为显著。从20世纪80年代开始，马拉维政府采用灵活的汇率制度。1994年2月，市场汇率制度正式运行，采用浮动汇率。马拉维金融市场的自由化已促使金融管理机构执行紧密但又相对独立的金融政策，该政策排除了政府控制的贷款上限以帮助开放的市场实现资金供给的调整。

马拉维金融机构包括：政策性银行、商业银行和其他金融机构。

---

① 马拉维政府官方资讯：经济。http：//www. maform. malawi. net/economy. htm (last visited 22 December, 2003).

马拉维储备银行（RBM）是中央银行，独立控制兑换，并负责实行国家的货币政策。除发行法定货币的职能外，保持充足的外汇储备金、担当银行家和货币、银行事务的顾问角色，监管并有权批准外汇的非马拉维客户。它也有权管理和监督马拉维的证券市场和新成立的证券公司的登记。

马拉维商业银行成长迅速，能较好地为马拉维市场经济提供服务。马拉维商业性的银行主要有马拉维商业银行和马拉维国家银行，两者的分支机构遍布全国，为存款者提供常规的服务，包括经常账户、登记外国资本、短期和中期的信贷、贸易金融、出口信贷担保、国外汇兑和资金的遣返，也为投资者提供营运资本。1995 年四家新银行开始营业，它们是第一商业银行、金融银行、国家金融公司和劳艾塔（Loita）投资银行。除此之外，公司的银行业务由其他一些银行提供。商业银行是短期营运资金和 3 ~7 年中期贷款的首要出贷者，也有少量的长期借贷业务。根据马拉维法律，银行借贷的资金不能超过客户和客户团体资本的 25%。

其他金融机构有马拉维投资与发展银行、马拉维开发公司、国家商业信用银行、国家保险公司和马拉维租借与信贷公司。

马拉维投资与发展银行于 1972 年由国外和国内的资本投资成立，提供中期和长期的贷款。马拉维投资与发展银行是开发性的金融机构，主要职能是提供贷款，平衡农业综合企业、制造业和旅游业的财政状况，为交通运输和财政金融部门提供服务；对有限责任公司的启动、恢复、扩展和多样化发展提供贷款。但是发行长期债券不能超过公司固定资产的 83%。

1964 年马拉维政府成立马拉维开发公司来吸引国内外的合资者。其主要职能是与本地和国外伙伴合作，对农业、工业和商业项目进行投资。经常以董事会代表身份以普通股和定期借贷的方式提供长期贷款和风险资金。

（二）货币、货币政策、汇率与外汇储备

1. 货币

马拉维货币是马拉维克瓦查（Malawi Kwacha 缩写 MK）。1 马拉维克瓦查 = 100 坦巴拉（tambala）。2004 年平均汇率 1 美元 = 108.91 马拉维克瓦查。2005 年 1 月 27 日的汇率是 1 美元 = 108.55 马拉维克瓦查。

2. 货币政策

马拉维的货币政策由马拉维储备银行制定。财政松弛是货币供应快速增长的主要原因。马拉维储备银行试图通过开放市场和调整银行利率来管理广义货币（货币供给的一种形式或口径，包括交易货币、银行储蓄账户，还有其他类似交易货币的替代性资产）供应量的增长，并以此来控制通货膨胀。2004 年年底前储备银行计划降低银行利率，减少商业银行的流通准备金，但是该计划被拖延，通货膨胀仍然居高不下，受到货币政策松弛的困扰。

表 4-15　1999~2003 年马拉维货币供应量

年　份	1999	2000	2001	2002	2003
M1（百万马拉维克瓦查）	7007	9737	11049	13979	17763
变化百分比	33.5	39.0	13.5	26.5	27.1
准货币（百万马拉维克瓦查）	5716	8780	11861	14114	18048
M2（百万马拉维克瓦查）	12723	18517	22910	28093	35811
变化百分比	28.0	45.5	23.7	22.6	27.5

资料来源：Economist Intelligence Unit, *Country Profile 2005 - Malawi*, Printed and distributed by Patersons Dartford, Questor Trade Park, 151 Avery Way, Dartford, Kent DA1 1JS, UK, P. 50.

3. 外汇体制与汇率

马拉维的外汇体制已经逐步由原高度管制的外汇体制走向相对开放的体制。班达时期，马拉维克瓦查的价值被政府紧紧控

制，现在则实行浮动管理。从1994年起，汇率开始自由浮动，马拉维储备银行一般只有在为实现外汇储备目标时，才加以干预。但是，近年来，强烈干预马拉维克瓦查的贬值。外汇市场在援助资金流入时会遭遇大的浮动。特别是在烟草生产季节（通常是9月份）结束时，外汇短缺，容易导致马拉维克瓦查大幅贬值。1994年，由于干旱使经济遭受重大影响，政府的外汇储备少，导致了马拉维克瓦查大幅贬值。1995年起，货币尤为稳定，1995~1997年中期，与美元的汇率基本保持在15:1左右。1997年下半年开始下滑，1998年6月达到26:1。1998年8月，烟草出口的下降导致与美元汇率骤然下跌至43:1。后在世界货币基金组织的帮助下重建外汇储备，至2000年5月汇率保持相对稳定。2001年1月，烟草产量的下降加上高额出口税，导致马拉维克瓦查下跌约40%，与美元汇率达到81:1。2003年，此种情况重演，7~9月间，马拉维克瓦查下跌19%。2004年烟草丰收，有限的援助资金流入帮助马拉维克瓦查与美元汇率维持在108:1左右。①

表4-16 1999~2003年马拉维平均汇率表

年 份	1999	2000	2001	2002	2003
美 元	44.088	59.544	72.197	76.687	97.430
特别提款权	63.736	104.332	84.571	118.467	161.33
英 镑	71.343	90.275	103.964	115.130	158.811
日 元	0.387	0.553	0.594	0.612	0.840

资料来源：①国际货币基金组织——国际金融统计；

② Economist Intelligence Unit, *Country Profile 2005 - Malawi*, Printed and distributed by Patersons Dartford, Questor Trade Park, 151 Avery Way, Dartford, Kent DA1 1JS, UK, p. 56.

① Economist Intelligence Unit, *Country Profile 2005 - Malawi*, Printed and distributed by Patersons Dartford, Questor Trade Park, 151 Avery Way, Dartford, Kent DA1 1JS, UK, pp. 37~38.

4. 外汇储备

马拉维外汇储备受烟草产量和价格、外国援助的影响极大。20世纪80年代中期至20世纪90年代中期，马拉维的外汇储备一直不充足。1992~1994年，干旱的不利影响、非人道主义援助的冻结，使马拉维官方外汇储备下跌严重，比1个月的平均进口额还要少。后在马拉维储备银行的良好管理下，储备逐步呈上升趋势，从1994年底的4300万美元增加到1996年底的2.26亿美元，超过4个月的进口总额。1997年末下降到1.62亿美元，1998年末下降到1.5亿美元。经过几年的缓慢增长，至2001年3月达到3.03亿美元。以后的12个月，因援助资金的中止，外汇储备下降至1.45亿美元。援助饥荒资金到位，使得外汇储备在2002年7月达到2.18亿美元。[①] 2004年总储备为1.3亿美元。

表4-17　外汇储备（年终数，百万马拉维克瓦查）

年　　份	1999	2000	2001	2002	2003
不包括黄金	250.62	246.91	206.74	165.17	126.46
黄金(国家估价)	0.54	0.54	0.54	0.51	0.54
总储备(包括黄金)	251.15	247.45	207.28	165.68	127.00
备忘项目					
黄金(百万金衡盎司)	0.013	0.013	0.013	0.013	0.013

资料来源：①国际货币基金组织——国际金融统计；

② Economist Intelligence Unit, *Country Profile 2005 - Malawi*, Printed and distributed by Patersons Dartford, Questor Trade Park, 151 Avery Way, Dartford, Kent DA1 1JS, UK, p. 56.

① Economist Intelligence Unit, *Country Profile 2005 - Malawi*, Printed and distributed by Patersons Dartford, Questor Trade Park, 151 Avery Way, Dartford, Kent DA1 1JS, UK, p. 38.

（三）重点金融机构

1. 政策性银行——马拉维储备银行（RBM）

独立后，马拉维储备银行（RBM）代替了罗得西亚及尼亚萨兰银行（Bank of Rhodesia and Nyasaland）行使中央银行的功能，独立进行外汇管制。在财政部授权下，外汇交易必须在储备银行（RBM）登记，储备银行并于每周五进行国外兑换定价会议。储备银行还拥有新进入的国外货币投资的注册登记权和国外资金国际转账的审查和批准权。但由于商业银行获准处理外币业务，因而储备银行只能认可商业银行的交易及汇款。

随着对资本市场的重视，政府改变由储备银行指令来控制的金融控制机制，转而采用更多间接的和由市场自由调节的金融控制机制。1990 年颁布《资本市场发展法令》（1990 Capital Market Development Act），同时，马拉维政府继续采取措施来拓宽资本市场并提高本国的金融资产变现。1992 年，马拉维储备银行开始采用快速贴现支票，1994 年马拉维开始股票交易，马拉维储备银行发行了从 1 个月到半年不等的各种期限的国库券，日趋成熟的股票市场也由其来运作。上市公司的股份在马拉维股票交易所交易，该交易所同时作为政府债券的代理人并从事储备银行许可的其它债券交易。①

2. 银行业的龙头——马拉维国家银行

1971 年，南非标准银行（South Africa Standard Bank）、英国巴克莱银行（Barclays Bank）与马拉维政府达成协议，由两家银行联合来创办马拉维国家银行。1971 年 7 月 1 日正式成立马拉维国家银行，其中标准银行与巴克莱银行共同持有 51% 的股份，报业股份有限公司［Press（Holding）Limited］持有 29% 的股份，

① 马拉维政府官方资讯：经济。http：//www. maform. malawi. net/economy. htm (last visited 25 December，2003).

而农业发展和销售公司（ADMARC）持有20%的股份。

1977年，标准银行和巴克莱银行持有的股份降至20%，而报业股份有限公司的股份升至47.4%，农业生产和销售公司股份升至32.6%。同时达成协议，特许标准银行和巴克莱银行成为马拉维国家银行的服务公司。1982年12月31日，巴克莱银行国际有限公司将其股份转让给标准银行上市，该公司1990年更名为非洲特许标准银行上市公司（Standard Chartered Bank Africa PLC）并持有20%的股份。1993年报业股份有限公司将其部分股份转让给南非互济人寿保险公司（South African Mutual Life Assurance Society）。

除作为股东外，非洲特许标准银行上市公司继续作为马拉维国家银行的服务公司。在服务协议中，其负责提供高级管理人员（如首席执行官、常务执行官等）、顾问、信用管理和其它服务。但是，服务协议在1996年7月30日终止，同时非洲特许标准银行上市公司将其20.45%的股份按比例分别售给其他股东。到1999年，银行的股东为两家本地企业：老年互助公司［Old Mutual（Malawi）Limited］和老年互助人寿保险公司［Old Mutual Life Assurance Company（M）Limited］。

马拉维国家银行有13个分行，大约1150名雇员。同时在整个国家中还有很多分支机构。马拉维国家银行是该国银行业的龙头，与非洲湖公司、曼荼罗（Mandala）、标准银行和巴克莱银行有着良好的业务往来。该银行配置较为现代化，实现了全面的计算机管理。①

3. 市场经济的有力支柱——马拉维商业银行

马拉维商业银行于1969年3月15日正式注册，原始注册资

① 参见马拉维国家银行网 https://www.natbank.co.mw/Nbnew/products/comphist.htm（last visited 10 August，2005）.

金为250万马拉维克瓦查，股东为马拉维开发公司，股份占20%；报业股份有限公司股份占20%；Banco Pinto & Sotto Mayor股份占60%，第一家支行1970年4月11日在林贝（Limbe）正式运营。

从那以后，该银行迅速成长，已发展为拥有13个分行及6个代理机构。这些分行中包括了在布兰太尔和利隆圭的7个企业银行业务中心（Corporate Banking Centres）。通过这些中心，银行可以为其合作伙伴提供更加集中的服务。其服务范围包括：企业银行业务，国际银行业务，个人银行业务、自动提款机、支票确认卡和个人银行贷款，网络银行业务，西方联盟的货币兑换服务（出境和入境），银行报告，常年订单，商业咨询和经济报告，等等。

上述业务中包含一系列新服务，这些服务更好地满足马拉维市场经济的需求。

截至2002年4月11日，各股东公司在银行中占有的比例如下：斯坦比克非洲股份有限公司（Stanbic Africa Holdings Limited）占60.18%，国有保险有限公司占20.00%，公共投资占10.62%，马拉维政府占8.00%，CBM雇员信托（CBM Employees Trust）占1.20%。[①]

（四）证券市场

根据1990年马拉维资本市场发展法令，马拉维政府已经持续引入各种措施来拓展资本市场，提高国内财源的运用。1992年，马拉维提出贴现储备银行法案，1996年马拉维证券交易所成立，马拉维股票经济有限责任公司处理指定公司的股份业务并作为政府和其他由储备银行支持的有价证券的经纪人。

证券交易所共有9家指定公司，包括在证券交易所双重注册

① 参见马拉维商业银行概况。http：//www.combank-mw.malawi.net/（last visited 9 March，2005）.

的信托公司以及其他一些国际证券交易所，著名的有伦敦证券交易所和约翰内斯堡证券交易所。马拉维政府鼓励证券市场的发展。1990 年《资本市场发展法令》，对向公众发行的各种证券没有限制，对债券直销给马拉维居民也无限制。

第六节　对外经济关系

一　概况

尽管马拉维实行贸易自由化，但贸易额从 1994 年占 GDP 的 97% 下降到 1999 年的 74%。其中出口额从 30% 下降到 27%，进口额从 67% 下降到 47%。马拉维贸易相对集中在日用品上。初级农产品特别是烟草占出口的多数份额。出口有少量的多样化倾向。1999 年非传统出口产品仅占出口额的 13%。进口主要是工业产品，包括燃料、机械、交通设备、化学品。马拉维贸易伙伴中发展中国家在减少，超过 2/3 的出口产品流向发达国家。曾经是马拉维最大贸易伙伴的南非已经被德国和美国超过（1999 年南非所占份额下降至 12%）。工业化国家在马拉维的进口份额的比例上升。1999 年达到进口额的 42%。虽然南非占马拉维的进口份额有所减少，从 1995 年的 44% 下降到 1999 年的 32%，但仍然是马拉维主要的进口国。津巴布韦的份额也在减少，1999 年为 10%。英国则从 1995 年的 4% 上升到 1999 年的 16%，超过津巴布韦。马拉维的区域性贸易包括与其他的东南非共同市场和南部非洲发展共同体的成员间的贸易相对较少。马拉维在运输和保险业领域是净进口国家。[①] 2000 年马拉

① WTO 信息查询中心网 http：//www. wtoinfo. net. cn/cgi-bin/wk_ read. php? id = 1459（last visited 9 March，2005）.

维出口额为 4.24 亿美元，进口额为 4.35 亿美元；2001 年出口额为 4.15 亿美元，进口额为 4.63 亿美元；2002 年出口额为 4.21 亿美元，进口额为 7.68 亿美元。① 2004 年出口额 4.75 亿美元，进口额 5.35 亿美元，逆差 6000 万美元。

二　对外贸易

（一）主要贸易伙伴

欧盟（EU）：马拉维借助《洛美协定》将其大部分的农产品以及近乎全部的加工产品，推展至欧盟市场。

美国：马拉维符合《非洲成长与机会法案》（AGOA）的资格。马拉维的纺织产品与其它许多产品，都以免税、免配额的方式行销美国。

南非：马拉维与南非订有双边协议，马拉维的出口产品在南非可享有较低关税。

津巴布韦：根据马拉维与津巴布韦的贸易协议，从马拉维出口至津巴布韦的产品可免税。

表 4-18　与主要贸易伙伴贸易情况表

单位：百万美元

年　　份	1999	2000	2001	2002	2003
出　　口					
美　　国	69	54	77	69	75
德　　国	72	29	56	55	65
南　　非	75	86	95	44	130
埃　　及	6	7	23	25	32
日　　本	21	46	33	24	30

① 《世界知识年鉴》（2003/2004），世界知识出版社，2004，第 436 页。

续表 4-18

年份	1999	2000	2001	2002	2003
荷兰	43	29	27	22	23
俄罗斯	7	8	10	19	23
总额(包括其他国家)	482	422	473	407	582
进口					
南非	258	260	252	261	332
赞比亚	66	63	69	75	91
美国	9	14	16	33	18
印度	19	21	23	25	30
英国	31	18	13	22	18
总额(包括其他国家)	635	568	501	592	688

资料来源：①国际货币基金组织国际贸易统计；

② Economist Intelligence Unit, *Country Profile 2005 - Malawi*, Printed and distributed by Patersons Dartford, Questor Trade Park, 151 Avery Way, Dartford, Kent DA1 1JS, UK, p. 52.

（二）进口贸易

在关税方面，马拉维政府削减了进口关税，使其税率与非洲南部国家保持一致。关税改革计划包括取消原先由合并部分进口税和国内附加税而造成的贸易保护。最高的进口关税是45%。国内产品和进口产品附加税减免系统的取消有助于消除不公平的贸易保护。此外，马拉维政府消除了几乎所有的与贸易有关的非关税障碍，除少部分对健康、人身安全、国家安全和环境有影响的商品外，进口限制放松了很多。①

在粮食产量正常的年份，马拉维资本货物与工业进口占据多数的进口份额。干旱和玉米歉收的年份，玉米进口则超过石油进口（最大的单一进口种类）。2002 年，因干旱玉米进口额达到8200 万美元，而当年的石油产品进口额是 7100 万美元。因马拉

① 马拉维政府官方资讯：经济。http：//www. maform. malawi. net/economy. htm (last visited 25 December, 2003).

维长时间存在的交通问题，南非是主要的进口来源国。根据国际货币基金组织的统计，2003 年马拉维 48% 的进口来自南非，赞比亚占进口份额的 13%。主要进口来源国还有津巴布韦、英国、德国、日本、美国和澳大利亚。

（三）出口贸易

马拉维出口产品主要包括大豆、干辣椒、烟草、糖、茶叶、咖啡、坚果、大米、蜜饯、陶瓷、丝织品、手工艺品、农具、鱼竿、家具、宝石、搪瓷器皿、橡胶和鲜活热带鱼等。最主要的是农产品出口。烟草、茶、糖 3 种农产品占马拉维总出口额的近 90%。当然这些产品的出口量主要取决于天气条件对农产品产量的影响，交通问题也会引起费用的浮动。20 世纪 90 年代初期，因配额体制的放开，大大刺激了小农户白莱烟产量的增加，其他农作物也普遍丰收，马拉维的出口增长出现很强的势头。2003 年农产品仍然占据出口的主要份额，虽然烟草占总出口额的 54%，但还是有所减少，使得马拉维出口总额从 1997 年的高峰 5.37 亿美元降到约 4.02 亿美元。糖占 25%。除农产品外纺织品出口额最大，占 9%。南非是最大的出口对象国，其次是美国和德国，其他是欧盟、英国、津巴布韦、肯尼亚、埃及、莫桑比克、赞比亚及日本。

马拉维对外贸易的平衡与否决定于其自身的生产水平和世界市场中烟草、茶叶和糖的价格。因为烟草、茶叶和糖是马拉维主要的出口商品，而烟草占的份额最大。马拉维是世界范围内重要的烟草供货商，约占世界烟草出口总量的 4%。同时，马拉维是世界上出口品种最单一的国家之一，虽然其出口总量并不算少，但出口单一产品的国家对该种产品相关的各种情况都是十分敏感的。从这个角度来说，产品出口的单一化严重制约了马拉维对外贸易的发展。又因其进口额度较出口额度高 30% ~50%，贸易政策对经济的影响也很重大。

因此，马拉维的对外贸易方向有改变，将南非作为重要的贸易伙伴。出口政策也变得较为宽松，除玉米、花生和大豆外，所有出口商品的出口许可证一律取消。1991 年，提高了制造业的出口退税额。[①]

表 4－19　主要出口商品

单位：百万马拉维克瓦查

年　份	1999	2000	2001	2002	2003
烟　草	12109	14696	18376	17851	20072
糖	1019	2334	2500	3396	4635
茶	1734	2200	2570	2563	2500
咖　啡	392	312	282	188	267
棉　花	235	420	318	261	484
豆　类	285	132	67	222	466
非农业出口	2475	3178	5712	4870	9154
再出口	1351	555	885	2306	848
总　额	19712	23925	30798	31713	38622

资料来源：①国际货币基金组织：Selected Issues and Statistical Appendix，2004.

② Economist Intelligence Unit, *Country Profile 2005 - Malawi*, Printed and distributed by Patersons Dartford, Questor Trade Park, 151 Avery Way, Dartford, Kent DA1 1JS, UK, p. 52.

（四）贸易的不利条件

用于贸易的各种费用，包括出口和进口，受各种条件的限制而提高，这些条件主要包括：

（1）自然条件。作为内陆国，马拉维向外部市场运输的途径有限且其运输的费用较高。

（2）基础设施不完备。马拉维所依赖的本国及邻国的运输条件均较差。

（3）边界的协议不完善。这也在一定程度上影响了贸易的

① 马拉维政府官方资讯：经济。http：//www. maform. malawi. net/economy. htm（last visited 26 December，2003）.

通畅。

（4）据估计，税赋、运输费用和其它的额外费用使得进口的成本增加了80%。对运输费用的研究表明：玉米的零售价格由于受到运输的影响增加了28%。其结果是价格调整对进出口的直接影响被削弱。这意味着除非政府采取相应政策，否则贸易市场会持续低迷。

表4－20　1998～2002年贸易额

单位：百万马拉维克瓦查

	1998	1999	2000	2001	2002
出口(以离岸价格计算)					
烟　草	10306.0	12109.1	14696.4	18376.2	18800.7
茶	1247.8	1734.6	2200.0	2570.6	2563.8
糖	1563.1	1019.5	2334.1	2500.0	2474.0
棉　花	154.8	235.0	420.2	317.9	409.4
稻　米	74.0	110.1	96.6	86.8	54.2
咖　啡	327.1	392.2	312.0	282.2	187.9
豆类(Pulses)	134.1	284.9	132.2	66.7	131.2
总值(包括其他)	16734.8	19712.5	23925.1	30798.0	32301.8
进口(以离岸价格计算)					
总值(包括其他)	15442.5	25240.8	27414.2	34023.5	43905.0

资料来源：①马拉维经济发展与计划部、国家统计办公室、财政与储备银行；② http://www.sadcreview.com/country_profiles/malawi/mal_foreigntrade.htm (last visited 15 September, 2005).

三　资本投资

（一）投资环境

1. 政治、经济、地理条件

马拉维经济不发达，国家尚未摆脱贫困，但经济仍在缓慢发展，人民生活安定。独立以后，政府一直坚持贸

易自由化政策，重视发展农业和私有经济，鼓励国内外投资。邻国的政治不稳定虽给马拉维带来不利影响，但其政局基本保持稳定。

马拉维的纺织与服装、化妆品、食品类、鞋类、旅游业、基础建设开发、农产品加工、高价值农场经营、渔业养殖、矿业、园艺、电子、制药等领域都有较大的投资空间。工人会英文且薪资低廉。从地理条件上看，马拉维位于南部非洲发展共同体（SADC）的中心位置，投资者可将产品与服务提供给正在成长的南部非洲发展共同体地区及其它地区。

2. 投资政策与法律

马拉维政府采取积极主动的姿态吸引投资并从诸多方面加以鼓励。

关税与消费税法、所得税法和出口工业加工区法等都明文规定了税收鼓励的方式。如公司税率为30%，进口税较低；投资新建筑、机械设备支出的40%，可列为费用支出；使用建筑物、机械设备的投资支出中的20%可列为费用支出；免税进口载重10吨以上的重型货车；无股息预扣税；符合规定之训练费用，可额外提列50%的费用支出等。出口工业加工区为机械和原材料的进口提供免税待遇；潜在和当前的投资者享有零公司营业税；无股息预扣税；无附加税（加值税）。保税制造商的所有国际运输费用，享有提列25%的运输费用；保税制造商制造输出用的资本设备免税；原料免税、免附加税；当地生产的原料及包装材料，免消费税等。①

这些激励措施适用于所有符合条件的本地及外国投资者。但外国投资者必须在外汇管理部门登记他们的投资，一旦资本登记后，投资者就可在马拉维营运期间自由地遣返利润和股息，遣返

① http：//www.mofa.gov.tw/newmofa/trade/TradeInfo/africa/malawi/invest.htm（last visited 18 September，2005）.

减缩的投资资本。国家的经常账户已经完全自由化，投资者可无限制地使用外汇偿还进口款项和转账支付国外的金融款项。符合条件的进口商可以在本地银行使用外币账户。除少量的奢侈品外，进口商品无须取得许可。政府承诺与私营企业紧密合作，并通过1991年《投资促进法》和建立投资促进局（MIPA）（由私营企业、半国营企业和政府的代表组成）。2001年3月，政府授权投资促进局为一站式服务机构，有权对方向明确的投资申请快速批准。

为监督和调控经济的垄断及集中化，保护消费者权益，同时提高商品及服务的质量，1998年11月国会通过了《竞争和公平贸易法案》，该法于2000年4月生效。但对经济力量的监控仅限于国内经济力量。除私有化计划之外，政府的经济和产业政策对国内外投资者一视同仁，国外投资者不受到任何不公正的对待，不限制竞争。对国外投资进行限制的主要是与环境、健康及国家安全相关的产品和产业，包括枪支、军火、化学及生物武器、炸药；危险的废物处理及放射性物质的制造业。[①]

外国投资者也可以参加私有化计划，马拉维《证券交易条例》规定，独立的国外金融投资人对安全类产业的投资，其投资比例最高为10%，其它投资最高比例为49%。[②]

有不超过10%的工人加入工会，政府鼓励雇主与工人间通过协商和集体谈判的方式解决纠纷。工会法为工会与雇主联合会的运作提供法律框架。马拉维的劳动法与国际劳工组织的惯例一致，由劳动部下的劳动委员会负责执行。

3. 相应机构

马拉维政府认识到工业投资援助机构的重要性，建立了一系

① 马拉维政府官方资讯：经济。http：//www. maform. malawi. net/economy. htm (last visited 28 December，2003).

② 马拉维政府官方资讯：经济。http：//www. maform. malawi. net/economy. htm (last visited 28 December，2003).

列此类机构负责管理和协调这方面的工作。

马拉维开发公司：是国家标准机构，负责制定各种标准规定、质量管理和提供各种证明等活动。

马拉维小型企业发展组织：负责向小型企业投资提供信贷。

马拉维投资和发展资金会：为中小型企业提供贷款。

马拉维商人发展信托公司（DEMATT）：起初只为商人提供咨询服务，以后扩大业务范围，也为工业企业提供咨询服务。

马拉维工业研究和技术发展中心（MIRTDC）：成立时是贸易和工业部下属的信托公司，主要活动是承担产品加工和改进、技术引进与改进。

马拉维企业和发展研究所（MEDI）：旨在教授各种技能，培养马拉维式的企业管理人员。

马拉维工商会：代表私人企业的利益，为政府促进企业发展提供咨询。

马拉维投资促进管理局（MIPA）：旨在促进、吸引和鼓励当地和外国商人在马拉维投资。因此，该管理局为了促进投资而提供全方位的服务，包括办理向政府申请、许可证及注册手续等等事宜，为政府树立健康形象。该管理局为投资者提供帮助，特别为那些在制造业方面进行投资的商人提供优先的服务与帮助。①

（二）投资状况

尽管近10年来马拉维的外国投资稳步增长，但仍然是世界上接受外商直接投资最少的国家之一。1999～2001年，马拉维的外商直接投资的工作指数在联合国贸易与发展会议所列出的140个国家中排名第133位，潜力指数列第120位。2003年马拉

① 引自宇桥网 http：//www.china-yuqiao.com/zlk/gbxx/gbxx_detail.asp？flag=1215&title=%C2%ED%C0%AD%CE%AC%B9%FA%BC%D2%B8%C5%BF%F6.（最后访问时间：2006年3月10日）

维投资促进机构促成2516万美元的投资保证，为1.2万人创造了就业机会。22%在制造业，27%在农业，15%在分配部门，9%在旅游业。

2003年6家新公司在进口工业加工区项目中登记，吸收13亿马拉维克瓦查的投资，并创造了5590个就业机会。但是早期的纺织工业是唯一的受益者，因此出现市场集中的问题，投资者对非传统的部门如矿业和农产品加工业仍未过多涉足。

表4－21 1994～1998年各国在马拉维的投资领域和投资额

年 份	国 家	领 域	总额(美元)
1994	英 国	农 业	42600
1995			4354041
	赞比亚	银行业	
	瑞 士	农 业	
	马耳他	房地产	
	英国、南非	其 它	
	南 非	服 装	
1996			14055234
	英 国	农 业	
	马来西亚	电 信	
	马耳他	医 疗	
	南 非	服 装	
	美 国	其 它	
1997			5734982
	南 非	制造业	
	美国、英国	其 它	
1998			139883
	南 非	丝织品	
	南 非	化学制品	
	英 国	计算机	

资料来源：http：//www. mofa. gov. tw/newmofa/trade/TradeInfo/ africa/malawi/invest. htm（last visited 18 September，2005）.

四　外国援助与外债

（一）外国援助

作为世界最不发达的国家之一，马拉维从独立以来，不少国际组织、国家对其进行了广泛的援助。如联合国开发计划署1981年起援助马拉维实施五年发展计划。1981～1987年，世界银行向其提供贷款共2.56亿美元。1983～1986年，国际货币基金组织援助马拉维1.13亿美元。1988年，西方捐助国协商小组同意援助5.55亿美元来支持马拉维的经济恢复计划。1990年5月，协商小组又批准5.08亿美元的援款。1992年5月，为向马拉维施加压力进行"民主改革"，西方捐助国决定中断援助。1993年同意恢复提供财政补助款3.05亿美元，1994年同意再提供1.34亿美元。[①] 美国从20世纪60年代到90年代共计投入5600万美元[②]。日本在20世纪90年代初投入1300万美元用于政治经济援助[③]。欧盟提供了4200万欧元的资金援助，其中一部分用于援助灾民，另一部分用于支持马拉维政府的财政项目和经济政策调整。[④] 据非洲发展银行统计，1985～1997年，马拉维共接受各种外援28.758亿美元。

此外，埃及、马拉维、联合国粮农组织于2000年5月签订

---

① 参见中国社会科学院西亚非洲研究所网站《国家概况·马拉维》。http：//iwaas.cass.cn/GJGK/show_flag.asp?flag=5&id=41.（最后访问时间：2006年4月12日）

② 国会预算机构：《发展中国家的经济和社会指标》。http：//www.cbo.gov/showdoc.cfm? index=8&sequence=7&from=0（last visited 8 March，2006）.

③ Richard Sincere，*Japanese Foreign Aid to Africa*，The Metro Herald and other newspapers，1994.6. http：//www.arg-media.com/articles/africa/afr8.htm（last visited 28 December，2005）.

④ 天健网：《欧盟向马拉维提供粮食援助》。http：//rich.runsky.com/homepage/rich/attention/guoji/userobject1ai246116.html（last visited 8 March，2006）.

三方技术援助协议，该协议作为联合国粮农组织粮食安全特别计划（SPFS）的一部分，目的是通过技术援助改善马拉维农村贫困人口生活条件，主要提供小型农田水利工程、家禽养殖、畜牧业、水资源管理和水产养殖方面的技术援助。①

从2001年开始，马拉维连续两年遭受干旱，加上管理不善，造成粮食大面积减产，全国1100万人口中约有320万人面临饥荒威胁。2002年中大约有1000多人死于与饥饿有关的疾病。联合国粮农组织及欧盟等纷纷对其进行援助，其中，欧盟决定向马拉维提供9万吨粮食援助，价值2900万欧元，以帮助马拉维度过严重的粮食危机。严重的粮食危机造成了人道主义的危机，正如联合国秘书长南部非洲人道主义危机特使指出的那样："对于马拉维目前粮食短缺造成的人道主义危机，虽然国际社会已做了很多工作，但是援助力度仍需加大。"②

国际援助对马拉维来说，无异于雪中送炭。但过度依赖国际援助，又会对其经济状况产生一定的副作用。马拉维在粮食方面通常是可以自足的，尤其是主要食物玉米。但由于对国外援助（双边以及世界银行）十分依赖，常被迫应援助者或债权人的要求出卖粮食换取硬通货来偿还大量的外债。这样的结果是粮食不足，外债沉重，整个经济状况非良性运转。2002年马拉维粮食危机到来的前几个月，世界银行鼓励马拉维政府积累外汇而不是储藏粮食。因为债权人不接受用马拉维克瓦查或以实物形式（玉米）偿债，而只接受美元或者其它的硬通货，所以只能积累外汇用于偿还债务。在世界银行和国际货币基金组织领导的债权人的压力下，马拉维按时将2.8万吨玉米出售给肯尼亚，将该国

① 联合国粮食与农业机构2000年6月5日快讯。http://www.agri.gov.cn/ztzl/FAO/2000/0605.htm (last visited 8 March, 2006).

② 联合国：《马拉维需要更多的国际援助》。http://www.afrol.com/news2002/maw015_more_aid.htm (last visited 8 March, 2006).

人民的主要食品换成了美元，结果导致1100万人口中有700万人严重缺乏粮食。①

表4-22 净政府开发援助

单位：百万美元

年 份	1998	1999	2000	2001	2002
双 边	203.6	227.7	269.2	195.8	224.9
英 国	56.7	77.3	96.9	66.5	50.2
美 国	19.7	27.8	59.3	30.6	61.2
丹 麦	22.6	28.4	24.9	21.6	7.8
德 国	25.5	28.7	25.5	19.8	24.0
日 本	47.4	34.0	38.5	18.3	18.8
多 边	230.2	214.3	170.9	197.7	142.4
欧 盟	75.7	89.0	48.9	65.0	52.1
国际开发协会	119.7	74.6	81.2	106.6	48.0
非洲开发基金	15.0	30.8	16.1	8.2	20.8
联合国儿童基金会	2.9	4.1	3.9	4.3	4.9
总额(包括阿拉伯国家)	434.6	446.8	446.3	404.0	377.1
捐 助	293.4	335.5	338.2	317	331

说明：政府开发援助是指包含来自经合组织、石油输出国组织的成员国、多边机构捐助和贷款，其中捐助不少于25%，目的在于促进受援助国家的发展和福利。

资料来源：①经合组织：《对发展中国家财政援助的地理分布》。

② Economist Intelligence Unit, *Country Profile 2005 - Malawi*, Printed and distributed by Patersons Dartford, Questor Trade Park, *151* Avery Way, Dartford, Kent DA*1 1*JS, UK, p. *56*.

（二）外债

马拉维的债务存量比其出口额或者GDP的增长要快得多。据非洲发展银行1999年发展报告，1997年马拉维外债总额为22.4亿美元，占国内生产总值的92.1%，同年还本付息1.356

① Ann Petifor, "*Famine-hit Malawi sells food to pay debt*", http://lists.essential.org/pipermail/stop-imf/2003q1/000787.html (last visited 8 March, 2006).

亿美元。1980～1990年外债还本付息年均增长率为20.1%，1991～1997年为3.3%。[①] 据世界银行估计，截至2002年末，马拉维外债总额约29亿美元。由于马拉维外债的债权人多是多边债权人，双边债务的减少并没有对马拉维总体债务存量产生多大的影响。很多债务比率仍然在临界水平以上。据世界银行估计，2002年外债与GNP的比率为156%；外债与出口比率超过520%。2000年12月，马拉维达到国际货币基金组织与世界银行重债穷国动议援助条件的决策点，进入动议过程，可免除10亿美元债务，相当于净现值6.43亿美元。在动议过程中，必须完成国际货币基金组织的参谋监督计划（Staff-monitored programme-SMP）即达到完成点，才能获得新的贫困减免与促进经济增长（Poverty reduction and growth facility-PRGF）计划，破例获得追加的减债。马拉维要达到完成点，估计最快也要到2006年。[②] 2004年，马拉维外债达到35亿美元，偿债率10.8%。

表4－23　世界银行对马拉维外债的统计资料

（债务存量至每年年终）

单位：百万美元

年　　份	1998	1999	2000	2001	2002
外债总额	2444	2751	2716	2604	2912
长期债务	2310	2596	2555	2483	2688
短期债务	32	67	78	48	130
长期债务利息	14	24	37	27	37
国际货币基金信用的使用	102	88	83	73	95

① 参见中国社会科学院西亚非洲研究所网站《国家概况·马拉维》。http://iwaas.cass.cn/GJGK/show_flag.asp?flag=5&id=41.（最后访问：2006年4月12日）

② Economist Intelligence Unit, *Country Profile 2005 - Malawi*, Printed and distributed by Patersons Dartford, Questor Trade Park, 151 Avery Way, Dartford, Kent DA1 1JS, UK, p. 37.

续表 4-23

年 份	1998	1999	2000	2001	2002
公共和政府担保的长期外债	2310	2596	2555	2483	2688
官方债务	2290	2577	2537	2474	2678
多 边	1990	2057	2048	2061	2263
双 边	299	520	490	413	415
私人债务	20	19	18	10	10
银 行	0	0	0	0	0
债 券	0	0	0	0	0
其他私人债务	20	19	18	10	10
总偿还额	84	69	58	39	36
本 金	60	50	38	25	20
利 息	24	19	20	14	17
比率(%)					
总外债与 GNP 比率	144	156	163	157	156
偿债率	14	13	12	8	8
短期债务与总外债比率	1	3	3	2	5
优惠长期债务与长期债务比率	90	90	90	92	90

资料来源：①世界银行《全球发展金融》；

② Economist Intelligence Unit, *Country Profile 2005 - Malawi*, Printed and distributed by Patersons Dartford, Questor Trade Park, 151 Avery Way, Dartford, Kent DA1 1JS, UK, p. 55.

第七节 旅游业

一 旅游业概况

马拉维气候宜人、景色壮观、人民亲切好客，是旅游观光的好去处。在这里游客不仅可以欣赏到壮美的景色，还可以品尝到马拉维湖的特产，购买种类繁多、色彩斑斓的艺术品和手工艺品。

马拉维政府积极发展旅游业，主动为旅游业寻找投资，并把旅游业视为有利于发展经济、促进产业多样化以及增加外汇收入的一个具有很大发展潜力的部门。政府通过对主要基础设施提供充分支持，强化旅游、公园、野生动物园部门协调公共和私营部门的能力，并制定了2003～2008年旅游业战略发展计划。该计划阐明旅游业发展的方向——生态旅游。其他的促进措施包括修改酒店与旅游法、在布兰太尔和利隆圭新建两所娱乐场、引入对导游和工艺品制造者的训练项目等。

马拉维选定5处景点为生态旅游景点即南部姆兰杰山脉的利卡布拉瀑布（Likhubula Falls）、北部伦比县利文斯敦尼亚的曼奇韦瀑布（Manchewe Falls）、北部恩卡塔贝的坎德滩（Kande Beach）、马拉维湖的马勒里岛（Maleri Islands）以及利隆丰的自然保护区。

旅游业的投资机会包括开发狩猎、湖边宾馆、城市中心和游览圣地的饭店、季节性度假别墅等。

2002年到马拉维旅游观光的国际游客为284600人，2003年为298830人，增长了7%。游客主要来自非洲的一些国家，尤以赞比亚、莫桑比克、津巴布韦和南非居多。

二 主要旅游区

（一）马拉维湖

马拉维湖是一个广大的内陆淡水湖，是非洲闻名的“鱼米之乡”，位于覆盖热带植被的群山之间。有两个旅游的圣地：湖南岸的马钦加和西南岸的萨利马区。马拉维湖栖息着大量的鸟类，鱼类有500多种，其中8%为稀有鱼种，也是世界上淡水鱼类最多的地方之一。同时马拉维湖有美丽的湖滨、沙滩，湖水温暖清澈，潜水也十分安全，游客可在此进行各项休闲活动，如游艇、滑水、冲浪、划爱斯基摩小艇、潜水、钓鱼或游泳等。

(二) 国家公园和野生动物保护区

马拉维设立国家公园和野生动物保护区的目的在于：保护马拉维具有代表性的生物群落和它们赖以生存的自然环境；保护著名风景区和历史遗迹；保护稀有的濒临灭绝的野生动植物；通过保护蓄水区维持水量供应，既有利于附近农业的灌溉也可以促进下游渔业的保护管理。

在马拉维，对野生动物资源的保护由国家公园和野生动物保护部门负责和管理。国家公园和野生动物保护部下属3个部门，分别执行其职能。

管理部门：负责依法禁止偷猎，禁止非法进行野生动物及其产品交易等活动。

研究计划部门：负责计划和进行有关自然和野生动物资源的知识的研究工作。作为计划部门，它还有责任将不同部门的计划反馈给公园的管理者和上级领导，协调各个部门通力合作。

教育拓展部：负责通过各种渠道来提高民众的野生动物保护意识。①

马拉维政府先后建立了5个国家公园和4个野生动物保护区。

1. 国家公园

国家公园有尼卡国家公园（3200平方公里），卡松古国家公园（2100平方公里），马拉维湖国家公园（94平方公里），利翁德国家公园（580平方公里），伦格维（Lengwe）国家公园（900平方公里）。5个国家公园皆以景色美丽而闻名，公园内充满着原始的情调与丰富的野生动物资源。

---

① http：//www. malawi. gov. mw/tourism. htm（last visited 22 June，2005）.

尼卡国家公园[1] 尼卡国家公园建立于1965年，位于尼卡高原，是马拉维最大也是建立最早的国家公园。尼卡的意思是“水源”，事实上，它也是马拉维最重要的集水区之一。雨季是尼卡景色最美的季节，那时200多种兰花盛开，蔚为奇观。其他季节尼卡草原也是野花遍地。尼卡国家公园中野生动物众多，山区植被吸引了大量的大小羚羊。斑马很常见。这里也是中非豹密度最高的地区之一，其他的小型哺乳动物有疣猪和南非野猪等。大象与水牛常集中于公园北部边缘的低地，高原地区则常见狮子的踪迹。尼卡公园的鸟类众多，据统计超过400种，其中不乏稀有的鸟类。在这个巨大的国家公园中，有很多的景致值得一看，如瀑布、新石器时代的岩石掩体、鲑鱼塘等。切林达露营地（Chelinda Camp）被重新粉刷，新建造的小木屋，提供了极好的住宿条件并配以相应的设施，如配有一条小型的飞机跑道。

卡松古国家公园[2] 卡松古国家公园位于马拉维中部省的西部，靠近赞比亚。公园内以自然林和矮树丛为主，偶尔有开阔的草地。偷猎虽造成了这里野生动物数量一定程度的减少，但仍可见到大量的野生动物。大象和羚羊最为常见，水牛和斑马的数量较少。猫科动物有狮子和豹。矮树丛是土狼、野狗及豺的乐园。利夫帕（Lifupa）的湖中栖息着较多的河马。此外，鸟类也有很多。

卡松古国家公园交通较为方便，可以驱车到达。利夫帕的旅馆已经更新，附近也有好的露营地点。由于管理上的变化，住宿须事先预定。近年来，公园附近的环境大为改善，从利隆圭到这里相对方便了许多。

---

① http：//www. malawitourism. com（last visited 8 March，2006）.

② 同注①。

马拉维湖国家公园[1]　马拉维湖国家公园位于马拉维南部地区，马拉维湖的最南端。马拉维湖国家公园是世界第一淡水湖国家公园，建立于1980年11月24日。但早在1934年，殖民地政府就对其中的一些岛屿给予了保护。1984年马拉维湖国家公园被联合国教科文组织列为“世界自然遗产”。

马拉维湖国家公园海拔高度在1140米以上，年平均温度为22.7摄氏度，年均降水量为766毫米。该公园的麦克利尔岬是由许多被丛林覆盖的小山组成的，山体多由黑云母花岗岩构成，十分险峻。马拉维湖是一个独立的生态地理分区，估计它形成于100~200万年前。湖中几乎所有的岩石岛屿都互不相连，而且它们与大陆之间或者有沙质平原相通，或者隔着深水遥遥相望。由于处在热带地区，马拉维湖一年四季都有明显的分层现象：下层滞水带水温很低，而表水层温度发生跃变，终年暖洋洋的。湖水清澈透明，也许是因为近几年来降雨增多，而且许多高地上的森林被砍伐的缘故，从记录来看，马拉维湖的水位有所增高。

马拉维湖国家公园里的陆地，除了极小的岛屿之外，都一度覆盖着郁郁葱葱的树林。早先这里是猴面包树（非洲产的一种巨树）、合欢属植物、苹婆和几种榕属植物的代表生长群落。但由于后来大规模的退林运动，一些原本茂密的森林变成了今天我们所看到的低矮的灌木丛。

马拉维湖国家公园是非洲独一无二的天然湖公园。在世界上所有湖水中，马拉维湖拥有的鱼类品种数量首屈一指，这里栖息着10个科（动物分类，介于目和属之间）的500多种鱼。这里的各种鱼类在研究生物进化上的重要性就如同雀类之于加拉帕哥

① 世界黄页网《世界地理频道——世界遗产之马拉维湖国家公园》。http://www.21page.net/world_geography/world_heritagedetail.asp?id=97 (last visited 8 March, 2006).

斯群岛（位于厄瓜多尔西部）。马拉维湖为适应新环境并导致产生新种的放射状分布十分明显，估计其中属于该地所特有的鱼类超过90%。水生动物中尤其引人注目的是丽鱼科鱼类，全世界这种鱼有400多种，当中就有5种属马拉维湖特产，而且目前已知的丽鱼科鱼有30%生活在这片水域里。马拉维湖国家公园里的哺乳动物包括河马、豹、弯角羚、薮羚、山羚（一种小羚羊）、黑斑羚、灰色的潜水羚羊、大狒狒、绿长尾猴和大河猪，据报道偶尔也有非洲大象在此地出没。公园里的岛屿是成千上万的白胸鸬鹚的重要栖息地，沿滨线还生活着许多鱼鹰。爬行动物则以湾鳄、蜥蜴和形形色色的蛇类为主。

马拉维湖国家公园建造了一批与公园风格相匹配的高档旅馆。麦克利尔岬（Cape）的休闲娱乐场、旅店、酒吧、露营地等经常挤满了游客。

利翁德国家公园① 利翁德国家公园的面积只有580平方公里，但可能是所有狩猎公园中最受欢迎的。其位于马拉维湖南面，离布兰太尔北部约160公里。这里景色优美，娱乐设施完善。希雷河从利翁德国家公园西部边界流过，大大增加了狩猎的观赏性。这里有相当数量的大象、河马及鳄鱼。羚羊有捻羚羊、紫羚羊等。猫科动物有狮子、豹子。鸟类也异常丰富。河流对鱼鹰有着非比寻常的吸引力。傍晚，沿河经常会看见成群的渔鸮。

利翁德的住宿条件一流。不仅有着豪华的旅馆，附近沿着希雷河岸以及公园内部都是很好的露营地。游客可以先上公路，然后摆渡过河；可以驱车穿过公园内或者使用事先从利翁德城区带来的游艇。旅馆附近有一条跑道，可提供预定和包机服务。

伦格维国家公园② 伦格维国家公园位于姆兰杰南部，距布

---

① http://www.malawitourism.com（last visited 8 March, 2006）.

② 同注①。

兰太尔80公里。交通方便，适于旱季来此游玩。野生动物中羚羊种类尤其多，包括漂亮的斑纹林羚。水牛和狮子虽有但不常见。政府办的旅馆已经翻新和粉刷，住宿条件大为改善。

2. 野生动物保护区

马拉维有4个野生动物保护区，依次是维瓦扎（Vwaza）野生动物保护区（1000平方公里）、恩科塔科塔野生动物保护区（1800平方公里）、马耶特（Majete）野生动物保护区（691平方公里）以及姆瓦比威（Mwabvi）野生动物保护区（135平方公里）。

维瓦扎野生动物保护区[①] 维瓦扎野生动物保护区多为沼泽和平原，有少量的岩层地貌，位于马拉维姆祖祖沿线。保护区有令人惊奇的混合植被：森林与草原，稀薄的林地和沼泽。丰富的栖息资源吸引了大量的鸟类来此生活。据统计有将近300种鸟，包括鹳、苍鹭和前额带有白斑的树鸭。30或40只的象群整齐可见，还有大量成群的河马。保护区主要入口处的卡祖尼湖就是因河马而闻名。保护区有水牛，但是水牛习性懒散，出现时间并不固定。此外，保护区有着大量的其他小型哺乳动物。

新建的卡祖尼狩猎营地和经过粉刷的旧营地不仅提供住宿，而且提供专业的狩猎体验。这些在保护区的主要入口附近都能方便地获得。

恩科塔科塔野生动物保护区[②] 恩科塔科塔野生保护区位于中部省的东部，近湖，地形崎岖，中有多条河流穿过。保护区有着大片高草的米欧埔（miombo）林地，间而有少量的热带雨林，是真实旷野的样本，吸引了许多步行远游、钓鱼和爬山的爱好者。但该保护区仅有很少的公路或车道，所以来之不易。尽管地理条

---

① http://www.malawitourism.com（last visited 8 March，2006）.

② 同注①。

件使得观光困难，哺乳动物仍不少于马拉维的其他任何地方。在有统计的130种鸟类中盛产大型的翠鸟和坚爪秃鹰。

保护区的住宿条件有限而简陋。旅行者可以被安排在湖滨的旅馆和恩科塔科塔地区住宿。

马耶特（Majete）野生动物保护区[①] 马耶特（Majete）野生动物保护区离布兰太尔南部约64公里，处于希雷河谷的较低处。保护区的主要入口在卡皮奇拉瀑布（Kapichira），尽管并不难去，但缺乏车道，很少有人在此狩猎，所以更适合步行旅游，是理想的野餐地。

姆瓦比威（Mwabvi）野生动物保护区[②] 姆瓦比威野生动物保护区面积较小，且地处马拉维南部的偏远地区，没有住宿设施，很少有游客到那里。

三 主要旅游城市

1. 南部地区的布兰太尔和松巴

作为马拉维的经济与文化中心，布兰太尔不仅购物方便，而且有许多的著名历史建筑。[③] 修建于1882年最初的市政厅和曼荼罗式的议事厅是马拉维最早的二层建筑，也被认为是现存最古老的建筑。中非长老会教堂则是布兰太尔最壮丽的建筑，1891年由苏格兰传教团建成，使用了本地自制的砖和木头。圣米迦勒与诸天使堂可能给人印象最为深刻，它的建筑者没有任何如建筑学方面甚至烧砖的专业背景。

姆兰杰山[④]在布兰太尔以东的不远处，高约3000米。登上姆兰杰山，会有一览众山小的感觉。游客可以驱车在山脚下游

---

① http：//www. malawitourism. com（last visited 8 March，2006）.

② 同注①。

③ 同注①。

④ 同注①。

览，但在山上宿营感觉更为美妙。如果到达山顶，游客可自由选择是闲庭信步还是经过危险刺激的攀爬。当然，租用露营设备和雇用向导是必需的。一旦登到山顶，美景跃入眼前：不同的高度覆盖着多样的植被，大量的山羚羊、小羚羊以及其他小型哺乳动物穿行其间，大量的鸟类栖息或盘旋。

松巴是座美丽的城市。[①] 这里的科本兵营是皇家非洲步兵的总部，留有第一次世界大战时期的钟楼。竞技场和尼亚萨兰第一个委员的故居是殖民地时期的遗迹。马拉维大学就设在松巴，旧国会大厦和地区议会也在这里。松巴高原青葱的低斜坡有小型的植物园和极佳的高尔夫球场。松巴城外不远处是米库于监狱（Mikuyu Jail），班达时期曾关押了许多政治犯。虽然松巴的住宿条件一般，但松巴高原和这座美丽的城市经常吸引众多游客驻足。松巴市内多植物园和公园，环境幽静，空气新鲜，是游览、休憩的好场所。城郊松巴山是著名避暑胜地。松巴山（Mount Zomba）为马拉维境内的一孤立山脉，顶峰海拔 2087 米，山中降水多在 1000 毫米以上；森林茂盛，风景优美，气候宜人。

2. 中部地区的利隆圭

利隆圭的老城与新城截然分开。[②] 老城是传统非洲样式的建筑，而新城则充满现代气息。

新城矗立着现代式的建筑，花园式的布局，与老城的拥挤喧嚣对比强烈。当然，无论老城还是新城都值得一游。利隆圭的服务设施和设备完善，除了布兰太尔外，其他地方都不能与之相比。

在利隆圭有许多一流的宾馆，以首府宾馆和利隆圭太阳鸟宾馆最为有名。老的皇家旅馆经过装修后于 2005 年重新开业。此外，还有不少不同风格、不同水准的旅馆、露营地可以住宿。

---

① http：//www. malawitourism. com（last visited 8 March，2006）

② 同注①。

3. 北部地区的奇蒂帕和利文斯敦尼亚

位于马拉维北部的奇蒂帕是重要的旅游城市，该城市位于马拉维湖边，白沙滩及清澈的湖水是其环境特色，同时该地也是通往拥有悠久历史的利文斯敦尼亚景区的必经之处。

利文斯敦尼亚是一个值得一游的地方。在 1873 年利文斯敦去世以后，传教士的活动又重新活跃起来，来自苏格兰教堂的传教士在麦克利尔岬组建了传教团，后来该地被命名为利文斯敦尼亚。现在，这一块地方仍十分吸引人，除了斯通会馆（Stone House）里的陈列馆以外，教堂、钟楼都是十分有特色的地方。曼奇韦瀑布（Manchewe Falls）离该地也只有 4 公里。

表 4－24　1999～2003 年各国游客统计

旅　游　业					
	1999	2000	2001	2002	2003
游客流量（千人）	254.3	227.6	266.3	284.6	298.8
赞比亚	38.2	34.2	39.6	45.0	47.2
东　非	22.2	20.0	35.4	39.0	41.0
莫桑比克	20.9	18.7	36.5	35.0	36.8
津巴布韦	20.4	18.3	28.5	28.5	29.9
南　非	16.7	15.0	28.5	33.4	35.1
英国和爱尔兰	19.2	17.2	27.5	32.6	34.2
其他欧洲国家	8.1	7.2	23.6	29.6	31.1
北　美	3.2	3.0	14.5	13.5	14.2
美洲其他国家	1.9	1.7	8.5	9.8	10.3
总收入（百万马拉维克瓦查）	1416	2395	2463	10688	24675
旅客人均消费（马拉维克瓦查）	5567	10524	9248	15256	20050
床位占有率（%）	40	45	48	54	56
房间入住率（%）	65	66	70	74	75

资料来源：①旅游、公园、野生动物园部门，信息与旅游部门，移民局。

② http://www.sadcreview.com/country_ profiles/malawi/mal_ tourism.htm.（last visited 8 March，2006）.

第八节 国民生活

一 家庭及占有土地

2002 年的调查结果显示①，马拉维约有 280 万个家庭，其中约 250 万个家庭在农村，约 25.5 万家庭居住在主要的城市。地区分布是：140 万在南部，110 万在中部，大约 30.5 万在北部。农村和城市的家庭规模分别是 4.3、4.4 人，相差不大。

约 10% 的家庭没有任何土地，约 48% 的家庭每户拥有土地不足 1 公顷，约 37% 的家庭每户拥有土地在 2~4 公顷之间。农村中约 7% 的家庭和城市中约 46% 的家庭没有任何土地。农村家庭的 3/4 每户有土地不足 2 公顷，城市这个比例是 47%。农村约 44% 的家庭每户有土地不足 1 公顷，城市则约 18% 的家庭每户有土地不足 1 公顷。

二 就业

此次调查将全国人口分为就业人口和非就业人口。就业人口年龄是 5~65 岁。选取 5 岁以上人口为标准是因为在许多国家中，儿童从事着一些诸如家畜饲养、送水或出售一些家庭日用品和其他有报酬或无报酬的临时工作。

就业人口包括正式雇员和临时雇员、家族企业工人和个体劳

① 2002 年 9~11 月，马拉维国家统计局进行了“2002 年马拉维核心福利指数”问卷调查。此次调查在全国 27 个地区广泛展开，涉及马拉维国民生活的很多方面。通过此次调查可以更直观地了解马拉维的国民生活。本节以下材料除特别标注外，均来自这次调查结果。马拉维统计局网站 http://www.nso.malawi.net (last visited 8 March, 2006).

动者。非就业人口包括自给农民、学生、所有待业者和所有无劳动能力的人。正式雇员是指连续就业有周薪或月薪者。临时工是指以小时或天来计算报酬的工人。家族企业工人是指在家庭经济活动中劳动，但不收取任何报酬的人。个体劳动者是指有自己的经济活动的人。自给农民是指耕种自己园田的人。

（一）就业人口

马拉维 5 岁及以上年龄的人中就业率为 15%。其中约 6% 是个体劳动者，约 5% 是正式雇员，约 3% 是家庭企业的工人。就业人口中约 3% 为充分就业。城市 5 岁及以上人口中就业率约为 38%，农村仅约为 13%，就业人口多为正式雇员和个体劳动者。从地区上看，北部、中部和南部的就业率分别约为 13%、15% 和 16%。

（二）非就业人口

5 岁及以上人口约 85% 为非就业人口。总人口中，约 43% 是自给农民，约 3% 是待业者，约 44% 是无劳动能力者。大多数自给农民在农村地区，而大多数无劳动能力者在城市。从性别上看，5 岁及以上人口中的非就业人口，男性约占 79%，女性约占 91%。

（三）就业部门

马拉维约 86% 的人口为私人或个体户工作，约 10% 在私有商业部门工作。大多数的私人或个体商业实际上与农事有关。私有部门解决了就业人口中约 95% 的就业问题。农村就业人口约 88% 在私有部门，而城市仅有就业人口的一半在私有部门。在城市，就业人口中相当大的比例在政府或私有商业工作。马拉维就业人口中约 3% 在政府部门（约 3% 在农村，约 11% 在城市）。城市就业人口在政府中工作的主要集中在几个主要城市，其中约 24% 在姆祖祖，约 10% 在利隆圭，约 17% 在松巴。马拉维就业人口中，在半国有企业就业的约占 1.2%。城市就业人口中约 7% 在半国有企业，农村就业人口仅有 0.7% 在半国有企业。

（四）户主的就业情况

全国 280 万户主中约 59% 是自给农民，约 15% 在私企从事正式或非正式的工作，11% 是个体劳动者，6% 是公务员。城市中 25.5 万户主中约 20% 是公务员，而农村户主仅有约 5% 是公务员。在私企工作的农村户主只有约 12%，而城市户主在私企工作的则有约 45%。农村户主中估计 65% 是自给农民，而城市户主中仅有约 4% 是自给农民。城市户主中约 1/4 从事自营经济活动如开小型的商店、卖二手服装等，而在农村，比例只有约 9%。

（五）就业行业

约 79% 的 5 岁以上就业人口在农业。其中农村就业人口的 84% 在农业。城市就业人口 11% 在农业，38% 在商业，24% 在服务业。女性在农业就业的人口高于男性。

三　居民日收入与支出

（一）日平均收入[①]

马拉维居民收入来源主要包括农产品销售收入、非农业销售收入、工资或薪酬、租金收入等。农村与城市的居民日平均收入的结构与数量有很大差异。

农村贫困家庭的日平均收入中，家用消耗品的生产价值占 63.7%，农产品销售占 9.5%，非农业销售的纯收入占 1.3%，工资或薪酬收入占 13%，租金收入占 0.6%，其他收入占 5.2%，礼品收益占 6.5%。日平均收入为 4.62 马拉维克瓦查。

农村非贫困家庭的日平均收入中，家用消耗品的生产价值占 59%，农产品销售占 7.6%，非农业销售的纯收入占 2.6%，工

① 国际粮食研究机构：《世界粮食状况报告 2002～2003》（*The state of Malawi's poor: Their economic characteristics.*）。http://www.ifpri.org/themes/mp18/malawipms/pmsbrief06.pdf（last visited 18 December，2005）.

资或薪酬收入占17.3%，租金收入占0.8%，其他收入占6.7%，礼品收益占6.0%。日平均收入为13.11马拉维克瓦查。

城市贫困家庭的日平均收入中，家用消耗品的生产价值占11.8%，农产品销售占-0.6%，非农业销售的纯收入占8.1%，工资或薪酬收入占69.2%，租金收入占3.6%，其他收入占3.5%，礼品收益占4.6%。日平均收入为8.56马拉维克瓦查。

城市非贫困家庭的日平均收入中，家用消耗品的生产价值占3.1%，农产品销售占0.7%，非农业销售的纯收入占23.6%，工资或薪酬收入占53.7%，租金收入占2.9%，其他收入占12.8%，礼品收益占3.2%。日平均收入为55.57马拉维克瓦查。

（二）日平均支出①

农村贫困家庭平均日支出中，食物占80.9%，燃料占3.5%，服装占5%，服务占1.7%，保健占0.8%，住房占0.9%，耐用品占2.0%，非耐用品占2.8%，旅游占0.5%，礼品占1.4%，其他占0.5%。日平均支出为5.09马拉维克瓦查。

农村非贫困家庭平均日支出中，食物占69.7%，燃料占3.6%，服装占7.3%，服务占1.7%，保健占0.8%，住房占3.3%，耐用品占3.7%，非耐用品占2.6%，旅游占1.5%，礼品占4.7%，其他占1.2%。日平均支出为14.91马拉维克瓦查。

城市贫困家庭平均日支出中，食物占57.5%，燃料占7.7%，服装占5.5%，服务占1.7%，保健约占2%，住房占11.3%，耐用品占2.8%，非耐用品占3.4%，旅游占1.8%，礼品占4.2%，其他占2.1%。日平均支出为14.00马拉维克瓦查。

城市非贫困家庭平均日支出中，食物占29.8%，燃料占

① 国际粮食研究机构：《世界粮食状况报告2002～2003》（*The state of Malawi's poor: Their economic characteristics.*）。http://www.ifpri.org/themes/mp18/malawipms/pmsbrief06.pdf（last visited 18 December, 2005）.

3%，服装占7%，服务占7.5%，保健占2.4%，住房占21.4%，耐用品占4.4%，非耐用品占3.1%，旅游占5%，礼品占9.4%，其他占7%。日平均支出为58.71马拉维克瓦查。

（三）农村与城市居民日平均收入与支出的结构差异

在农村，家用消耗品价值占家庭收入的大部分。城市贫困或非贫困家庭的主要收入都来源于就业。

总体上看，食物消费支出几乎占马拉维家庭总支出的2/3。贫困家庭食物消费支出占家庭支出的比例比非贫困家庭高得多，也远高于2/3。非贫困家庭、贫困家庭这一不同也存在着城乡差别。一般来说，城市家庭只把相对较少一部分收入用于食物消费。而在农村，食物消费却是家庭最大的支出。

在同样的环境里，非贫困家庭的消费模式比贫困家庭更多样化。平均来看，城市平均消费水平大约是农村消费水平的2倍，因为生活在城市要支出更多的必需费用。因而城市贫困线的标准也是其它地区的2倍。

马拉维所消费的食物几乎有一半来源于家庭生产。从整体角度看，贫困家庭和非贫困家庭在食物的来源上没有明显的差别，对获取食物的方式起关键作用的是居住地，而不是贫困状态。农村家庭所消费的食物中，一半以上来自自家的生产，而在城市中心区，消费的食物有90%是购买的。

四 住房条件

总体上看，马拉维约84%的家庭有自己的住宅，约10%的家庭租住他人住宅。在农村，约89%的家庭有自己的住宅，而城市仅有约40%的家庭有自己的住宅。

户主在公共部门工作的近46%的家庭有自己住宅。而约45%则租房子。

马拉维约76%的主要住宅用的是茅草屋顶。尤其是农村家庭住宅约82%为茅草屋顶，农村贫困家庭住宅约90%是茅草屋顶。农村中约18%家庭住宅屋顶材质是瓦楞钢皮。城市中的主要住宅约17%是茅草屋顶，约82%是瓦楞钢皮屋顶。

马拉维住宅墙壁最常用的材料是未烧透砖，约占44%；其他材料所占比例为：烧透砖约占29.6%，泥土约占22.9%，木头或竹子约占2.2%，水泥或沙混约占0.8%，其他占0.5%。农村住宅墙壁使用的材料中未烧透砖约占43.5%，烧透砖约占27.9%，泥土约占25.1%，木头或竹子约占2.4%，水泥或沙混约占0.7%，其他约占0.5%。农村贫困家庭住宅的墙壁使用的材料中，未烧透砖约占51%，烧透砖约占20%，泥土约占25%，木头或竹子约占2.7%，水泥或沙混约占0.9%，其他占0.7%。城市家庭住宅墙壁使用的材料中，未烧透砖约占49.1%，烧透砖约占47.4%，泥土约占1%，水泥或沙混约占2.2%，其他约占0.2%。城市贫困家庭住宅墙壁使用材料中，未烧透砖约占61%，烧透砖约占36.1%，泥土约占0.8%，木头或竹子约占0.1%，水泥或沙混约占1.9%，其他约占0.2%。

从地区上看，马拉维住宅墙壁使用的材料在北部：未烧透砖约占20.7%，烧透砖约占39.2%，泥土约占33.2%，木头或竹子约占6.5%，水泥或沙混约占0.2%，其他约占0.1%。中部：未烧透砖约占35.2%，烧透砖约占22.2%，泥土约占40%，木头或竹子约占1.3%，水泥或沙混约占0.9%，其他约占0.4%。南部：未烧透砖约占56.3%，烧透砖约占33.6%，泥土约占6.8%，木头或竹子约占1.9%，水泥或沙混约占0.9%，其他约占0.6%。

五 生活用水与燃料

（一）生活用水

马拉维人民的生活用水源包括自来水、井水和开放的、未受保护的水源如泉水、河流、湖泊等。约

60% 的家庭以公共自来水或井水作为他们的主要饮水源，仅约 4% 的家庭能使用家庭自来水，约 24% 的家庭使用未受保护的泉水，约 9% 的家庭以瀑布、湖水、河水或池塘为主要水源。

从地区上看，北部、中部和南部使用管道、井水为主要饮水源的比例依次约为 66%、54% 和 72%。

取水情况。约 3/4 的家庭到最近的取水点的时间在 15 分钟以内，约 19% 的家庭在 15～29 分钟之间。农村中约 93% 和城市中约 99% 的家庭离最近取水点的路程少于 30 分钟。从地区来看，中部约 95%、南部约 92%、北部约 91% 的家庭 30 分钟以内可以到达最近取水点。

（二）主要日用燃料

约 98% 的家庭煮饭时使用的燃料是柴火和木炭。农村地区几乎所有的家庭使用柴火或木炭，约不到 1% 的家庭用电和石蜡。城市家庭中虽然多数也使用柴火，但有约 10% 的家庭已经使用电作为主要的燃料。从各地情况看，北部、中部和南部使用柴火的家庭比例依次约为 98%、96% 和 91%；使用木炭的比例依次约为 1%、3% 和 6%。

约 88% 的家庭用石蜡作为主要的照明燃料，约不到 5% 的家庭用电照明，约 5% 的家庭用草。城市约 34% 的家庭用电照明，用电照明的比例在城市贫困家庭中约为 12%。

六　公共医疗卫生服务

该项调查显示了在马拉维 30 分钟内可以到达最近的公共医疗卫生服务机构的家庭比例。

调查结构是马拉维约 19% 的家庭可以得到公共医疗卫生服务，包括 16% 的农村家庭和约一半的城市家庭。这些家庭约 20% 在中部，17% 在北部地区，18% 在南部地区。

值得关注的是，约58%的马拉维家庭距离最近的公共医疗和卫生服务机构有超过1小时的路程。这样的家庭约64%在北部，约57%在中部，约59%在南部。

此次调查的前四周里，约18%的马拉维人呈受伤或病态。因此这18%的人口需要接受医疗服务，这些人口约18%在农村，约15%在城市。地区分布是约16%在北部，约18%在中部，约19%在南部。

在调查四周前已经接受医疗服务的人中，约71%的人对医疗服务表示满意，其中农村人口有71%，城市人口有76%；从区域上看，北部、中部和南部地区人口的满意度分别为约67%、约66%和约77%。在不满意的人中，对医疗服务不满意的事项分别是等待时间长（约36%），药物没有效果（约34%），治疗失败（约24%），费用高（约20%）。

约56%的患者看病去公共卫生医院或医疗中心，即约30%去公立医院，约6%去地区医院，约20%去社区医疗中心。其余约18%的人去私人医疗机构，约3%的患者接受传统医疗方式，约20%去教会医院。农村地区，约57%的患者去公共医疗卫生机构，高于城市的约48%；约20%去教会医疗机构，只有大约12%去私人医院，低于城市的约20%。

公共医疗机构开设的医疗咨询服务中，北部约61%，中部约55%，南部约为56%。教会医院使用率也较高，南部约为24%，中部和北部分别为约17%和约16%。

七 交通工具与耐用消费品

马拉维约2%的家庭拥有汽车或摩托车。约35%的家庭有自行车，其中农村有自行车的家庭约占36%，城市约占39%。无论农村还是城市，几乎没有一个贫困家庭有汽车或摩托车。

在马拉维，家庭耐用消费品包括熨斗、缝纫机、冰箱、电视机、收音机、表和时钟等。约55%的家庭有收音机，其中农村约53%（农村贫困家庭约37%），城市约80%（大多数城市贫困家庭也有收音机）。约不到3%的家庭有电视机，其中城市1/5的家庭有电视机（城市贫困家庭约为7%），农村则大约仅有1%（农村贫困家庭则不到1%）。约23%的家庭有熨斗，约不到2%的家庭有冰箱，约33%的家庭有表或时钟。

八　居民安全

在调查2001年的犯罪情况时发现，最普遍的犯罪是盗窃农作物。约65%的家庭称他们感觉偷窃农作物的情况最为多见，其次是盗窃日用品（约43%）和牲畜（约38%）。农村中约70%的人认为偷窃农产品和日用品是最常见的，而城市居民反映最普遍的则是偷日用品（约74%）和殴斗（约38%）。人们隐瞒或不敢告发犯罪分子最普遍的心理是害怕报复。

当民众被问及在家或夜间行路是否感觉安全时，约68%的人回答夜晚在家感到安全（47%回答十分安全）。农村居民的安全感好于城市居民。全国约57%的人反映夜间行路是安全的。其中约58%的农村居民感到安全，约41%的城市居民感到安全。

关于不安全的因素，约48%的居民感觉不安全是因为抢劫和盗窃，约不到1%的居民认为政治环境的侵扰或人权被剥夺导致没有安全感。约8%的农村居民将不安全的原因归结为缺乏安全服务，而城市则有约2%的居民这样认为。

第五章

教育、科学、文艺、卫生

第一节　教育

一　教育发展简史

如果摆脱贫困是马拉维最为艰巨的历史征程的话，那么教育则是这一征程得以加速的车轮。马拉维一百多年的现代教育发展史充分说明了这一点。

在马拉维前殖民主义时代，民众一般是根据自己所处的阶层和经济实力来选择接受正规的教育或非正规的教育。19 世纪后半叶，基督教传教士把西方的教育模式与理念传入马拉维，马拉维原有的教育模式受到了冲击。在历史上，包括利文斯敦和布兰太尔等地区传教团布道的同时，也给马拉维带来了西方教育的新思维。

与此同时，由于相当多的马拉维国民信仰伊斯兰教，所以伊斯兰教对马拉维本国的教育内容和模式也有一定的影响，例如在一些地方的学校开设了《古兰经》课程。即使如此，在一些伊斯兰教影响比较大的地方，西方的教育模式和内容还是渐渐地渗入进去了，虽然这一过程较为缓慢。①

① Owen J. M. Kalinga, Cynthia A. Crosby, *Historical Dictionary of Malawi*, the Scarecrow Press, Inc. Lanham, Maryland, and London, 2001, p. 116.

第一次世界大战以后，尼亚萨兰殖民地政府对教育的关注和支持力度加大。1923 年，英国政府建立了非洲热带地区国家教育咨询委员会，专门关注那些国家的国民教育问题。1924 年，该委员会和美国的费尔普斯·斯托克斯（Phelps Stokes）委员会赴马拉维考察该国的教育状况。此后，费尔普斯·斯托克斯委员会建议在非洲应该建立各国当地的教育咨询委员会。尼亚萨兰殖民地政府接受了该委员会的建议，成立了专门的教育咨询委员会，并成立了教育主管部门，以关注并解决教育问题。1926 年，尼亚萨兰殖民地政府任命了首位教育部长官（director of education）。

1929 年，旨在培训教师监督者的政府性培训学院（詹尼斯培训学院）在多马西（Domasi）成立。这个培训学院由美国政府和卡耐基公司投资，它的主要任务是培养教育工作监督者，监督农村学校的老师，以确保较高的教育质量。从 1934 年开始，通过层层严格挑选出的人员在该学院接受了为期 4 个月的培训，主要学习社区和农村的发展问题。“二战”后，该中心扩大了它的培训范围，包括对一些已经接受中学教育的学生提供更高水平的教育。

1937 年，一些新教的传教士在马拉维的布兰太尔开设了一所中学，该中学在 1940 ~ 1941 年间招收了一些学生。布兰太尔中学的做法一年后被松巴天主教中学所仿效。于是在“二战”后，在代扎、利文斯敦尼亚、姆祖祖等地的中学都陆续建立起来，尽管如此，为数不多的中学仍然满足不了当地人接受教育的需要。在这些地方，教育发展依旧缓慢。当时，能够进入中学求学的学生都是幸运者，因为设立这些中学的机构的资金来源渠道比较狭窄，资金短缺，不能给更多的人提供求学的机会，詹尼斯培训学院后来同样遇到了类似的问题。

20 世纪 60 年代初，为解决这些问题，马拉维的殖民政府成

立了两个委员会。其一是菲利普委员会，该委员会在 1962 年提交报告，建议在马拉维大规模发展小学和中学教育，同时建议应允许有限的志愿机构涉足小学教育，但当地政府必须对它们加强监管。该委员会还进一步提出建议，随着小学教育职责的本地化，政府在中学教育上的投资必须相应地增加。

1963 年，第二个委员会在美国教育委员会的赞助下成立，该委员会主要关注职业教育和高等教育。在 1964 年该委员会提交了一份研究成果——《约翰斯顿（Johnston）报告》。在该报告中，该委员会在同意菲利普委员会提出的在马拉维大力发展小学和中学教育的观点的同时，建议在马拉维成立马拉维大学。在约翰斯顿报告的建议下，马拉维大学于 1964 年建立。

马拉维独立后，教育事业发展进步很快。班达总统本人受过良好的西方教育，他深知教育对一个新独立的国家是何等重要。班达领导马拉维人民进行反殖民斗争被投入南罗得西亚的圭洛监狱时，他就对独立后的国家发展规划了一个蓝图，其中三大目标之一就是要创办一所马拉维大学。班达总统还经常自己出资办文教和卫生等社会福利事业。班达总统曾赠给马拉维大学一份珍贵的礼物——一座现代化的大礼堂。1981 年，班达总统在自己的家乡卡松古地区的姆通塔马创办了一所“卡穆祖学院”。这所学校只收全国选拔的成绩最优秀的中学生，学校完全实行英式教育。总统还经常提供奖学金奖励一些优秀人才到国外留学。马拉维大学的部分学生有机会去英国和美国学习、进修。马拉维政府在城市按居住区设诊疗所、小学和俱乐部，在农村以农业发展规划区为单位设立小学、医疗所。

由于历史原因，马拉维沿袭英式教育。学校分为公立和私立两种。马拉维政府还鼓励外国传教士和传教机构办学。马拉维正规学制包括 5 种教育：小学、中学、师范教育、职业技术培训和高等教育。

马拉维的教育管理体制分为中央和地方两级。中央一级的教育首脑机构是教育部。部长以下设首席秘书1名，负责日常部务工作。副秘书协助首席秘书工作。副秘书下设4个职能司：教育管理司、监察和考试司、教育规划司和综合管理司。其中，教育管理司负责师资培训、设备和书籍供应等，监察和考试司负责各级学校的视导、课程发展及考务，教育规划司负责教育规划的制定和实施及其保障；综合管理司负责人事、财务结算和后勤管理等。地方教育行政机构分地区和管区二级，分别设对口的地方办公室。地区教育官员监督本地区的管区教育官员，管区教育官员则按行政隶属关系监督管理本管区的校长。①

马拉维国民的文盲率较高。据联合国教科文组织统计，1979年马拉维15岁以上的识字人口只占总人口的16.5%。1985年马拉维成年人中的文盲占总人口的58.8%，其中男性占47.8%，女性占69.2%。1986年马拉维政府开始实施5年成人识字计划，政府制订了第二个教育计划（1985～1995年）。到1998年，成人文盲率为44%，其中男性为28%，女性为58%，成效比较显著。

由于马拉维政府重视教育发展，教育预算占的比例一直都比较大。1989～1990年度，教育经费占年度政府财政支出的7%，占发展支出的13%；1999～2000年度，教育经费占政府预算的3.8%，以保证为数不多的政府财政中有一定比例用来发展本国的教育；到2002～2003年度，教育支出为8000万马拉维克瓦查，占马拉维政府支出的第一位。

穆塔里卡政府在推进教育发展的同时，也加大了对教育部门的腐败惩处。2005年9月17日穆塔里卡总统解除了教育部长尤

① 《非洲教育概况》编写组编《非洲教育概况》，中国旅游出版社，1997，第212～213页。

素夫·姆瓦瓦的职务。姆瓦瓦于3月26日在布兰太尔的一家豪华酒店中举行婚礼，他使用教育账户的支票为自己支付了1600美元的招待费。这在一个贫穷的小国是十分奢侈的。

二　中小学教育

马拉维小学学制8年，分初小（1~5年级）和高小（6~8年级）两个阶段。儿童6岁入学。小学教育由中央政府、地方政府、民间（包括教会）机构和地方团体共同承办。中央起监督保证作用。小学有两种主要类型：公立小学和私立小学，后者如达到教育部规定的办学F标准可以申请资助。[①] 小学1~4年级用奇契瓦语教学，5年级为过渡年级，同时使用奇契瓦语和英语教学，6~8年级主要用英语教学。

中学学制一般为4年，同样分为两个阶段：头2年修业期满参加初等证书考试，后2年修业期满参加马拉维教育证书考试，也是马拉维大学的最低入学资格。马拉维中学有三种类型：资助性提供膳宿的中学、公立走读中学和私立中学。

在1979~1980年间，马拉维有小学（5~12岁）2371所，小学教师11552人，学生779676人；有中学（13~16岁）65所，教师779人，学生16431人；到1988~1989年间，全国小学生入学率占本年龄段儿童的50%，其中男生52%，女生48%；小学教师为20580人，小学生人数为1325453人；中学教师1096人，中学生人数29326人。根据2002~2003年度《世界知识年鉴》统计，马拉维全国拥有小学校3118所，有小学教师20000人，小学生320000人；拥有中学校250所，中学教师1096人，中学生29293人。

---

① 《非洲教育概况》编写组编《非洲教育概况》，中国旅游出版社，1997，第213页。

虽然马拉维政府鼓励人民完成小学和中学两种基本教育，但只有经济能力不错的家庭才能升到中学，而要念到大学，更只有极少数富裕家庭才能办到。由于物资的缺乏，整体教育水准不高，孩子们上课时不但缺少教科书，就连桌椅也非常缺乏。

1994 年，为履行业已确定的政党宣言，马拉维联合民主阵线党在全国范围推行了免费的小学教育。但是由于受过培训的合格任教老师短缺，导致政府在实行该计划时只能采取速成班的形式，尽管如此，学生与老师的比例仍居高不下。不过，政府的这些努力收效还是比较明显的，1983 年只有 53% 适龄儿童实际上进入学校学习，而在 1995 年，这项数字达到了 85%。与政府的这些举措相伴而来的，是教室紧张，课本匮乏，老师的薪水不高等一系列问题。

马拉维小学教育规模和质量的提升，必然会对中学教育的发展提出相应的要求。但在实践中，中学教育的发展同样面临与小学教育相似的资金不足的问题。所有这些因素都导致了各种层次的私立学校的崛起，许多私立学校设立之初就是按照商业公司的运作模式建立的。为解决教育资源比较稀缺的问题，马拉维政府将 315 个远程教育中心转化成社区走读中学，在此基础上，马拉维政府还在世界银行、非洲发展银行（ADB）和日本国际合作机构的帮助下，建立了一些正规的中学。寄宿学校渐渐淡出了教育舞台，取而代之的是走读学校。同时，为培养更多合格的师资，很多教师培训学院，例如多马西中学教师培训学院扩大了招生规模。

三　师范教育

马拉维的师范教育主要分为四个层次。小学教师主要有两个级别：T2 级与 T3 级。T2 级教师拥有“马拉维教育证书”（4 年中学教育），加上 2 年的“教师证书”；T3 级教师持有“初中教育证书”（2 年中学教育），加上 2 年的“教师证书”。T3 级教师的培训通常由教会承办的教师进修学院负责。著名的蒙特福特学院是专门培训盲人和聋哑人教师的。中学教师的培训由马拉维教育学院承担，该院颁发三种证书：教育职业证书、教育学士证书和大学教育证书。技术教师由国内外综合技术学院培训，中小学技术教师一般在国内培训，大学技术教师大多在英国接受培训。在职教师进修由马拉维教育学院、马拉维大学、马拉维函授学院、马拉维广播部门等机构联合组织实施，主要是进行教学技巧的基本职业训练。①

据统计，在 1979～1980 年间，马拉维有师范学校 6 所，教师 108 人，学生 1855 人；有师范学院 1 所，教师 8 人，学生 149 人。1989 年，技术学校教师 60 人，学员 770 人；师范学校教师 190 人，学生 2909 人；到 2002～2003 年度，技术学校教师 60 人，学员 770 人；师范学校教师 190 人，学生达到 7368 人。

四　职业技术培训

作为正规学校教育体制的补充，职业培训和非正式的教育项目在马拉维发展起来。马拉维有 6 所技术学校提供包括木工、焊接工、机修工、砖匠在内的多种职业培训。马拉维函授学院（MCC）始建于 1965 年，主要为那些完成了小学学业而不能进入中学学习的学生提供继续教育。该学院还与马拉维广播公司合作，为马拉维的众多小学和中学提供广播教育。许多类似的函授教育培训机构后来集中在一起成立了远程教育中心（DEC），每一个培训机构都有现代化的设施，并都由受过良好的正规高等教育的老师把关。

① 《非洲教育概况》编写组编《非洲教育概况》，中国旅游出版社，1997，第 214～215 页。

奥弗图恩学院（Overtoun）是马拉维以至整个中南部非洲最著名的教育和职业培训中心。它建立于1894年11月，因资助利文斯敦教会的苏格兰商人奥弗图恩爵士的名字而命名。该学院培训出了大批的教师、牧师、簿记员、泥瓦匠、工匠、医药助理和许多其他的技术人员，他们中的许多人现在都在马拉维各自领域占有关键位置。[1]

各级技术学校都重视农业和工业技术的引进、开发、培训和推广工作。其毕业生一般都要分配到国家最需要的基层单位。

由于小学毕业生中能升入中学的比例较小，政府对小学课程教学进行调整，在高年级开设了农业、家政和工艺技术课。中学课程也实行多样化政策，中学几乎有一半学校开设了技术类学科和实践课，如农业教育、木工、技术绘图和家政，等等。

五　高等教育

马拉维全国只有两所大学。新成立的姆祖祖大学（Mzuzu University）于1997年开始招生。

马拉维大学是该国最有名的大学。它成立于1964年，1965年开始正式招生。管理中心位于马拉维前首都松巴。大学经费由政府预算中拨给，另有外援等其他融资渠道。马拉维大学下设4个学院：利隆圭的邦德农学院、松巴的管理学院、利隆圭的卡穆祖护理学院以及布兰太尔的综合技术学院。

管理学院是马拉维大学的主校区，能够授予包括教育学、人文学科、自然科学在内的学士和硕士学位。同时它还有法学院，但它颁发的是教育和公共行政管理的学位与图书馆学科的学位证书。

---

① Owen J. M. Kalinga, Cynthia A. Crosby, *Historical Dictionary of Malawi*, the Scarecrow Press, Inc. Lanham, Maryland, and London, 2001, p. 334.

邦德农学院坐落在马拉维首都利隆圭的南部，毗邻班达山脉。它建立于1966年，是一所专门的农业院校，研究通过科技改变马拉维农业的状况，防止马拉维发生严重的饥荒。该院进行3年学位和毕业文凭水平的农业培训，选拔一部分毕业生继续深造2年，取得农业学科学位。

综合技术学院提供的毕业证书和学位证书的课程有商业、会计、工程设计、应用科学，该院所设课程有明显的职业倾向。

卡穆祖护理学院主要培训助产士和护理人员。

据《世界知识年鉴》统计，在1979～1980年间，马拉维大学有教师195人，学生1471人。大学毕业人数1979年仅为330人。1989年，马拉维大学就有教师235人，学生2685人。而到2002～2003年度，马拉维大学有教师235人，学生人数达到3092人。

六　妇女受教育情况

在马拉维整个殖民主义年代，妇女的受教育水平明显比男性要低得多，这主要是因为父母都倾向于把有限的家庭资源配置在男孩子的身上，出发点是女孩子到了一定的年龄后是要嫁出去的。同时，妇女受教育的机会也受到基本上控制所有学校的教会势力的束缚。例如在奥弗图恩学校，女性的比例一直都比较低：1898年占22%，1900年占14%，1935年仅占5%。在别的学校也是这种情况。

女性受教育的限制同样表现在课程的设置上，从1903～1917年，一些学术性的课程在对女孩的教育中被砍掉了，取而代之的是一些操持家务的技巧：如清扫、烹饪、洗熨、缝纫和护理等。

教会雇的女教师也非常少，1939年在1334位老师中只有12位女老师。在天主教控制的地区，女性受教育的机会并没有能够增加，甚至在一些宗教仪式中都有一些对女性的限制。到了1930年以后，随着越来越多的女修道院被国人所控制，以及一些修女们也开办了学校，更多的女孩接受了最基本的教育。但是即便如此，情况并没有明显的好转。

到了班达总统政府时期，政府决心花大力气来提高女孩的入学率，并为她们接受中学教育和高等教育提供机会。虽然一些家长的观念并没有转变过来，其他社会因素的回应是十分积极的，其中最明显的就是女性就业率的上升。

虽然政府的举措还相对比较有力，但女性受教育的状况还始终不能和男性相比。1998年成人文盲率44%，妇女文盲率高于男子，分别为58%和28%。通过统计后发现，城市的孩子接受教育的比例远高于农村的孩子，而且母亲受过良好教育的孩子受教育的程度更高。虽然在护理学校女生的比例占绝对优势，但在高等院校则反映了男性在马拉维接受高等教育的主流位置。全国高等院校中除了卡穆祖护理学院外，男女生的比例超过了2∶1。[①]

七　教育的国际合作与支持

联合国的相关机构和其他国家对马拉维教育的发展提供了很大帮助。为支持马拉维中小学教育的发展，联合国粮农组织于1963年在马拉维建立了粮食安全工程。该计划重视在农村地区社区走读中学中农业知识的教学和劳动能力的培养。

参加该国粮食安全工程的各国志愿者深入农村，为当地的中学生上课，促进教师间的联系与合作，以便能够相互交流经验和知识，来改进授课的方法。有的志愿者还和他们的同伴一起，在

① Owen J. M. Kalinga, Cynthia A. Crosby, *Historical Dictionary of Malawi*, the Scarecrow Press, Inc. Lanham, Maryland, and London, 2001, p. 403.

马拉维进行长期的支教活动，商讨教育发展的战略，评估学生，筹划各种类型的考试。通过不断试验的方法，志愿者帮助所在学校合理分配教育资源，使学生能够参加国家组织的生物和化学竞赛。

除了进行常规课堂教学以外，志愿者还积极利用其他资源，志愿者与马拉维国内的志愿者和马拉维教育部的官员合作，发明了一套行之有效的英语和化学教育的方法，有力地促进了相关学科的教学改革。①

第二节　科学技术

一　自然科学

马拉维是世界上十个最不发达国家之一，2/3 的国民年均收入不到 40 美元，其结果必然是马拉维自然科学研究经费紧缺。同时由于在水利、环境保护、农业、工业等绝大多数领域内人才的奇缺，导致自然科学方面研究的落后，所有这些反过来又严重束缚了马拉维经济的发展。

马拉维农业生产落后，经常面临饥荒的威胁。为改变这一状况，马拉维政府和众多民间研究力量进行了不懈的努力。官方的农业研究机构是农业部下属的农业研究司，其研究主要集中在基本农作物的防害栽培、家畜的饲养、自然资源和自然条件对农业发展的影响，农业机械化的尝试，等等。一些高校，如马拉维大学邦德农学院也对如何在马拉维高效地发展农业进行了一系列深入的研究。针对马拉维烟草业占国民经济相当大比例的情况，一

① 和平组织网马拉维部分。http：//www.peacecorps.gov/countries/malawi/index.cfm（last visited 20 December，2005）.

些非营利性机构如马拉维烟草研究协会从 1990 年开始就烟草业的进一步发展进行可行性论证。

近年来，马拉维国内和国外政府及民间机构对环境保护问题越来越重视，环境科学日益成为马拉维自然科学界一门新兴的和大有潜力的学科。

马拉维的现代科学技术的发展得益于联合国和援助国的支持，例如通讯工程、网络技术的培训等等都是在联合国资助发展中国家的相关项目下完成的。

一项旨在提高马拉维自然科学研究水平的马拉维千年计划于 2000 年 1 月 1 日正式启动，它是由斯特拉斯克莱德大学（Strathclyde University）、马拉维大学与贝尔大学（Bell University）三所学校合作，计划依托高校联合的科研和培训力量，大力发展马拉维的自然科学。该计划除了想培训出大量合格的医生和教师之外，自然科学家、工程师、高级技术人才的培养也是该计划的宗旨。该计划由斯特拉斯克莱德大学在 1999 年 9 月发起建立，为期 5 年。

在马拉维自然科学界，比较著名的科学家有阿特金斯（P. W. Atkins）和弗雷德里克·比希（Frederick J. Bueche），等等。阿塔金斯是马拉维国内著名的化学家，他在物理和化学的结合研究方面有很深的造诣，出版了《物理化学论》、《物理化学的原理》等专著，有很高的学术价值。他还对分子量子化学有深入的研究，在英国出版了相应的专著。同时，在马拉维，阿尔伯特·科顿（Albert. F. Cotton）是研究无机化学方面的专家，有多篇颇有影响的论文问世。

弗雷德里克·比希是马拉维国内知名度最高的物理学家，研究领域为基础物理，在 1995 年曾出版专著《论物理的一些原则》。同时，他还注意基础物理在技术和工程中的运用，在 1994 年发表了高水准的论文《技术物理》。

二 人文社会科学

非洲的人文社会科学研究深受动乱、政治压迫和经济恶化的影响。由于资源紧缺、政府干涉和人才外流，专事研究和培训的公立大学境况尤其不佳。非洲许多杰出的社会科学家（其中大多曾受项目资助到国外培训深造），由于贫穷、工作条件恶劣等多方面原因，至今仍旅居国外。因而，包括马拉维在内的许多非洲国家的人文社会科学的发展困难重重。但值得称道的是，非洲毕竟还进行着社会科学研究和培训，且其中一些是属于高质量的。这就是说，非洲社会科学的命运不一定取决于广义的结构性环境。一些国家虽然面临着大范围的经济衰退和政治压力，社会科学家仍得以保持独立，顽强地坚持研究并出版着他们的学术成果。

在马拉维，教育学是在人文社会科学中发展最迅速和成就最显著的学科。这得益于马拉维政府的重视和投入，以及学者对教育在国家发展中重要作用的深刻认识。在马拉维的千年计划中，相当多的课题是关于小学、中学教育的发展思路以及教育模式的。

如教育家哈伦（W. Harlan）发表了大量的在小学课堂如何进行自然科学教育以及小学教育中的教与学等一系列有建设性的论文。教育家海洛克（D. Haylock）撰写了大量的如何在小学进行有效的数学教育，以及学龄前儿童数学认知力的培养等论文。还有很多学者就如何在学校进行精神、文化、道德等教育以及历史、地理等一系列马拉维国情教育进行了深入的探索。为培养学生的艺术才能，很多教育学家对小学和中学的音乐与舞蹈教育提出了自己的看法。如何对国民进行再教育是目前马拉维的教育学家正在着力解决的问题。这些教育学者的努力，为马拉维教育的发展提供了指引，为政府教育方针的落实提供了有力的保证。

若兹－利文斯敦研究中心是马拉维最著名的人文社会科学研

究机构，成立于 1938 年，中心第一任主任是戈弗雷·威尔逊（Godfrey Wilson）。中心注意本地区的城市化和社会经济变革的研究，而不仅仅局限于种族关系。1942 年马克斯（Max）继任了威尔逊的位置，当时他将研究领域扩展到一些新兴的研究主题，比如非洲法制问题的研究。1950 年，研究中心吸引了大量的硕士、博士和博士后研究人员来中心工作，他们中的许多人后来成为英、美一些大学与研究机构人类学研究的著名专家和教授。他们在中心工作时期的许多研究论文，其中有相当多的开拓性研究成果。一些与若兹－利文斯敦研究中心有良好合作关系的学者在马拉维进行了他们的研究。如杰·克莱德·米切尔在 1956 年对尧族的社会机制进行了深入研究；J. V. 费尔森（Velsen）在 1959 年对居住在恩卡塔贝的汤奇（Tonge）人进行了研究。[①]

马拉维另一著名的人文社会科学研究机构是马拉维学会，其前身是尼亚萨兰学会，它成立于 1946 年，宗旨是通过包括历史、人类学、文学、旅游、自然科学等学科的系统讨论，对马拉维的今昔有一个更深层次和更为全面的认识与理解。马拉维学会的主要出版物是《马拉维学会杂志》，该杂志收录的文章就反映了学会的目标和宗旨。同时该学会还在林贝为它的会员和部分会外人士提供了参考书阅览室。在 20 世纪 50 年代末，该学会为促成马拉维国家博物馆的建立做出了很大的贡献。同样在 20 世纪 60 年代，它为政府成立文物保护部做了大量的论证和游说工作。

同时，马拉维人文科学进一步发展的任务很大一部分是由马拉维境内的高等院校承载的。例如最有知名度的马拉维大学，就开设了人类学、法学、教育学以及经济学等课程，促进了人文科学研究的细分化和专门化。马拉维大学还定期出版《马拉维社

---

① Owen J. M. Kalinga, Cynthia A. Crosby, *Historical Dictionary of Malawi*, the Scarecrow Press, Inc. Lanham, Maryland, and London, 2001, p. 339.

会科学》杂志，及时跟踪反映马拉维社会科学发展的最新动态。对人文社会科学的发展思路以及方法论上的指导都在这些高校取得了很有意义的研究成果。

塞迪卡·马克德华尔（Thandika Mkandawire）是马拉维以至于整个非洲最为有名的人文社会科学家。他早年在松巴天主教中学接受教育，1959～1960年间，成为新成立的马拉维国民大会党青年活跃分子，后又加盟《马拉维新闻报》，成为该报的元老之一。后赴美国俄亥俄州立大学学习，在瑞典完成他的研究生学业，并获得了经济学博士学位。马克德华尔在欧洲、非洲、美国的很多大学都任过教，在津巴布韦发展研究所也工作过。从20世纪80年代中期到1996年底，他在非洲经济与社会发展研究理事会任理事长。在1997年，他受聘成为瑞士经济和社会研究会的会长。马克德华尔在马拉维曾被通缉，主要原因是政府和马拉维国民大会党将他视为海外流亡政要的同情与支持者。班达总统就曾经公开谴责过马克德华尔，宣称他是危险人物，要他永远留在海外。

马拉维近现代史上曾涌现出了一些杰出的学者，他们为马拉维的人文社会科学的发展繁荣做出了重要贡献。代表性人物有耶塞雅、唐纳德。

耶塞雅（Yesaya Mlonyeni Chibambo）是马拉维著名的历史学家，出生于1887年，他的正直和勇敢在马拉维人民的心中留下了很深的印象。他在34岁时就写信给当时位高权重的教会，指出部分教会组织在雇佣非洲人时的不公平做法。他的代表作有：1932年的《恩戈尼的故事》、协同研究了《恩戈尼地区的父与子》、《尼亚萨兰的恩戈尼》等课题，填补了这方面学术研究的空白。在早些时候，他还提交了书面证据，论证了奇莱姆贝维的崛起。在1942年他出版了《我的尼亚萨兰地区的恩戈尼》。

唐纳德（Donald Fraser）是马拉维最知名的宗教哲学家，他对非洲传统文化有很深的造诣。他努力改变着那种当时在马拉维比较流行的清教徒的禁欲主义生活方式，如对舞蹈的动作、唱赞美歌的方式、饮酒的限度。他对地区间宗教信仰的相似和不同之处做了认真的比较与深刻的剖析。他的代表作有：1914 年的《战胜原始人类》、1923 年的《非洲的田园生活》、1925 年的《一个非洲人的自传》、1927 年的《新非洲》。

此外，一些外国学者对马拉维的社会科学研究的发展也做出了重要贡献。托马斯·扬（Thomas Cullen Young）是马拉维的人类学家、语言学家和历史学家。他于 1880 年出生在苏格兰，曾任教于奥弗图恩学院，参加过第一次世界大战。托马斯以在语言学、文化、马拉维湖区民族历史方面的研究见长，在这些领域发表了很多文章，出版了一些专著。他逝世之前，英国爱丁堡大学授予他荣誉文学硕士学位，以表彰他在非洲研究方面的卓越贡献。他的著作有：1923 年的《图姆布库（Tumbuku-Henga）人的历史解释》、1924 年的《图姆布库人的习惯和民间传说》、1932 年的《图姆布库人的历史点滴》、1937 年的《非洲的道路和智慧》、1940 年的《我们的祖先》和 1946 年的《我们非洲人的生活方式》。托马斯·扬还积极鼓励马拉维的作家出版他们的作品。他在 1933 年将恩塔拉（Ntara）的《非洲男人》从奇契瓦语翻译成英语，并在 1949 年帮助他出版作品《酋长的地盘》。他还翻译并帮助出版了耶塞雅的作品。

第三节　文学艺术

一　文学

（一）文学发展史

马拉维有流传久远的民间传说和历史轶事，一些迁徙部落，例如马拉维（Maravi，契瓦语）、奇库拉马耶贝

(Chikulamayembe) 和恩戈尼的与当地人民的融合发展的记载。除此之外，马拉维也在自身的土地上孕育出了现代文学的传统。

马拉维拥有足以让其自豪的口述作品，政府重视传统文学作品的整理工作，斯科夫里斯（Scoffeleers）和罗斯科（Roscoe）的工作卓有成效，他们共同完成的作品是《燃烧着的土地——马拉维口头作品集》。

早在殖民地时期，马拉维的现代文学传统就在教会组织的培育下逐渐地成长起来，几乎所有的教会组织都配备有印刷机，绝大多数的教会人员都对马拉维当地的作家很有兴趣，鼓励他们出版自己的作品。总之，当时很多作家著作的出版都得益于教会人员的帮助。

独立后，马拉维年轻的一代作家就开始出现了，但是在马拉维国民大会党统治时期，作家们必须注意他们所创作的故事的内容以及所使用的语言。马拉维的文化审查署负责出版物出版前的审查工作，如果有作家对文化审查所做出的否定性意见置之不理而继续试图出版，就会受到刑事处罚。文化上的高压政策导致了很多马拉维作家不敢写文章或出版自己的著作，到了 1994 年马拉维实行多党制之后，情况才有所好转。1989 年马拉维颁布了《著作权法》，作者和出版商的利益得到进一步的维护，马拉维作家创作的积极性也进一步提高。实际上，在班达总统统治时期，许多作家或被监禁或流亡到国外，以至于直到现在，马拉维的作家们还经常将主题集中于反对专制、腐败和权力的恣意滥用。

从 20 世纪 60 年代开始，马拉维文坛英语写作的风潮开始兴起。马拉维大学管理学院的作家研讨会为马拉维一些有潜质的作家实现个人梦想提供了很大帮助。一些会员开始出版他们的诗集。到了 1977 年，作家研讨会为马拉维国家剧院撰写的 9 部戏剧公开出版。作家研讨会的会员包括史蒂夫·奇姆波（Steve Chimombo）、杰克·马潘杰（Jack Mapanje）和保罗（Paul

Zeleza）等著名的作家，他们在马拉维文学界都是相当有分量的人物。与此同时，马拉维广播公司（MBC）的“作家角”节目对施展这些作家的抱负，提高其认知度也起了很大作用。[①]

对马拉维文坛起着强劲推进作用的民间团体还包括马拉维作家联盟。它成立于1995年，它有自己的办公机构和秘书处，成员超过250人。马拉维作家联盟的成立初衷是培训作家，每年出版年度有影响力的作品合集，并在马拉维国内评选一定的奖项，以此促进马拉维文学的繁荣。马拉维很少有出版作品是面向儿童的，主要原因是儿童读物质量要求相当高，装帧考究，导致其价格昂贵，需求量不大。为改变这一状况，马拉维作家联盟在2002年1月在布兰太尔召开了一个为期3天的儿童作品创作研讨会，要求马拉维国内的作家和出版商一起努力，为马拉维的儿童创作出更多更好的作品。

（二）著名作家简介

马拉维文坛上耀眼的明星很多，杰克·马潘杰（Jack Mapanje）是马拉维最伟大的诗人，同时他还是语言学家。马潘杰1944年出生于曼戈切区的马坎吉拉（Makanjila）地区，在当地的小学和松巴天主教中学完成了初等教育。他毕业于马拉维大学的管理学院，主修英语，在伦敦大学获得语言学博士学位。1987年马潘杰在没有受到任何指控的情况下就被逮捕入狱，直至1991年才出狱，随后和家人移民英国。马潘杰的著作颇丰，代表作有：1981年的《诸神和变色龙》、1993年的《米库于监狱的鹡鸰鸟》、《没有绳子束缚的跳跃》，等等。马潘杰还得到了许多的文学奖项，包括国际诗作大奖。

马拉维第一代最著名的英文作家是凯伊拉·莱格森（Kayira

---

① Owen J. M. Kalinga, Cynthia A. Crosby, *Historical Dictionary of Malawi*, the Scarecrow Press, Inc. Lanham, Maryland, and London, 2001, p. 212.

Legson），他出生于奇蒂帕（Chitipa）的温亚（Wenya）地区，毕业于华盛顿大学，主修政治学。19 世纪 60 年代他在剑桥大学学习历史学。他的著作主要包括：1965 年的《我会努力的》、1969 年的《若隐若现的阴影》、1971 年的《公务员》。他的很多著作都被收入非洲作家丛书系列。

马拉维另两位著名的英文作家是奥布里（Aubrey Kachingwe）和大卫·鲁巴德瑞（David Rubadiri）。奥布里在 1966 年出版了他的名作《艰难使命》，大卫·鲁巴德瑞在 1967 年有佳作《没有新娘的代价》问世。

除了上面的几位作家和诗人之外，塞缪尔·恩塔拉（Samuel Josiah Ntara）也是马拉维相当有名的文学家，他在 27 岁时候的传记作品《恩斯恩杜（Nthondo）》，赢得了设在伦敦的非洲语言和文化国际学院组织的一次文学竞赛传记类一等奖。他的这部作品被一名神职人员翻译成英文，由伦敦圣经和社会出版社在 1933 年以《非洲的男人》为名出版。以后，恩塔拉在 1944 年在别人口述的基础上写成了《姆比瑞·亚·阿契瓦（Mbiri ya Achewa）》，同年该书出版。在 20 世纪 60 年代该书被译成英文，1973 年又以《契瓦的历史》为题重新出版。在 1949 年朗文公司出版了他的作品《恩切瓦（Nchowa）》，同年，厚玛教会出版社出版了《姆斯亚姆博亚（Msyambozya）》，该书描写了一个村落酋长从 1830 年出生到 1926 年去世的一生。这是一篇针砭时弊的著作，表明了作者对马拉维社会的看法，1949 年卢特沃斯（Lutterworth）出版社将他的著作《中非历史上难以预料的一页》出版发行。

二　戏剧电影

马拉维知名度最高的职业演员是邓杜祖（JR. Dunduzu Chisiza），他出生于 1962 年，在美国上完大学，主修戏剧艺术。在20世纪80年代中期，他回到马拉维，以布兰太尔为基地，创办了沃克汉巴塔（Wakhumbata）剧院，并聚集了一批志同道合者，邓杜祖自己成为经理和主要演员。他们定期到全国各地巡回演出，在此过程中，沃克汉巴塔剧院逐渐成为马拉维最负盛名的剧院。

马拉维最为流行的戏剧是坎帕拉裴（Kapalepale），它属于契瓦地区的戏剧形式。通过每周六中午马拉维广播而传到全国各地。在马拉维的文字里，坎帕拉裴与流行文化同义。20世纪70年代末，这个短剧的取材开始源于人们十分熟悉的普通百姓的日常生活，如：在城市中两邻居间的世仇；一个首次从遥远的小乡村到城市中来的乡下人所受到视觉的冲击和心灵的震撼；小村庄里一个行为不检点的妇女，等等。在当时，它是广播中最受欢迎的节目，与此同时也成就了演员莱卡娅（Likaya-Mbewe），她不久就成为了一个家喻户晓的明星。从一个马拉维广播公司的底层小职员到全国知名人物的成功史，使莱卡娅成为了那个时代个人奋斗的偶像。但是，从20世纪80年代早期到90年代，该剧受到马拉维国民大会党政策的影响，在某种意义上成了该党统治的一个宣传工具。

三　音乐舞蹈

（一）音乐

马拉维的音乐传统非常悠久，传统音乐对现在的马拉维文化也有很强的感召力。马拉维的民间音乐也包括从南非移民过来的祖鲁人的音乐，以及在坦桑尼亚和其他地区信仰伊斯兰教的尧族人演绎的音乐，等等。许多部族有自己的曲调和舞蹈，音乐文化的多样性和地区性是马拉维音乐的一个显著特点。

音乐在马拉维的生活中意义非凡。尽管生活相当贫寒，但很多人通过音乐乐观地生活着，这也是马拉维的传统音乐得以传承和发展的原因之一。

在马拉维的一些部族中，传统的医药治疗方法也融入了音乐的因素。例如在图姆布卡（Tumbuka）族的人中，就是如此。一个完整的医疗团队包括了载歌载舞的预言家，被要求唱歌的病人，以及由另外一些族人扮演的被鼓声赶走的妖魔。在这些地区，医生让病人处于催眠后恍惚的状态然后开始治疗，音乐则是连接医生和病人的纽带，它使病人的治疗过程更能够受到医生的控制。所以，唱诗班的吟唱声、当地传统歌曲的对唱和锡制的带子的撞击声不仅仅出现在一些重要的宗教仪式上，它们也是马拉维神圣的治病救人方式的一个组成部分。①

在马拉维的音乐中，打击乐器使用最普遍。这些伴奏的器具具有很强的民族特色，而且绝大多数是由手工制作的，例如手抱鼓、马姆比利拉（mambilira）（类似于西方国家的木琴），等等。而马拉维的当代音乐深受南非的影响，吉他、电子贝司、架子鼓等被融入马拉维的现代音乐之中。

很多人士认为，马拉维的民间音乐在2002年达到了一个新的高度，众多的新老艺术家都发行了各自精彩的专辑，马拉维记者迪克森（Dickson Kashoti）盛赞2002年是马拉维音乐的丰收年。和很多国家的国民一样，马拉维年纪稍大的国民喜欢歌词中传递的信息，尤其是对马拉维一些社会问题的评述，而年轻一代则喜欢由艺术家们精心打造的音乐旋律。②

科维拉音乐（Kwela）流行于马拉维的市镇，在20世纪60年代达到了发展顶峰，它主要使用的乐器是长笛，再配上优雅的

① 和谐网马拉维部分。http：//www.harmonicity.com/world/world_ malawi.htm（last visited 8 March，2006）.

② 非洲统一网马拉维文化艺术部分。http：//allafrica.com/stories/200301020618.html（last visited 21 December，2005）.

摇摆乐。在科维拉音乐的发展过程中，出现了一大批著名的音乐家，如伊莱亚斯（Elias）等。

在马拉维现代音乐的发展过程中，涌现出了一大批杰出的音乐人，例如卡查姆巴（Kachamba）兄弟乐队、恩迪奇（Ndiche）和恩卡塔（ Nkhata）等等。

马拉维最著名的乐队是卡奇巴兄弟乐队，在长笛和摇摆乐的伴奏下，卡奇巴兄弟乐队诠释着自己对城市生活和音乐的理解。它是由丹丹尼尔和唐纳德兄弟 1962 年建立的。1967 年以后与澳大利亚著名音乐家格哈德（Gerhard Kubik）合作，达到了艺术生涯的顶峰。1970～1973 年他们带着吉他和口琴在非洲、欧洲和南美洲的很多城市进行了巡回演出。

恩迪奇是马拉维一名残疾的五弦琴和吉他演奏家，他被马拉维国民视为 20 世纪 50、60 年代流行文化的偶像，他在轮椅上演奏，他的音乐表现了马拉维南部地区移民工人的生活、马拉维城市生活的画卷，以及在农村地区传统与现代文明的冲突。

恩卡塔是这个时期马拉维又一著名的音乐家，他创作的音乐表现了马拉维人民的日常生活，深受广大人民的喜爱。同时，他还曾经加入过两只流行乐队，到非洲各地巡回演出，录制音乐，向非洲各国人民介绍马拉维的传统音乐。同时恩卡塔还是一位十分爱国的音乐家，早在 1960 年，他就创作了很多歌曲来支持民族独立运动。

从 20 世纪 40 年代末到 60 年代初期，伊诺克·埃文斯（Enoch Evans）是马拉维最受欢迎的歌手、词作者、吉他手。他录制的音乐主要是对时事的评论，马拉维联邦广播公司定期播出他的作品，在一些聚会地点或民众的家庭里也经常有他的音乐飘出。他的最著名的一首曲子“Infa Yilibe Citsoni”表现了殖民地政府非友善地对待马拉维人民，以及马拉维人民的不满与反抗。

（二）舞蹈

马拉维的传统音乐和舞蹈深深地植根于它的社会功用中，在马拉维，舞蹈在绝大多数的大型庆典中起着重要的作用。马拉维最有名的传统舞蹈是契瓦部落的吉尔舞（Gule Wamkulu），在跳这种舞的时候，人们必须戴着重重的雕刻面具，身披羽毛，皮肤着色。它反映了当地人对神灵的信仰，同时被认为是神秘社会的一种活动。在每年 7 月第一周马拉维的国庆日上，吉尔舞和其他的民族舞蹈都会被邀请表演。

奇瓦达舞（Chiwoda）是在马拉维湖区和北部地区的传统舞蹈，通常是由能歌善舞的妇女来表演。在马拉维没有获得民族独立以前，奇瓦达舞是广大人民群众表达爱国主义和唤起民族自决的重要形式之一。到班达总统时代，奇瓦达舞的内容又演变成为歌颂新政府和新生活。

在马拉维的南部地区提乔欧巴（Tchoopa）舞比较流行，它是 19 世纪从莫桑比克传入的。这个舞蹈再度表现了莫桑比克的移民到马拉维的情形。他们的舞蹈着装包括了精心设计的头部饰物，它代表了移民所携带的东西。一些舞蹈者还背着动物，代表了他们移民过程中带到马拉维的家畜。还有一些舞蹈的参与者握着树枝做成的方向盘，好像在驾驶。这种舞蹈在马拉维男人女人都能参与，通常人们在跳的时候连成一条线像蛇行移动，象征着每个人都在这一旅途中跟随着他前面的那个人前进。①

奔尼恩戈麦舞（Beningoma）在整个马拉维都十分流行，其中“Beni”是从英语“乐队”一词演化过来的，而“Ngoma”的意思是从模仿军队的铜管乐而来的一种击鼓集体舞。奔尼恩戈麦舞是 19 世纪 90 年代斯瓦希里（Swahili）地区的穆斯林模仿马

① USC 教育网部分。http：//www.usc.edu/dept/elab/oconnell/tchoopa.html（last visited 10 March，2006）.

拉维皇家海军编队所形成的，但直到第一次世界大战末，这种舞才开始被演绎出来。一战后，一些从前线回来的士兵和后勤人员将这种军队风格的舞蹈介绍到了马拉维民众的生活中。奔尼恩戈麦舞再现了军队的操练，军乐单调的旋律，等级森严的军队官僚制度，表现了对这些仪式和所谓纪律的嘲讽。直到今天，奔尼恩戈麦舞仍然在马拉维的绝大多数地区广泛流行。

在全国各地的奔尼恩戈麦舞的不同版本中，马拉维玛干达舞（Mganda）最有名气。它在恩贡德（Ngonde）、通加和契瓦等民族中还相当地流行。玛干达舞的一些舞姿同军队的队列表演相似，且在马拉维玛干达舞只能由男子来表演。现在只有尧族人还在奔尼恩戈麦舞中使用乐队伴奏，其他地方的人们已习惯于自己击鼓伴奏。

现在马拉维人民跳奔尼恩戈麦舞的时候，舞蹈着装有两种：一种仍然穿着军队的服装，这种着装仍然是最流行的，特别是在一些长者表演的舞蹈里面。但是，近些年来有一种趋势，在一些舞蹈团体里面人们穿着白色的衬衫和短裤，黑色的领带还有手表，然而这些装备在马拉维都属于相对奢侈品，所以这种舞蹈穿着仅在一些富有的阶层人们跳舞时才有。[①]

为复兴、保存、再现马拉维境内各民族传统的舞蹈文化，马拉维在1987年11月成立了国家舞蹈剧团，它的正式名称是黎明文化舞蹈团，是教育部工艺司的一部分。这个舞蹈团由22名男性和18名女性组成。它同时在某种意义上也是国家凝聚力的象征，因为它将国家不同种族的人联合起来，共同促进传统舞蹈的传承。该舞蹈团经常在一些重大的庆典登场表演，观众包括了参加国际性会议和研讨会的代表团以及当地的观众等等。

---

① USC教育网部分。http://www.usc.edu/dept/elab/oconnell/malipenga.html（last visited 10 March，2006）.

四　美术

马拉维的美术同样有很强的民族性，不同的民族有不同的表现手法和风格。它们相互独立但又统一于整个马拉维艺术的大家庭中。

马拉维的一些艺术家，其艺术造诣蜚声国内外。例如威利·纳姆派亚（Willie Nampeya）、米堤亚（Cuthy Mede）和查理·巴克利（Charley Bakari）等等，他们都是颇有名望的画家或雕塑家。除了马拉维大学艺术系以外，在国家博物馆和位于布兰太尔的法国文化中心都收藏了很多马拉维著名的艺术珍品。

在马拉维，很难将美术和手工艺严格地区分开，因为很多民间艺术家喜欢将自己的绘画和美术融入手工艺作品之中，艺术家鲍彻（Boucher）还专门建立了一个工作室，为当地的艺术家们提供交流的空间，并鼓励他们走美术和手工艺相结合的道路。①

马拉维和非洲很多国家一样，手工艺非常发达，手工艺品的生产和销售已经成为和当地旅游业相互推动发展的一个产业。木雕、石刻的工艺品非常多，出现了很多的民间雕刻艺术家，他们以当地美丽的自然风光或一些马拉维人民喜爱的动植物为素材，手艺相当精湛，马拉维湖区很多人都以此为生。此外，马拉维的陶艺、编织工艺也非常有名。

五　文化设施

（一）博物馆

马拉维有 4 个大型的博物馆，首推位于布兰太尔的国家博物馆，其次是马拉维湖博物馆，第三个是位于松巴

① http：//www.ambafrance-zm.org/4malawi/gb432.htm（last visited 25 December，2005）.

的米库于乡村博物馆，第四个是姆祖祖博物馆。所有这些博物馆都地处城镇，对一些农村居民，特别是想接受马拉维传统教育的小学生来说，就显得有些不便。因此，由于地理条件的限制，利用马拉维的博物馆对国民进行历史和文化教育只能限于一些受过较高程度教育和城镇的人们。①

马拉维国家博物馆坐落在布兰太尔，和其他的文化设施一样，它向国人和其他国家的人民提供更深地理解马拉维传统文化的机会。作为希望保持和发展马拉维传统文化的一个举措，马拉维国家博物馆还经常在学校和一些公共场合进行一系列的文化活动，以期使这些对乡村生活没有多大了解的人们能够对马拉维悠久的传统文化有一定的认识。马拉维国家博物馆还陈列了一些从北部非洲挖掘出来的恐龙化石，成为在非洲保存恐龙骨架化石为数不多的博物馆之一。

马拉维在曼戈切建立了马拉维湖博物馆，该馆展出的是一些马拉维湖附近的历史文化遗产，以及一些沉落在马拉维湖底的文物。

（二）图书馆

马拉维的图书馆最早建于大学。马拉维大学于 1965 年建立了图书馆系统。在南部和中部的布兰太尔、松巴和利隆圭 3 个主要城市已经发展成为 5 个高校图书馆和 1 个中心图书馆服务机构，收集了很多马拉维特色书籍和大量的视频、音频资料、电子资料，提供便利因特网上网服务和网上图书查询服务，提供在线研究资料查询，包括农业、医药、护理、工艺等学院的图书馆，总共藏书量有 45 万册，成为马拉维最大的图书馆联合系统。马

---

① 联合国教科文组织官方网站民族报道马拉维部分。http：//www. unesco. org/wef/countryreports/malawi/rapp. ort _ 1 _ 1. html （last visited 25 December, 2005）.

拉维的其他高等院校也十分重视图书馆的建设，成效也颇显著。现在许多马拉维的社会和语言学以及马拉维传统文化的研究都必须借助于马拉维国内各大学的图书馆。1967 年，马拉维制定了《国家图书馆服务法》，并建立了国家图书馆服务机构（NLS），以确保马拉维每个国民都能使用图书馆。该法令同时还要求成立一个委员会来确立国家图书馆服务机构的政策，对该委员会成员的产生也有具体的规定，即由社会公众推选，由教育部任命，并有一定的任期。该机构的总部和全国最主要的图书馆都在马拉维首都利隆圭，但在林贝、布兰太尔和松巴都有一些重要的分支机构，以面向全国服务。

国家图书馆服务机构通过它的总部和分支机构向整个马拉维国民提供免费的图书借阅服务。该机构收藏了马拉维发行的各种报刊、杂志，以及马拉维传统的文学书籍、艺术作品、各种马拉维方言作品，近些年还大批量地引进了电子类的和经济类的书籍。

国家图书馆服务机构还是马拉维图书发展理事会的秘书处，提出马拉维图书发展的政策提交政府审议。在编码基金的帮助下，它还在奇契瓦出版面向小学生的书籍。国家图书馆服务机构还积极探索与国际机构合作之路，例如与英国伯明翰资助儿童图书中心合作，保证马拉维的儿童接受义务教育的同时能够获得基本的书籍。

其它一些可以对公众开放的比较有名的图书馆有英国议会图书馆和美国信息服务中心，它们分别是在英国和美国政府的资助下建成的，都收藏了大量的视频资料和报纸。绝大多数的公立中学，所有的教师培训学院，比较大的政府部门和公司都拥有自己的图书馆，服务于它们直接面对的特定群体。马拉维境内还有专门的神学图书馆，例如圣·彼特神学图书馆和松巴神学院图书馆。[①]

---

① http：//www. inasp. org. uk/pubs/bookchain/db. cgi？db（last visited 27 December, 2005）.

在国际上，英国建立了支持非洲发展图书馆项目，南非、莫桑比克、尼日利亚、津巴布韦、马拉维等11个非洲国家的公共图书馆在他们的收费机制、新闻出版物的复兴等方面实行资源共享，并建立了包括这些国家在内的多家国家图书馆联盟协会，共同探讨非洲国家如何振兴图书馆的发展等问题。

（三）档案馆

马拉维国家档案馆是马拉维文学重要的收集、记录、保存的机构。许多记录和手稿，包括一些个人、重要的公司、小企业、利文斯敦传教团、布兰太尔传教团等珍贵资料都保存在那儿。同时它还收集了一些研究非洲和中非地区社会、人文发展的独一无二的资料。

马拉维国家档案馆在中部地区的利隆圭和北部地区的姆祖祖设有分支机构。1975年《国家档案馆法》和《出版物法》的出台，将它的功能扩大为图书馆和出版的功能。该馆出版了马拉维书目集，对政府工作人员和私人特别是研究人员和学者开放。但同样面临储藏空间不够的问题。

（四）文化和艺术中心

马拉维大型的文化和艺术中心位于木阿（Mua），20世纪80年代在此地建立了库恩戈尼工艺中心，展出了优秀的独具马拉维特色的艺术作品。

第四节　医药卫生

一　概述

马拉维公共卫生政策的目标是通过缩小疾病的影响范围及降低疾病死亡率来提高马拉维人的健康水平。这一目标需要通过发展公共卫生服务系统来实现，该系统的主要功能是改善健康状况，预防、减少并治愈疾病，保护生命安全，提高公共福利水平，以及提高马拉维公民的生产能力。政府计划扩大现有医院的规模并增加诊所数量，在只要可能的地方特别是那些现在还没有医院的地方修建新的医院，其目标是在全国范围内不断兴建地区医院，通过这一网络将健康服务扩展到全国。

到 1991 年为止，据估计 80% 的人口均享受到了主要的卫生服务。在马拉维的 25 个地区中都拥有地区医院，在利隆圭、布兰太尔、松巴等中心城市还拥有中心医院，其技术力量较强，除专家门诊外，还提供出诊和住院服务。在姆祖祖正在修建第四座这样的医院（共有 300 个床位）。利隆圭中心医院有专门的眼科和专用的透析医疗设备，布兰太尔的伊丽莎白女王中心医院有矫形外科，而松巴中心医院则有精神病科。

马拉维艾滋病例的增长引起了广泛的关注，同时疟疾和营养不良也是马拉维当局面临的主要健康问题。政府规定来自于传染病流行国家的游客必须持有有效的疫苗接种证明，并建议其接种预防疟疾的疫苗。最近的调查还表明在城市地区从事性交易的人口中 20% 是艾滋病毒携带者，而在农村地区则为 17%。解决这一问题的途径之一是政府制定对策，拟定计划以及确保与此相关的公共及非政府组织能够提供质量过关的服务。为达到这一目标，需要社会各方面各司其职，共同协作。尽管政府是健康服务的主体，但私人机构对公共卫生的参与也可以说是社会的一大进步，政府及私人机构均提供健康服务，很好的例子就是：马拉维基督医院协会（CHAM）及当地政府完成了很多本应由中央政府完成的确保国民健康的工作。除了新建医疗学校，马拉维基督医院协会还在马拉维的三个地区提供职业医疗培训，这在一定程度上缓解了医疗助手、护士和助产士缺乏的状况。①

① 马拉维政府官方资讯：经济。http：//www. maform. malawi. net/economy. htm (last visited 18 September，2005).

马拉维卫生部向国民提出要注意营养和卫生的计划，但在实施中经常受到国民知识层次和贫穷的阻碍。另外的阻碍因素是过高的人口增长率（每年3.2%）和马拉维政府对卫生事业的预算投入有限，以及预算资金的分配问题。马拉维将预算卫生资金的92%投入到了城市医院中，导致其他部门和医院所获得的资金太少。

二 医药行业发展历程

和非洲很多国家一样，马拉维的医药卫生事业基础非常薄弱，在发展过程中资金又十分短缺，以至于直到现在，国家的医疗体系都极为脆弱，国民还经常遭受霍乱等在其他国家不可能大规模流行的疾病的威胁。

在19世纪，西方传教士对马拉维医疗事业的发展起了一定的作用。传教士们将西方的医术和医药带入了马拉维，以至于在每座教堂的旁边都有一个医疗诊所，传教士们还在马拉维进行流行病的调查，教会学校培训出了马拉维第一批现代意义上的医疗人员。但当时人们治病就医还主要相信当地的医生，而且人们更愿意相信世代相袭的家族行医者。甚至到了20世纪后，虽然西方的医药在马拉维已被大量地引进，但人们还是更倾向于传统的医药和治疗方法。

在20世纪初，“英属中非保护地”当局才建立了民众可以寻求医疗帮助的医疗机构。在第一次世界大战之初，马拉维全境仅有5所医院，分布在卡龙加、松巴、代扎等地。到了1930年，在一定程度上得益于殖民地发展基金的专款78284英镑，马拉维的医疗机构得以稍稍扩大。4年后，一些新的医院在姆津巴(Mzimba)、卡松古、乔洛等地建立起来了，病房也有明显的增加，医院的床位也由原来的170张增加到634张。在松巴等地还出现了专门诊治欧洲人的医院。

在两次世界大战期间，马拉维医疗卫生服务的发展中断，战后很长一段时间内几乎没有建立新的医院，但是在许多农村地区，医疗卫生服务有所发展，一些由非洲医疗队负责的日间诊治中心建立起来了。

到了 1950 年，马拉维的医疗事业发展成果已比较明显，例如在尼亚萨兰地区有 250 万人口，政府的医疗机构中提供的床位已增至 1115 张。一战前在松巴建立的专门的精神病医院同期有了很大的发展，经过不懈努力，发生于 19 世纪末的天花、肺结核、瘴疠等流行病得到了有效控制。到了 1953 年，医疗服务成为政府的职责，在“中非联邦”当局的努力下，病房数和床位数又有了很大的增加，尽管如此，医院还经常是人满为患。

由于境内政局变动不稳等诸多原因，到马拉维 1964 年独立时，医疗工作者奇缺，全国只有 14 个医生为政府工作，而且其中只有一位医生是马拉维人，于是作为援助马拉维的项目之一，马拉维开始大量从以色列、英国、荷兰等国招募医生。同时，马拉维政府希望 20 世纪 60 年代初到国外接受医疗培训的学生能够回国，事实上，只有很少的学生能够回国为人民服务。于是马拉维政府只能自己大规模培养合格的医疗人才。松巴医院在相当长的一段时间充当了培训护士的基地，直到 1965 年，伊丽莎白女王医院内才又建立了一个培训国家注册护士的学校。马拉维在利隆圭地区建立了医疗人员培训学院，它和其他许多教会医院一起，培养了相当多的医疗工作人员，他们中许多人至今还在马拉维的医疗战线上发挥着骨干作用。

20 世纪 70 年代，在世界卫生组织（WHO）的建议和安排下，一项旨在发展健康服务的计划在马拉维得以执行，它有 3 项主要内容：在农村地区医疗机构的增加和扩大；对现有废旧医院的替代和革新；一个指导疾病预防中心工作的通信网络的建立。1977 年，在利隆圭建立起一座新的拥有 250 张床位的综合医院。

同年还建立起了一座新的医疗辅助人员培训学校，它极大地缓解了临床医生和药剂师等人员的紧缺状况。

1986～1987 年间，马拉维医疗行业出现欣欣向荣的局面：4 所新的医院开业；医生可以在国外继续深造；许多政府和教会医院继续培训护士、助产士、医生等。但随着马拉维人口的增加，医生短缺的现象日渐突出。经计算，一个医生要为约 5.3 万人提供服务。1988 年马拉维大学建立的医学院部分地解决了医生短缺的问题。

在 20 世纪 90 年代早期，马拉维政府开始了一项雄心勃勃的十年健康计划，以期通过该计划的实施，达到为每 5 万个国民建立一个初级的医疗中心（也就是农村医院），为每 1 万个国民建立一个次一级的医疗中心，每 2000 个国民配备一名专业医疗人员。在这个计划中，同时还强调扩大母亲和儿童的医疗服务是一个亟待解决的问题。在 1989 年婴儿死亡率是 15%，十年健康计划中提出应将婴儿死亡率降到 11%，但是 20 世纪 90 年代以来，艾滋病、疟疾普遍流行，使得婴儿的死亡率反而升至 17.8%，短期内将婴儿死亡率降低几乎不太可能，以至于世界卫生组织的官员对此也不持乐观的态度。为控制本国人口数量，十年健康计划中同时包括提高避孕用具使用率的内容。

虽然马拉维同时也接受了国外的援助来执行该计划，但限于国内的经济水平和医疗人员的缺乏，尽管政府也想全力推行该项计划，但是它并没有能够得到很圆满的执行。

20 世纪 90 年代马拉维货币马拉维克瓦查的一度贬值，更引起了一些基本的药品和医疗器械价格的飞涨。一些医院和医疗中心甚至连最基本的治疗普通感冒的药品都匮乏。但同时，却有一些医疗卫生部门的高官时而因腐败和玩忽职守受到指控。

到了 1998 年，新政府修改了健康计划，它在强调初级医疗服务重要性的同时，提出了保持健康一揽子计划（EHP），其中包括扩大接种免疫服务、生殖健康和营养工程等一系列计划。保持健康一揽子计划提出人均每年药品和疫苗的费用必须保持在1.25美元，由农村社区管理的可支配性药品基金，必须在每个诊所都建立起来，以确保政府医疗还没有顾及的20%的人口能够进入医疗机构治疗。在地区和专门医院收费的标准和范围等制度在该计划中建立起来了，同时在政府医院里私人病房的有效与合理的收费制度也得以确立。①

据统计，马拉维目前拥有2所中央医院、2所综合医院、21所区级医院，平均1000人拥有1.3张床位。在2001~2002年，马拉维政府用于医疗卫生费用占国民生产总值的5.8%。人均寿命44岁。②

三　艾滋病状况

和很多非洲国家一样，马拉维也是经常疾病流行，严重影响了马拉维国民的健康。肺炎、疟疾、肠胃炎、贫血症、麻疹、肺结核分别是马拉维不同时期人口死亡的首要原因。近些年流行的艾滋病更使马拉维落后的经济水平和国民生活雪上加霜。

马拉维的艾滋病病例最早在1985年被发现，早些时候的调查发现在城市地区准母亲和献血者中有2%的人艾滋病毒检测呈阳性，到1987年此项比例上升到8%，1990年为23%，到了20世纪末，马拉维15~47岁的国民中有13%的人艾滋病毒的检测呈阳性。

起初马拉维政府对艾滋病并没有予以足够的重视，采取防止

① Owen J. M. Kalinga, Cynthia A. Crosby, *Historical Dictionary of Malawi*, the Scarecrow Press, Inc. Lanham, Maryland, and London, 2001, pp. 153~156.

② 中国外交部官方网站 http://www.fmprc.gov.cn/chn/16137.html (last visited 18 May, 2005).

其蔓延的措施也不是很有力。但随着感染的人数越来越多，以及世界银行和世界卫生组织敦促当局保持足够的警惕，政府才通过广播和报纸向国民告知艾滋病的危害和其预防途径。大学和全国各地的剧社巡演了防止艾滋病相关主题的戏剧，医疗人员也召开了相关防治艾滋病研讨会。妓女和一些性交易高发人群是艾滋病教育的重要对象。安全套的使用问题在以前是一个比较禁忌的话题，现在也可以被公开地加以讨论。在一些公共场合，预防艾滋病的宣传画和标记被明显地张贴出来。

到 20 世纪 90 年代中期，艾滋病在马拉维广泛蔓延，每年成千上万的 15～45 岁的青壮年死于艾滋病，造成本国的劳动力锐减，许许多多的家庭支离破碎。国家的经济发展丧失了正值最能创造社会财富年龄的劳动力。因此，在马拉维孤儿院成为社会稳定的重要组成部分，但是那些遭受了艾滋病不幸但仍幸存下来的婴儿也并不是每一个都能被这种家庭延伸系统所吸纳。

在马拉维，生下来便携带了艾滋病病毒的婴儿数量也在急剧增加，已达警戒线的比例。医院也不能救治那些患了艾滋病而并发其他疾病的父母。西方那种昂贵的艾滋病患者的治疗费用对绝大多数马拉维人来说是不可企及的，对马拉维政府来说，也拿不出相应的资金来很好地解决这个问题。

艾滋病对马拉维的影响甚为严重，尤其是在医疗卫生和国民家庭生活方面。

1. 艾滋病对于医疗卫生事业的影响

艾滋病的蔓延增加了就医的人数，而对艾滋病的治疗费用要比多数别的疾病高，其结果是产生了一系列的社会问题。从医疗的角度看，政府面临着至少三方面的窘境：兼顾治疗艾滋病病人与预防艾滋病毒感染，兼顾艾滋病病人的治疗和其他病患的治疗，兼顾医疗支出和其它支出的平衡。维护国民的健康是政府的责任，同时劳动力的充足与健康对于经济的发展至关重要。

1992 年，一个艾滋病患者在马拉维一年的医疗费用约为 143 美元。如果假定 65% 的成人艾滋病患者得到了治疗，那么 1992 年医疗经费中用于艾滋病患者的治疗费用将达到 460 万美元。这笔费用是马拉维卫生部医疗卫生预算的 20% 。若得到治疗的艾滋病患者的比例保持 65% ，那么随着艾滋病患者数量的增长到 2000 年需要 2800 万至 4000 万美元用于治疗。这笔费用占到了马拉维卫生部医疗卫生预算的 27% ~38% 。1993 年，马拉维用于治疗一个确诊或疑似艾滋病患儿童的年花费为 59. 33 美元。在这笔费用中，药物费用为 4. 8 美元，其余为治疗人员的工资。据统计，1993 年艾滋病成为曼戈切医院的常见病例，曼戈切医院死亡病例中很常见的致死原因也是艾滋病。艾滋病病人的平均住院时间为 18. 7 天，医院病床因而紧张。从整体上来看，在中心医院和地区医院中，平均每 5 张病床要接待 8 个病人。1999 年中，艾滋病或与其相关病患占据了马拉维医院床位的 70% 。

2. 艾滋病对家庭经济的影响

只要家庭成员中有一人不幸感染了与艾滋病毒相关的疾病，整个家庭因此而受的影响会立即开始显现：患病者的收入丧失（该病人通常是家庭主要的劳动力）；家庭中用于治疗的费用大幅度增加；家庭中的其他成员，通常是女儿或妻子，将旷课或减少工作时间来照顾病人

如果患病者死亡导致的又是：劳力减少造成收入的永久丧失；丧葬的费用；子女辍学以节省教育支出并增加家庭劳力，这反过来又造成未来潜在收益的严重丧失。

最新的研究表明，每年新发的艾滋病例将成倍增长，总人数由 1998 年的 64260 人增长至 2005 年的 99400 人，到 2015 年将达 136350 人。每年新增的儿童艾滋病病例使儿童病例总人数由 1998 年的 14500 人增加至 2005 年的 21240 人，2015 年将达到

25510人。该项研究同样显示出，马拉维的孤儿由1998年的25万人增加至2005年的66万人，2015年将达到100万人。相对于普通孩子，孤儿享受的医疗和教育的机会更低，例如，最近的一个人口统计和健康调查发现7~14岁孤儿的入学率仅为39%，而双亲家庭儿童的入学率为60%，孤儿的健康状况也甚让人担忧。由于贫困家庭不得不将有限的收入用于医疗，因而疾病的流行将导致贫困率的上升。

针对艾滋病的影响，家庭应对的方法之一是让家庭成员出外受雇为临时劳力，虽然这一办法有助于弥补因受疾病影响家庭经济活动减少而造成的收入损失，但却夺走了除患病者外家庭仅余的劳动力，因而也存在一定的负面影响。

一项最近的研究通过对123个农民家庭的每周追踪调查揭示了艾滋病对于家庭食物保障的影响。在该研究中给出了各家庭如何应对疾病、死亡和社会责任的历史情况。研究通过计算现金收入和玉米产量来衡量家庭食物保障的情况。研究者发现由于艾滋病增加了家庭的压力，家庭中用于应付饥荒的正常的资源再分配和储备措施都受到了严重的影响。[①]

到了20世纪末，马拉维已经成为非洲艾滋病感染者最多的国家之一，人均寿命也由原来的52岁下降到44岁。马拉维政府扩大了预防艾滋病教育的范围，在保持健康一揽子计划中也突出强调了预防艾滋病的重要性和相关措施问题。

四　霍乱之灾

马拉维近几十年来发生了两次大规模的霍乱，首次发生于1970年，该次霍乱是从莫桑比克传入马拉维的，

① 《马拉维AIDS/HIV防治策略和成效评估报告》(2000)。http://www.policyproject.com/byTopic.cfm/HIV (last visited 28 February, 2006).

恩桑杰（Nsanje）地区首先受到了威胁。随后殃及铁路沿线和北希雷河地区，接着波及整个马拉维湖区。到了1974年几乎马拉维全境都有疫情发生。

2002年年初爆发了马拉维历史上最严重的霍乱，造成至少1000多人死亡，全国近4万人患了霍乱，占成年人总数的10%。严重的粮荒是霍乱病得不到控制的主要原因，许多人营养不良，抵抗力下降，使霍乱大肆蔓延。卫生设施严重缺乏也是一个重要原因。根据官方统计，马拉维全国总共1100万人口中，35%的人得不到清洁饮用水，将近20%的家庭没有厕所。污水处理并不能令人满意，饮用水经常受到污染。联合国儿童基金会的统计表明，在马拉维，有一半疾病是饮用不洁净水所致。另外，艾滋病泛滥也加重了霍乱疫情，使患者的抵抗力进一步下降。2002年马拉维的人均预期寿命已降到40岁以下，马拉维卫生部门在全国大部分县城和乡镇搭建了临时帐篷，对霍乱患者进行隔离治疗，但是由于缺医少药，收效甚微。

五　国际援助

在马拉维签订的多边和双边协定中，很多国家以及一些非政府组织愿意为马拉维的医疗卫生事业的发展提供援助，在这些国家和机构的帮助下，家庭医疗服务计划、儿童的健康和培训马拉维自己的防疫工作人员这些问题得到了充分的重视。儿童的接种、痢疾和疟疾的防治以及足够的营养计划是这些援助中的重点。

国外的民间机构也纷纷帮助马拉维解决问题，例如志愿者团体在农村地区进行宣传和咨询，告诉人们艾滋病的预防方法，帮助艾滋病人树立生活下去的信心，他们还帮助社区如何将已经获得的防治知识转化到实际行动中去。志愿者们的工作收效明显：他们建立了80个援助团体，为6个社区的艾滋病人服务，对 226 个社区进行家庭治疗的培训，建立基金使 9 个艾滋病流行严重的村庄的人们能够获得治疗艾滋病的药品。志愿者奋战在抗击艾滋病的最前线，他们帮助建立社区儿童照顾学校，为那些患艾滋病的孤儿进行如何谋生的教育，以及一些必要的营养知识。还有的志愿者监督马拉维艾滋病检测和咨询人员的培养。

六　民间医疗团体

马拉维国内医疗系统中有两个重要的民间医疗团体：其一是马拉维草木医生联合会，它为传承马拉维的民间医术做出了重要的贡献；另一个是马拉维基督教医院协会。

马拉维草木医生联合会成立于 1963 年，它是传统非洲医药开业医生组成的最大的医疗自治组织。根据联合会的章程，该会在卫生部登记注册，每个会员自行决定对所医治的各种疾病收取的费用。马拉维大学鼓励草木医生联合会的会员对他们配制的草药进行试验，那些积极响应的医生将被授予证明书和奖状。作为一个很好的收集农村地区医疗状况信息的活动，马拉维卫生部要求联合会的医生必须填写一系列的表格，陈述各自的医疗活动。

马拉维基督教医院协会（CHAMA）成立于 1965 年，前身是马拉维私立医院协会（PHAM）。它是由 21 个医院、38 个初级医疗中心、76 个次一级医疗中心、13 个相关的医疗培训学校组成。从 1978 年开始，马拉维政府为协会受聘的专业人员发放薪金，使协会的成员能够有能力聘用合格的医务人员。但是，从 20 世纪 90 年代末开始，马拉维政府宣布它不再对医务人员的报酬进行补贴，于是一些医院和医疗机构在担心它们是否能够维系下去。

第五节 体育

一 体育机构与设施

马拉维主管体育发展的政府机构是教育、体育和文化部，这一机构 2000 年更名为马拉维体育和文化部。建立之初，其职责是行政管理、执行国家在这些领域的政策和为促进马拉维体育事业的发展提供支持。第一任部长为摩西·多斯(Moses Dossi)，他以前曾担任过 BBC 体育记者。上任以后，莫西·多斯就设立了一项体育运动诚信基金，重塑运动员的职业道德。

马拉维体育和文化部为促进马拉维境内体育事业的开展，实施了两项体育发展计划：（1）体育行政机构服务计划。以此来推进马拉维体育活动高质量的开展和体育设施的发展与完善，提高国际社会对马拉维体育的理解与认同。（2）学校体育发展计划。当然这是一个长期的设想，计划以此来推进马拉维学校体育运动的发展，同时为马拉维竞技体育的腾飞储备人才。

实践证明，马拉维体育和文化部的这两项体育发展计划收到了预期的良好效果，为马拉维体育事业的发展起到了一定的作用。①

马拉维首次参加奥运会是 1972 年在德国慕尼黑举办的第二十届奥运会。

在马拉维，国家提供的体育设施很少，现代化的体育设施一般都是由各俱乐部提供，例如布兰太尔俱乐部就提供多种很好的

① 马拉维政府官方网站 http：//www. malawi. gov. mw/sports/sportsprio. htm（last visited 18 February，2006）.

体育设施，包括网球场、壁球室、保龄球馆、游泳馆，等等。

马拉维的国家体育馆坐落在布兰太尔，又称为卡穆祖体育馆，现更名为奇奇里（Chichiri）体育馆，可以容纳5万名观众。在这里，举行过非洲杯等大型赛事。①

二 体育项目

足球是马拉维最普及的体育项目，在每个区、每个村庄都能看到正在踢足球的人们。2002年，马拉维成为众多转播英超联赛的国家和地区之一。马拉维足球协会（FAM）管理着全国的足球赛事和足球俱乐部。每个俱乐部和足球联盟都必须加入马拉维足球协会，遵守它的章程。同时，马拉维足球协会是国际足协（FIFA）和非洲足协（CAFA）的成员。在它的协调和统筹下，马拉维成功地参加了非洲国家杯、非洲俱乐部杯和世界杯预选赛的比赛。

马拉维的足球曾经创造了比较好的战绩。1974～1984年，两次赢得东部和中部非洲足球联赛的冠军，在1984年还进入了非洲国家杯的十六强。但在20世纪90年代以后，马拉维国家队的表现已不如七八十年代那样令人满意。但是马拉维国内的一些俱乐部队，如联合队和猛虎队异军突起，表现相当令人满意。

漫步者足球俱乐部是马拉维最富有实力和最具知名度的俱乐部，它曾称雄于马拉维足坛长达40年的时间，多次捧得国家杯，经常代表马拉维参加地区性和洲际的足球比赛，包括非洲俱乐部杯、非洲足球冠军杯的比赛。该俱乐部乐于出售自己的冠名权，反映了体育的商业运作。如在20世纪80年代，由于一个烟草公司的赞助，漫步者足球俱乐部的名称前加上了林伯（林贝）叶子烟草公司的名称。到了90年代，俱乐部更名为电信漫步者俱

① http：//www. snash. org/doav/9508/diary. htm（last visited 18 February，2006）.

乐部来反映它的赞助商。许多马拉维有名的政界、学界和商界人士都是漫步者俱乐部的会员。俱乐部的总部坐落在国家体育馆旁的马卡塔（Makata）大街上。

另外，马拉维的拳击运动开展得较为普遍，但作为竞技体育，它的水平不是很高。板球运动、田径运动、橄榄球运动也有一定的开展。在马拉维体育方面令人不可思议的是，高尔夫球运动在一些地区开展得很好，这得益于马拉维优越的自然条件。布兰太尔运动俱乐部和在利隆圭市中心的利隆圭运动俱乐部最为有名，该俱乐部开展的是18洞的高尔夫球项目。利隆圭高尔夫球俱乐部还与非洲的其他大型的高尔夫球俱乐部如南非、赞比亚以及英国苏格兰的高尔夫球俱乐部有很好的合作关系。

马拉维每年都会在马拉维湖上进行游艇赛，吸引了来自国内外的大量观众。同时，马拉维湖也是一个适合开展潜水运动的胜地。

第六节 新闻出版

一 报纸和通讯社

马拉维历史上第一份真正意义上的报纸——《中非殖民者》报是由传教士创办的。在1895年，布兰太尔传教团的一名非神职人员的传教士海因德（R. S. Hynde）创设了《中非殖民者》报，但是该报纸起初的立场是拥护帝国主义和欧洲殖民者在本国的剥削活动。两年后，该报改名为《中非时报》，每两周一期。在1909年，该报更名为《尼亚萨兰时报》。在整个殖民主义年代，该报一直是维护欧洲殖民者在马拉维的利益，抨击和反对民族独立思潮的重要工具，虽然在此期间该报经常被不同的利益集团所控制。《尼亚萨兰时报》的名字一直沿用

到1964年，后改名为《马拉维时报》，出报的频率也改为每周两期。直到1969年4月，班达总统个人购买了布兰太尔印刷和出版公司49.7%的股份，成为该报的所有者，该报为殖民主义者服务的局面才完全改观。从此以后，《马拉维时报》开始跟随政府的脚步，到20世纪80年代初，班达总统掌握了布兰太尔印刷和出版公司更大的股份份额，该报完全和政府的观点一致。从那时起，《马拉维时报》改成日报的形式发行，更增加了国际新闻的内容。

马拉维报业鲜明地呈现出其为政治服务的特点。1959年，马拉维国民大会党发行了《马拉维新闻报》，这种报纸同样也是由布兰太尔印刷和出版公司负责出版的，出版的时间为每周六。这就意味着当时马拉维仅有的两种发行覆盖全国的报纸都在马拉维国民大会党和政府的控制之下。幸运的是，在马拉维民主运动的影响下，《马拉维时报》和《马拉维新闻报》都在致力于改变现状。

一些追寻民主化的组织也在1992年底开始创办自己的报纸。《马拉维金融工作》是其中出现的第一份报纸。其后，马拉维民主联盟（AFORD）的官方报纸《马拉维民主报》面世了，《新闻速递》、《公民报》、《财经观察家》等报纸纷纷在马拉维发行，所有的这些报纸都支持联合民主阵线党。

在这些报纸中，《守卫者报》的立场倾向于马拉维国民大会党，而《独立报》则名副其实，在政治体制改革中发挥了重要的作用。由于马拉维国民大会党在国家政治生活中的失意，使得拥护它的《马拉维民主报》、《马拉维金融工作》等报纸的影响力和发行量都下降，《民族报》和《时代日报》两种日报作为主流观念和意识形态的宣扬者在国家中的地位上升。当时，作为政治体制改革时代的特征之一，很多马拉维无畏的漫画家在报纸上通过漫画的形式对政治、社会和经济问题等进行了无情的批判。

比较著名的有“城市老鼠”系列、“乡村老鼠”系列、“计算机的流言”系列。在马拉维，言论表达自由的理念逐渐被政府和民众都接受了。

《民族报》是后班达总统时代马拉维最主要的报纸。它于1992年由阿莱克·班达（Aleke Banda）发起设立，创设这种报纸的目的是为了对本国的政治体制改革有一个舆论上的支持和导向作用。在1994年马拉维大选中，该报发挥了重要的作用，它的论调始终和联合民主阵线党保持高度的统一，联合民主阵线党终于如愿以偿地赢得了大选的胜利，并于同年6月组织了新政府。阿莱克·班达成为新政府的农业部长。此后，虽然该报偶尔也抨击一下政府的政策和举措，但在绝大多数情况下是与政府的论调保持一致的。2003年3月，阿莱克·班达与联合民主阵线党分道扬镳，创办了人民进步运动，主张彻底改变马拉维恶劣的经济状况。阿莱克·班达赢得的支持还得归功于他拥有的《民族报》。

此外，马拉维的周报有：《每周文摘》、《联合民主阵线党新闻》、《每周新闻》、《马拉维新闻》、《调查者》等。同时应该指出，不管是在殖民主义年代还是后殖民主义年代，一些教会同时还出版了周报，如在奇契瓦发行的《库安尼卡（Kuanika）的长老制》、在英国和奇契瓦发行的《非洲报》。

从某种意义上说，马拉维的新闻自由一直受到了很大的压制。马拉维实行严格的新闻检查制度，所有这些杂志、报纸都无一例外要接受“马拉维新闻局”的严格检查和监督，一旦出现反对总统和反对政府的言论，立即查封。班达时代，此种情况尤为严重。民主化运动以后，这种压制新闻自由的例子比比皆是。在1998年，两名反对党的记者因被指控煽动武装推翻政府而被逮捕。数日后，罪名正式成立，指控者说报道危害社会秩序和公共安全，试图颠覆政府。

马拉维的官方通讯社是创办于1966年的马拉维通讯社。

二 广播、电视

（一）广播

马拉维的广播事业起步于1941年，它是在部分非洲人追求娱乐和教育西化过程中的产物。当时，中非广播服务中心同时用英语、奇尼扬加地区的方言等7种语言广播。

到了1949年，当越来越多马拉维人能够买得起当时流行的像炖锅样形状的收音机时，中非广播服务中心的节目特别流行。当时的节目包括了教育类、当地娱乐类等节目，从而造就了一批国内的剧作家。当时的很多节目就像老朋友和亲戚的问候一样在民众中有相当大的亲和力。广播节目的导播和编辑还经常就节目的收听率在听众中进行调查。

很多马拉维国民通过中非广播服务中心了解国内外时事，通过收听爵士乐和其他流行音乐，对世界上文化的多样性有了感性认识。马拉维的很多音乐家如恩卡塔等就是通过广播而被人们所认识和喜欢的。

在1953年以前，中非广播服务中心始终受到在殖民地中流行的种族主义观点的影响。1954年，政府接管了中非广播服务中心，然后将它更名为联邦广播公司（FBC）。虽然被政府接管后的很多节目都保留了下来，但是，很多马拉维人根本不喜欢更改后的广播公司的不符事实的报道方式，并认为从本质上来说该公司就是一个宣传工具。就连广播公司的总裁米歇尔（Michael Kittermasterye）也因为抗议和拒绝接受那种报道方式而辞职。

但是，随着中非联邦的解体，中非广播服务中心被马拉维广播公司（MCP）所取代，它的许多设施和绝大部分人员重组构成了马拉维广播公司。英、德、美三国帮助一些当地人员进行培训，以适应马拉维广播公司的发展需要，同时，这些国家分别在不同的时期，向马拉维提供了广播装备以及电波发射器。

随后在马拉维广播公司的节目中，增加了马拉维函授大学课程的内容、农业知识指导性节目，以及一些对各学校进行介绍的节目。同时一些当地作家所写的一些戏剧和诗歌也在广播节目中加以播放，当然在广播节目中新闻和音乐节目是少不了的。总之，马拉维广播公司的广播节目与以前相比，无论在数量上还是在质量上都有很大的提高。

但是到了马拉维国民大会党执政时期，马拉维广播公司的自治性有了很大的倒退。公司的管理层一直习惯于政府的安排，节目力求做到不与政府的观点和立场相违背。例如，不管班达总统的演讲或文章多长，马拉维广播公司总是作现场直播，晚上还要重播一遍，以确保马拉维国民都能听到。这些还以法律的形式规定下来，《马拉维广播公司法》对反对政府言论的广播作了严格的限定。因此，马拉维广播公司就成为马拉维国民大会党反对不同政见者意见的工具。

在 1994 年政府更迭之后，关于废止《马拉维广播公司法》和重新起草《通讯法》的呼声越来越高。呼吁者要求在该法中规定建立一个马拉维通讯调整机构，其性质是一个通过向通讯机构提供许可证的方式对其加以管理和控制的独立机构。他们希望通过这些举措，马拉维广播公司能够重新变成一个真正的自治和对不同政见包容开放的机构。

但是即使到了 2000 年，实现这些改变的议案还是没能通过。《马拉维广播公司法》仍在发挥着效力。因此，很多马拉维的在野党始终在抱怨联合民主阵线政府在广播传媒方面的过度控制。

马拉维广播公司现在还是用英语和 6 种马拉维主要的当地语言奇契瓦、图姆布卡、隆韦、塞纳、尧和通加语通过短波调幅、中波调幅和 FM 向马拉维全国播送。此外，马拉维还有 5 个私人的广播电台，它们从利隆圭、布兰太尔和曼戈切向马拉维境内传输着信号。[①]

（二）电视

马拉维电视台在1999年4月建成开播，当时马拉维电视台每晚在播放一些国外的电视节目后，播出两个各两小时的当地节目，在马拉维全境，卫星电视也已开始使用。在此之前，地处东南部非洲的马拉维是世界上仅有的几个没有电视台的国家。

不幸的是，马拉维电视台2002年3月10日夜间被一场大火烧毁，电视台的控制中心、演播室和监控室化为灰烬。但仅经过4天的抢修，在马拉维政府以及联合国教科文组织等机构共同努力下，电视台就迅速地恢复播出。为了防止火灾再次发生，国家向电视台和马拉维广播公司增派了警卫力量。[②]

三　图书、期刊

（一）图书

马拉维图书出版业的繁荣很大程度上要归功于马拉维教育部一些基金对小学和中学课本出版的资金支持。除了学术性很强的《卡奇雷（Kachere）》杂志、一些宗教和政府的出版物外，由于资金的限制，马拉维很少有专著是通过当地的私人出版商出版的。一些国际性的出版公司，如朗文、牛津大学出版社等对马拉维出版市场了解得也比较深刻，纷纷加入其中，为马拉维图书市场的繁荣和马拉维学者、作家出版自己的作品和论文提供了很好的渠道。此外，许多马拉维作家在海外出版了自己的作品，如非洲作家丛书系列以及朗文（Longman）作家图书系列等。但是，当地的图书出版公司，例如出版了马拉维作家精

---

① http：//www. maform. malawi. net/business_ hours. htm（last visited 18 October, 2005）.

② http：//www. ambafrance-zm. org/4malawi/gb460. htm（last visited 28 February, 2006）.

品系列的大众出版公司，成为马拉维英语文学最主要的出版商。

马拉维现有3家出版社，分别是：马拉维基督教文学联合会出版社，该出版社在布兰太尔，主要出版英语和奇契瓦语的普通书籍和宗教著作；利库尼报刊和出版社，该社设在利隆圭，主要出版英语和奇契瓦语书籍；大众出版社，该社设在林贝，主要出版普通书籍和宗教书籍。马拉维的这3家出版社都要受制于设在松巴的“政府印刷局”的管理。

马拉维的出版业竞争非常激烈，但是通过马拉维图书出版协会，出版商的利益得到了有机的协调。马拉维图书出版协会建立于1996年，为保护马拉维国内出版商的利益，马拉维图书出版协会现在的工作包括为教育部出版教材，实施一项旨在加强协会内部团结和合作的计划。该协会和马拉维图书销售者协会联系得比较紧密，它们共同促进了马拉维图书市场的繁荣。①

（二）期刊

马拉维发行的第一份期刊《生活和工作》最早在1888年面世，它是以新闻为主要内容的，定期在尼亚萨兰和赞比西河地区发行，由克莱蒙特·斯科特（Rev. Clement Scott）发起兴办，由布兰太尔传教团出版公司出版。《生活和工作》杂志包括了诸多领域的内容，如教会工作、植物学、农业、人类学，等等。当时它还涉及一些政治领域的问题，特别是英国当局在该地区的统治问题。在1892年更名为《英属中非国家的生活和工作》。该期刊时常抨击英国殖民者的政策和统治的方式，遂引起了英国殖民当局的不满。为对抗其在民众中的影响，英国统治马拉维湖区的最高行政长官亨利·约翰斯通（Harry Johnston）也出版了自己的杂志“BCAG”，但随着形势的发展，此种杂志演化成宣布立

① http：//www. inasp. org. uk/pubs/bookchain/profiles/Malawi. html（last visited 8 March，2006）.

法和政府命令的出版物。

同样在马拉维，不管是在殖民主义年代还是后殖民主义年代，一些教会同时还出版了期刊。比较有名的是《黎明的女神》杂志。它是由利文斯敦教会的传教士罗伯特（Robert Laws）博士创办的，它由教会组织负责印刷。它记录着孔多韦（Khondowe）地区和利文斯敦的周边地区的发展。它的内容还有关于政治发展的评论、人类学和历史类的相关文章。该杂志系列目前成为马拉维殖民地早期历史的重要研究参考文献。

马拉维现有期刊多种。《博马·拉图》（Boma Lathu），由信息部主办，出版于布兰太尔，是使用奇契瓦语的月刊，发行量8万份。《这是马拉维》（Chitukuko Cha Amayin'Malawi），也是由信息部发行的奇契瓦语月刊，发行量为1.2万份。情报部出版的《这是马拉维》（This is Malawi）是英语月刊，发行量1.2万份。《库马尼卡》（kuunika）是用奇契瓦语出版的月刊。《马拉维政府公报》（Malawi Government GAzette），是由政府印刷局出版的周刊。《马拉维新闻》，是用英语和奇契瓦语出版的周刊，发行量为13500份。《莫尼》（Moni），是用英语和奇契瓦语出版的月刊，发行量4万份。《莫约》（Moyo），是由卫生部出版的英文月刊。《奥迪尼》（Odini），是罗马天文教会出版的英语和奇契瓦语周刊[①]。

此外，马拉维为促进人文科学的研究，还举办了《财经经济评述》、《人类学》、《马拉维语言学》、《马拉维社会研究》、《马拉维宗教研究》和《马拉维艺术杂志》等期刊。马拉维自然科学杂志有：《马拉维园艺学》、《马拉维科学与技术》、《马拉维医学期刊》，等等。[②]

① 葛公尚主编《万国博览·非洲卷》，新华出版社，1999，第643页。

② 斯坦福大学相关网页 http://www-sul.stanford.edu/depts/ssrg/africa/coop/lcnairobiserials2002~2003.html（last visited 8 March，2006）.

第六章

外　　交

第一节　外交政策

一　概述

马拉维独立后才逐渐在国际舞台上扮演自己独特的角色，有了自主的外交政策选择。独立后的马拉维奉行“自由选择，不结盟和中立的政策”，与近50个国家建立了正式外交关系。但是，作为一个内陆小国，由于经济困难，资源缺乏，技术和资金短缺，马拉维的外交政策都是以自身的生存利益为出发点，推行实用主义外交。马拉维的政治体制也对其外交政策有很大的影响，在班达时代，马拉维一直实行终身总统制。班达的长期执政，使得马拉维社会的各方面都深受其个人意志的影响。到1994年5月马拉维才通过临时宪法规定，实行多党制，并取消总统终身制，总统为国家元首，任期5年。马拉维的外交政策也受到长期殖民统治的影响，带有强烈的后殖民国家的特色。纵观马拉维的外交策略，可以看出它经历了一个由政治外交向经济外交转变的过程。在班达时代，由于受到二战后世界冷战格局的影响，马拉维的外交重点在西方国家，同社会主义国家及其他国家和地区都十分冷淡疏远。当南部非洲许多国家仍未获得

独立时，它与白人种族政权保持密切的经济、政治联系。当南部非洲许多国家赶走了殖民者，它与邻国建立友好睦邻关系，与南非种族主义政权疏远，为自己国家的经济建设创造一个良好的外部环境。它还积极与发达国家建立友好关系以争取到更多的经济和技术援助，以加快本国的经济发展。20 世纪 90 年代后，在全球经济发展和一体化的趋势下，马拉维也开始注重同各方面发展友好关系，以利于扩大其自身的发展空间，增强自身实力。

二　班达时代的外交政策

（一）对西方国家的政策

马拉维独立后，海斯廷斯·班达担任终身总统。在班达作为政府首脑的时代，马拉维始终奉行三大外交原则：一是不干涉其他国家的内部事务；二是根据马拉维自己的国家利益来决定对各国的态度；三是欢迎任何国家对马拉维进行援助。

但在实际上，按照班达的意图，马拉维的外交政策一直都是亲西方的。从 1964 年起，班达总统控制了马拉维的外交事务，马拉维除了和西欧、美国以及一些非洲国家关系密切外，几乎和别的国家就没有什么联系了。在作为独立国家参加的最大的国际组织联合国中，马拉维也是一直采取支持西方的态度。马拉维总是试图同西方国家在战略上保持一致，比如在以色列问题上，1967 年“六五”战争和 1973 年“十月战争”后，非洲 29 个国家都相继与以色列断交了，只有马拉维、南非、斯威士兰、莱索托与以色列保持外交关系。班达一直保持着明显的亲西方的立场，他只接受西方国家提供的援助。这与班达本人在美国受的高等教育有关，但更重要的原因是，作为一个内陆贫穷国家的政府首脑，班达必须把马拉维的经济利益同它的政治地位联系在一起考虑。西方一直是马拉维最重要的贸易伙伴，马拉维每年都要向美国、欧盟国家出口烟叶、蔗糖等大量的农产品，可以说，发达国家掌握着马拉维的经济命脉。

马拉维从1964年独立以来，就获得了大量西方国家的援助，特别是受英国的援助最多，英国不仅出钱帮助马拉维弥补财政赤字，还直接为它实施乡村发展计划。其他的贷款主要来源于加拿大、日本、德国、丹麦、美国、以色列、南非、中国台湾省和世界银行等国家、地区和国际金融机构。南非的贷款主要用于纳卡拉（Nacala）铁路的扩建以及新首都利隆圭的建设。加拿大资助马拉维发展铁路以及铁路沿线的居民迁移。中国台湾省的援助主要是在水稻种植项目方面。而渔业发展的帮助主要来自丹麦。德国人帮马拉维人修公路，而美国人则主要援助马拉维的公路建设、教育事业和社区发展。在军事方面，澳大利亚、比利时和南非支援给马拉维许多专门的设备。法国和德国为马拉维培养了飞行员，并且为马拉维空军提供了现代的装备。还有一些军事上的援助来自于美国。[①] 由此可以看出，发达国家给马拉维带来了巨大的利益，马拉维得以在西方发达国家的帮助下缓慢地开始它的现代化进程。

（二）对邻国的政策

在处理同邻国的关系中，马拉维也有自己的特点。1964年马拉维独立时，班达选择了与南非、津巴布韦以及莫桑比克和平共处的外交政策，而当时的南非和津巴布韦都是处在西方白人的统治下，莫桑比克则处在葡萄牙的统治下。班达还主动地同英国、葡萄牙等国修好，而其他非洲国家，当时由于亚非民族解放运动在如火如荼地展开，都对白人和白人统治怀有深切的仇恨。班达这样的战略很大程度上是出于本国经济上的需要，班达希望

① Owen J. M. Kalinga, Cynthia A. Crosby, *Historical Dictionary of Malawi*, the Scarecrow Press, Inc. Lanham, Maryland, and London, 2001, pp. 136 ~ 137.

通过这样的做法可以增加马拉维到南非去的劳工人数，并且增加到马拉维来的旅游人数，而尤为重要的是保持住同南非的贸易关系。

班达对南非采取著名的“对话”政策，班达非常敬畏南非强大的军事力量，考虑到自己和其他的非洲国家都没有机会用武力反抗南非的种族隔离政策，所以班达在 1967 年 9 月同南非建立了外交关系。然而其他国家可能会认为，对付强邻的最好策略就是保持中立，但是班达却希望他能够使马拉维成为非洲黑人统治地区和白人统治地区的桥梁。班达分辩说，采取这样一种对南非的开放外交政策，并不意味着他支持南非的种族隔离和压迫。在他是一个年轻人的时候，他自己也亲身经历过这种压迫与歧视的痛苦。班达希望能够带来一种外交政策上的新变化，而这种变化不是由于武力征服或者经济制裁造成的。班达一贯坚持反种族歧视的态度，他在多次演讲中公开对南非政府进行批评，并且鲜明地表达出自己的三大立场，即反种族歧视、反共产主义、支持西方。但是班达却认为应该用对话来取代武力冲突，因为那种做法对非洲的其他国家来说是没有成效和利益的。

班达这种对白人统治下南非的态度，遭到了非洲许多国家的耻笑，而且不被非洲统一组织（简称非统组织或非统）所认可。非洲统一组织希望所有的成员国都能积极地支持反对殖民统治的民族解放运动。从宏观上说，班达并不太赞成非统组织的这一政策，他尤其反对以歧视性的禁运或以武力为手段来解决南非问题。班达还嘲笑非统组织的许多战略，比如实施外交压力、援助解放运动，等等，这样的一种立场，使得班达并不能很好地迎合许多其他非洲国家的领导人，并且渐渐地使马拉维在非洲大陆中处在一种孤立的地位。尽管如此，马拉维还是在 1980 年成为南部非洲发展协调会议和东南非洲共同市场优惠贸易区的创始成员国之一，而这两个组织在成立时都不接受南非。班达自己认为他所做的一件重要的事情就是把莫桑比克、安哥拉、罗得西亚和南非联系在了一起，这同葡萄牙或英国统治者的联合是不同的，它是非洲人自己的联合，班达始终强调南部非洲的团结力量。

马拉维同莫桑比克、津巴布韦和赞比亚等其他邻国的关系却在很长时间内非常紧张，其原因是多方面的，一是由于莫桑比克和赞比亚支持被班达打败的马拉维的流亡政要，而更重要的是受到了马拉维同南非关系的影响，这些邻国不愿意和班达一样对南非采取合作与协商的态度，它们认为南非的种族隔离政策非常令人痛恨，而且南非本身也是对非洲其他国家的威胁。马拉维同邻国关系中还有一个纠缠不清的问题，就是双方对各自内政的态度。1964 年马拉维发生的内阁危机，对它与邻国的关系也产生了冲击。马拉维三位内阁官员，由于不满班达的独断，而被班达解职，三人出逃坦桑尼亚，并得到了坦桑尼亚的庇护。班达木人也因此开始受到邻国的抨击，马拉维同邻国的关系恶化。与此同时，由于马拉维出于自身利益的考虑，也总是在邻国的内乱中保持暧昧的态度，比如他曾支持莫桑比克反政府的游击队力量。班达不愿意因为邻国的是非而使马拉维自身受到损失。

还有一个重要的方面影响了马拉维同它的邻国关系，就是边界的划分，尤其是对马拉维湖的划分，使得这几个邻国之间摩擦不断。马拉维于 1964 年独立后，班达总统就提出对整个马拉维湖的要求，称马拉维湖属古代马拉维王国的范围。到 1968 年 9 月，执政的马拉维国民大会党召开会议时，他又进一步向邻国提出领土要求。他认为，马拉维的真正边界应是东到印度洋，南抵赞比西河（Zambezi River），西达卢安瓜（Luangwa）河，北至松圭河以南 150 公里处。班达总统提出的这个边界，据说正是古代马拉维王国的边界，其范围包括今天属于坦桑尼亚、赞比亚和莫桑比克的相当一部分领土。这自然要引起这三个国家，特别是当时已经独立了的坦桑尼亚和赞比亚的强烈反对。1968 年 9 月

26 日，坦桑尼亚副总统卡瓦瓦向在达累斯萨拉姆聚会的群众宣布，班达总统之所以能提出这样的要求，是由于得到南非、南罗得西亚和葡萄牙政府的支持。9 月 27 日，坦桑尼亚和赞比亚两国总统决定共同对付马拉维的扩张主义。边界纠纷还引起了其他政治纠纷，边界纠纷和政治纠纷交织在一起，使马拉维同邻国之间的关系在 20 世纪 60 年代末和 70 年代初达到了相当紧张的地步。不过，从 1978 年起，在没有外来干涉的情况下，本着睦邻友好的精神，马拉维和坦桑尼亚两国官员和专家就边界问题进行了多次磋商和实地勘测。1981 年 10 月，双方在坦桑尼亚边境城市基埃拉举行部长级会议，达成了确定两国新边界走向的初步协议，从而为最后解决两国争论多年的边界问题铺平了道路。随后，赞比亚、莫桑比克也分别与马拉维举行了类似磋商，以解决彼此的边界争端。虽然南部非洲的这几个邻居相处并不愉快，但是马拉维同这些国家的经济上的联系从未断绝，这些邻国始终是马拉维重要的交通渠道和贸易伙伴。

（三）对社会主义国家的态度

班达十分仇视共产主义，他追随西方国家，态度坚决地反对社会主义国家。因此马拉维始终都没有和中国政府建交，但是却和台湾当局建立了所谓的“外交关系”。马拉维独立时，马拉维政府同时邀请中国政府与台湾当局参加独立庆典，我国政府未派代表出席。台湾当局给予马拉维大量的经济援助，马拉维也支持台湾当局重返联合国。班达反共产主义的态度十分强硬，他不愿与其他社会主义国家交往。但是从 1985 年开始，马拉维的外交政策发生了一些变化，它承认了社会主义的罗马尼亚和阿尔巴尼亚，三年后又承认了朝鲜民主主义人民共和国。但是这些同东方国家的接触并没有从实质上影响到马拉维的外交重心，马拉维始终坚定地保持着亲西方的外交政策，并且坚决拒绝任何社会主义国家在马拉维设大使馆。然而，对这两个东欧社会主义国家和朝鲜民主主义人民共和国的承认毕竟对马拉维还是有着重要意义的，因为它拉开了马拉维同东方国家交往的帷幕。

（四）马拉维参加的国际组织

马拉维是联合国的成员国，除了联合国和其专门机构，马拉维还参加了其他一些国际组织。其中尤为重要的是非洲统一组织。非统组织对马拉维的政策影响较大，马拉维也在非统组织中发挥着较大作用，它参加了非统组织的许多行动，包括非洲国家的解放独立运动、共同防御与安全，以及反饥荒、经贸交流活动等。非统组织在农业、教育、卫生等方面给予了马拉维很多帮助。在非洲联盟成立以前，由于马拉维艾滋病情况严重，非统组织减免了马拉维的许多债务，所得款项用于抗艾滋病斗争。在班达时代，马拉维还在世界银行和国际货币基金组织中赢得了地位。

三　穆卢齐时代的外交政策

在班达时代之后，马拉维依然在外交上保持着同西方的友好态度，它同美、英、德和日本签有双边援助计划。但情况也并非总是一帆风顺，在 2001 年，由于马拉维高层腐败现象严重及马拉维拖延进行私有化进程，美、英和丹麦等国家都停止了对马拉维援助。2002 年初，为解决西方部分国家冻结对马拉维援助的问题，巴基利·穆卢齐总统先后前往美、英求援。长期的西方战略一方面给马拉维带来了巨大的利益和机会，另一方面也使马拉维对西方国家的依赖过深，在许多事情上受制于人。

班达的后继者在政策选择上还是有了变化。巴基利·穆卢齐总统是一个穆斯林，所以他同伊斯兰国家建立了密切的关系，这之中包括利比亚、沙特阿拉伯和伊朗。穆卢齐政府还重视与亚洲和北非地区其他国家发展关系。1998 年，马拉维和马来西亚建交。同年，穆卢齐总统访问利比亚、科威特和苏丹。2000年，穆卢齐总统再度访问苏丹，寻求与苏丹在石油方面的合作。2002年7月，利比亚领导人卡扎菲访问马拉维，答应为马拉维建一所拥有300张床位的医院。特别值得一提的是，在穆卢齐总统的努力下，马拉维终于和俄罗斯建立了正式的外交关系。到目前为止马拉维已经与50多个国家建交。

在穆卢齐时代，马拉维的对外关系开始奉行睦邻友好和不结盟外交政策。在这一政策基调之下，穆卢齐政府开始重视改善和加强同邻国的关系。1994年5月下旬，穆卢齐总统就职不久便出访莫桑比克、津巴布韦、博茨瓦纳和赞比亚四国，马拉维与博茨瓦纳和津巴布韦签订了专门贸易协定。1998年马拉维总统和外长分别出席了南部非洲发展共同体首脑会议、非洲统一组织首脑会议和南部非洲精明伙伴对话会议。1998年，穆卢齐总统访问南非，两国签订双边贸易协议，并商定在交通、教育、贸易、卫生等方面开展合作。1999年6月和10月，津巴布韦、赞比亚、莫桑比克总统、斯威士兰国王以及莱索托首相出席了穆卢齐总统的第二任就职典礼和婚礼。2000年，穆卢齐总统访问了赞比亚、津巴布韦两国，并与莫桑比克达成合作开发铝矿及电力的协议。马拉维还与莫桑比克建有“纳卡拉发展走廊”。

在穆卢齐的领导下，马拉维成为一个非洲事务和国际事务的积极参与者。作为非洲统一组织的成员，马拉维全力支持非统组织，并且还参加了非洲维和行动。从1994年起，马拉维时常派军效力于联合国驻扎在卢旺达、刚果（金）和东欧国家的观察员部队。2001年，穆卢齐总统轮值南部非洲发展共同体主席，积极参与调解刚果（金）和平进程、津巴布韦土地危机等问题。2001年10月31日，穆卢齐还到布琼布拉参加了布隆迪过渡政府的成立仪式。2001年7月，马拉维议会正式批准了关于非统组织成立非洲联盟的章程草案，使非统组织的53个成员国中，正式批准这一章程的国家达到了47个，为非统组织正式向非洲联盟过渡奠定了基础，加速了非洲国家一体化的进程。2002年7月，穆卢齐总统与利比亚领导人卡扎菲会晤，两国表示支持巴勒斯坦人民的民族自决和建立独立的巴勒斯坦国的权利，要求以色列从被占领的巴勒斯坦领土撤军，呼吁国际社会和平解决中东问题。

在经济方面，穆卢齐总统参加了南部非洲发展协调会议和自由贸易区的所有大会，他自己也多次担任这两个组织的主席。马拉维还是非洲经济委员会、非洲发展银行、南部非洲发展共同体、东南部非洲共同市场、不结盟运动和国际奥委会等国际组织的成员国。1994年12月8日至9日，东南部非洲共同市场首次首脑会议还在马拉维首都利隆圭召开，会议正式批准了《建立东部和南部非洲共同市场条约》，宣布共同市场正式成立，选举马拉维为该组织首届主席国。东南非洲共同市场给了马拉维更多的发展机会，马拉维同邻国的经济联系得到了加强，南非就把某些国内劳动密集型工厂搬到了马拉维。成员国还在共同水道、能源、毒品贩运、交通、通讯、气象、采矿、教育等方面签订了议定书。2001年8月，南部非洲发展共同体第二十一届首脑会议也在马拉维的布兰太尔召开。马拉维也表达了强烈的迎接新世纪变化的愿望。

四　穆塔里卡现政府的外交政策

穆塔里卡上台以来，应对因反腐败引发的国内政治斗争一直是其工作的重心，因此，穆塔里卡现政府在外交方面基本上沿袭了穆卢齐政府的外交路线，依然重视同西方国家保持着传统的友好关系，同时注意改善与周边国家以及南部非洲国家的关系，积极参与区域组织与地区共同市场的建设。比较重要的外事活动有：

2004年12月15日，马拉维总统穆塔里卡、赞比亚总统姆瓦纳瓦萨、坦桑尼亚总统姆卡帕和莫桑比克总统希萨诺在马拉维首都利隆圭正式签署协议，决定正式启动促进四国共同发展的姆特瓦拉发展走廊计划。姆特瓦拉发展走廊计划从1998年即开始酝酿，其目的是通过改进本地区的道路、电力、通讯等基础设施，增加贸易和投资，从而促进本地区的发展。四国已初步确定的项目包括：建设从坦桑尼亚海滨城市姆特瓦拉到马拉维湖边的输油管道，通过赞比亚向马拉维和坦桑尼亚出口电力，以及修建连接赞比亚、马拉维和坦桑尼亚的跨境公路。

2005年4月18日，津巴布韦举行国家独立25周年庆典大会，应津巴布韦总统穆加贝的邀请，马拉维总统穆塔里卡出席了大会。应邀出席庆祝活动的还有博茨瓦纳总统莫哈埃、刚果（金）总统卡比拉、纳米比亚总统波汉巴、坦桑尼亚总统姆卡帕、赞比亚前总统卡翁达，安哥拉、莱索托、莫桑比克、毛里求斯、尼日利亚、斯威士兰等国的政府官员以及非盟、东部和南部非洲共同市场和联合国的官员等。

2005年6月3日，穆塔里卡出席了在卢旺达首都基加利举行的东南非共同市场第10届首脑会议，并发表了讲话。本次会议为关税同盟制定了新的时间表，确定2008年底之前建立关税同盟。

第二节　同美国的关系

马拉维同美国的联系始于20世纪初。当时马拉维人约翰·奇莱姆维（John Chilembwe）曾到美国学习，而美国人约翰·布思（John Booth）也曾积极鼓动美国的基督教团体到马拉维去发展教会组织。许多基督教团体，比如安息日会和浸信会，都在马拉维人的生活中扮演着重要的角色。奇列维自己领导的一个叫做"工业省"的教会也主要是依靠在非洲的美国人的支持，包括伦敦·奇克（Landon Cheek）和艾玛·德拉尼（Emma DeLany）。马拉维第一任总统海斯廷斯·班达也是在美国受的高等教育，美国对他的影响非常深刻，特别表现在他在外交上采取强硬的反共产主义的政策。

在马拉维独立之初，马拉维同美国的关系非常亲热，但是不久两国关系发生了一些倒退，这主要是因为班达驱逐在马拉维的美国和平队。其实在许多事情上，马拉维政府都是支持美国的，包括美国在越南挑起的战争等，这完全和班达的反共产主义倾向有关。1987 年班达访问美国，他在印第安纳大学和曼哈里医学院受到了隆重的礼遇，因为早年他曾在这两所学校里就读。

美国对马拉维的援助包括许多领域，有教育方面的特别是高中和大学教育，以及教师培训等相关项目，还有医疗卫生、金融改革、经济结构调整，以及交通业的发展等等。[①] 美国为马拉维培养了大量的人才。

在班达时代之后，马拉维还是和美国保持着密切的联系。但是因为新总统巴基利·穆卢齐是一个穆斯林，他同利比亚、苏丹等阿拉伯国家的亲密关系，使得马拉维受到了伊斯兰原教旨主义的影响，这引起了美国人的恐慌。尽管后来穆卢齐总统表示马拉维奉行不结盟的外交政策，但是美国人对此还是深表怀疑。

然而，马拉维在这些年经常遭受饥荒的困扰，民众的生活几乎没有任何起色，2002 年马拉维还爆发了大规模的霍乱和腺鼠疫，艾滋病也严重威胁着马拉维国民的生命健康，在这些灾难面前，克林顿和布什政府还是给予了大规模的食品和药品等方面的人道主义援助。2002 年，马拉维遭受严重的饥荒，有 500 多人

---

① Owen J. M. Kalinga, Cynthia A. Crosby, *Historical Dictionary of Malawi*, the Scarecrow Press, Inc. Lanham, Maryland, and London, 2001, pp. 393 ~ 394.

在这场饥荒中饿死，美国给予了马拉维大量的粮食援助。但是美国援助给南部非洲国家的粮食中，并没有表明是非转基因作物，因此，出于对本国人民健康的考虑，包括马拉维在内的南部非洲的许多国家都明确表示，拒绝让美国的援助粮食进入国内，他们宁可忍受缺粮，也不要美国的转基因玉米。

经济方面，美国日益成为马拉维的重要贸易伙伴，对马拉维加工出口品，美国给予免关税待遇。美国通过《非洲增长与机遇法案》以后，马拉维成为受惠国，其纺织品出口到美国不受限额和关税的约束。但是马拉维的经济受美国的控制也很深，马拉维几次提出退出美国的《非洲增长与机遇法案》执行计划，但是都遭到了美国政府的反对。

2001 年，美国遭受恐怖分子袭击后，曾经一度关闭了驻马拉维的大使馆，以加强防范。2003 年，美国总统布什访问非洲，虽然马拉维不在布什非洲之行的路线之中，但是它的邻国南非和博茨瓦纳是布什要访问的国家，因此马拉维政府积极配合这些国家，准备迎接布什的访问。在布什到来之前，马拉维政府就同美国中央情报局合作，逮捕了 5 名为恐怖分子的“基地”组织募集资金的嫌疑犯。马拉维就是这样一直努力地与美国修好，以希望能够得到这个世界头号强国更多的恩惠。

第三节　同欧盟国家的关系

一　同英国的关系

在西方国家中，马拉维同英国关系的渊源最为深厚。英国对马拉维进行了长达 70 年的殖民统治，独立之后的马拉维也一直留在英联邦内。马拉维国徽中间的狮子图案表示马拉维在历史上与英国的关系非同一般。

1964 年马拉维脱离英国的殖民统治独立，但马拉维仍不能离开英国的帮助而独立发展。海斯廷斯·班达依然保留了英国籍的劳工，他说在把马拉维人培训到能够取代他们的位置之前，他是不会把这些英国劳动力赶走的。英国人比马拉维人自己更加支持这种老道圆滑的非洲政策，这也成为引起 1964 年内阁危机的因素之一。

班达对资本主义世界的倾向，使英国保持住了在马拉维的经济利益。英国始终是马拉维最主要的欧洲贸易伙伴，此外，英国还是马拉维最主要的军火供应国，这使马拉维同英国的关系更加密切。马拉维在独立后遭遇到了很大的财政赤字，这一状况的好转很大程度上靠的是英国援助。并且英国还在许多项目上向马拉维提供定期的发展贷款，这些项目包括农业、教育、住房和林业等等。马拉维的人权组织、宗教组织以及其他许多非政府组织都得到了英国的支持，因此它们热烈地拥护政府在 20 世纪 90 年代进行的一系列政治体制改革。这种人民和政府的亲和关系一直维持到班达时代之后。虽然马拉维很大一部分援助来源于英国，但是这种援助主要采取实物的形式，而直接的资金投入却不多。

需要提及的是，英国政府的援助有时也会让统治者十分为难。例如为改变马拉维落后的交通状况，加强基础设施建设，英国皇家工程院在马拉维的许多地方帮助修建了铁路，包括在尼卡高原的奇蒂帕（Chitipa），以及在曼戈切（Mangochi）地区，但这些地区有许多的持不同政见者和莫桑比克全国抵抗运动的游击队，他们对修筑铁路不断进行阻挠，英国政府就威胁马拉维说，如果不能解决这些问题，英国将撤回对马拉维的援助，班达政府对此事颇感棘手。

穆卢齐总统上台后，马拉维仍然同英国保持着密切的联系，英国政府一如既往地在教育、医疗、卫生、农业、通讯工程等方面给予马拉维以较大的帮助。英国还在近几年筹划建立了支持非洲发展的图书馆项目，帮助马拉维、南非、莫桑比克、尼日利亚、津巴布韦等11个非洲国家的公共图书馆在它们的收费机制、新闻出版物的复兴等方面实行资源共享，共同探讨非洲国家如何振兴图书馆的发展等问题。由于马拉维的医疗水平非常低下，因此经常爆发各种瘟疫，20世纪70年代起，马拉维麻风病曾相当流行，在世界卫生组织的大力支持下，马拉维展开“国家麻风防治计划”。以英国为主的医护卫生人员来到马拉维投入防治工作，创办了一些麻风病院。英国还为马拉维培养了一些医护人员，每年都有很多的马拉维人到英国的医学院就读。同时，英国政府还数次给予马拉维无偿的资金援助。英、马两国的贸易往来频繁。在1999年，马拉维总统穆卢齐还几次私人赴伦敦度假。2001年12月，英国宣布将减免包括马拉维在内的世界上最贫穷的41个国家总计14.3亿美元的债务，条件是这些国家把原来应偿还英国债务的资金用于医疗保健教育和缓解贫困。英国在马拉维的经济和社会生活中一直扮演着重要的角色。

二　同欧盟其他国家的关系

作为马拉维亲西方外交战略的一部分，马拉维和欧盟各国一直保持着相当友好的关系。马拉维每年向欧盟国家出口茶叶、烟草等大量农产品。马拉维的官方媒体经常就欧盟各国的政策和立场进行大量正面报道。法国、德国、丹麦等国为马拉维的发展提供了大量的贷款，丹麦还帮助马拉维发展渔业，德国帮助马拉维修筑公路，加强基础建设。在军事方面，英国是马拉维最大的军火供应国，法国和德国还为马拉维培养了几批飞行员，并为马拉维空军提供了现代装备。

欧盟一直给予马拉维大量的人道主义支援。马拉维近年来时常遭受饥荒和流行病的骚扰，欧盟各国政府也都及时给予马拉维政府相当数量的粮食、食品、药品，以及生活必需品方面的援助。2001年6月，欧盟向包括马拉维在内的南部非洲6个缺粮国家提供3000万欧元的援助。欧盟代表处在一项声明中说，这笔资金中的大部分是用于购买粮食赈济灾民的，其余资金是用于向5岁以下孤儿提供医疗服务和改善供水设施的。同年，欧盟还特别向马拉维提供了2900万欧元的粮食援助。2001年11月，南部非洲地区遭受了严重旱灾，近1300万居民受到饥荒的威胁，其中以马拉维、津巴布韦和赞比亚情况最为严重。欧盟向南部非洲地区提供3.1亿欧元的援助，主要用于上述三国，用以缓解该地区因旱灾导致的人道主义危机。据统计，2002年，欧盟、美国、日本等国共向马拉维提供约4700多万美元的援助，主要用于执行《减贫战略三年计划》。[①] 2002年12月，欧盟又向正在遭受严重饥荒的马拉维提供3000万美元的援助，以帮助营养不良的儿童、孕妇及正在哺乳期的母亲。欧盟发表声明说，这些钱将用来购买600万公斤玉米，并在将其加工成玉米粉的过程中添加进营养物质和维生素等。

第四节 同中国的关系

1964年马拉维独立时，中国政府曾致电视贺和承认，马拉维政府邀请中国政府参加独立庆典，但由于它同时邀请了台湾当局，故中国政府未派代表出席。这一时期班达始终没有直接在与中国的关系问题上作出决策。1964年8月，马拉维内阁外交部长坎亚马·丘梅（Kanyama Chiume）曾与当时中国的特使何英在达累斯萨拉姆进行了一次会面。班达曾明确地表示他确实需要更多的时间来考虑中国问题，但班达却渐渐地表

① 中华人民共和国外交部官方网站 http：//www. fmprc. gov. cn/chn/16137. html（last visited 18 May，2005）.

现出与共产主义国家敌对的倾向。尽管如此，他还是在 1964 年 12 月联大召开之前发表了支持中国重返联合国的讲话。但是几个星期后，他撤回了对中国的支持。从此后，马拉维政府就公开地支持台湾当局在联合国的地位。

1966 年 7 月，马拉维同台湾当局建立了所谓的“外交关系”。台湾当局在马拉维设立了“大使馆”，并且开始在这个国家积极活动。班达总统在任职期间曾多次访问台湾。马拉维现政府中不少政要也应邀访问过台湾。马拉维与台湾当局之间签有“通航协议”。台湾在马拉维承建大型水利灌溉工程、农业技术等项目，主要是在水稻种植项目中给予一些人员和技术上的支持，并且在马拉维建立了一些示范农场。

1992 年，中国政府同马拉维开始新的接触。同年 9 月，中国驻津巴布韦大使应邀访问马拉维；10 月，中国红十字会向马拉维赠送了1500 吨玉米，支援马拉维的抗旱救灾。1994 年，马拉维大选后，联合民主阵线政府表现出想要和中华人民共和国重新发展外交关系的意向。中国国家主席江泽民致电祝贺穆卢齐当选总统，并表达了中国愿在和平共处五项原则的基础上同马拉维建立并发展友好合作关系的愿望。同年 10 月 6 日，中国常驻联合国代表李肇星在联合国大会期间会见马拉维外长布瓦纳利。就在这一年，也是有史以来第一次，马拉维内阁派官员访华。1995 年 1 月，中国驻津巴布韦大使顾欣尔应邀非正式访问马拉维，中国红十字会向马拉维赠送 30 万美元现汇供其购粮救济灾民。7 月 31 日至 8 月 10 日，马拉维不管部长应中国对外友协邀请访问中国。9 月，马拉维政府代表团参加在北京举行的联合国第四次世界妇女大会。10 月中国贸促会副会长崔玉山率中国经贸代表团访问马拉维。同月，中国对外友协向马拉维“脱贫计划”捐赠 200 台缝纫机。1996 年 1 月，中国外交部部长助理吉佩定在出席南部非洲发展共同体部长级磋商会议期间会见马拉维农业部部长汤姆森（Tomson），6月中国驻津巴布韦大使刘贵今访问马拉维，9月马拉维议长蒙岩耶姆贝出席在北京举行的第九十六届世界议联大会，会后应我国外交学会的邀请访华；同月，国务委员兼国务院秘书长罗干在哈拉雷出席世界太阳能高峰会议期间应约会见了马拉维副总统马莱韦齐。1997年12月，马拉维主要新闻单位记者访华。1998年1月，马拉维新闻部长姆帕苏（Mpasu）访华。2000年9月，马拉维常驻联合国代表居瓦耶伊访华。2002年6月，马拉维驻日本大使奇卡戈访华。2003年10月，马拉维派代表作为观察员参加了在埃塞俄比亚举行的中非合作论坛第二届部长级会议。2003年，中国与马拉维的贸易额为1079万美元，基本全为中方出口，主要有纺织品、服装等，中方从马拉维进口少量木材及烟草等。

很多人以为这些举动也许表明马拉维在不久的将来可能会像南非那样同中华人民共和国建立外交关系，当然这也就意味着同台湾当局决裂。但是马拉维却同台湾当局的关系越来越密切了。

20世纪90年代以来，台湾当局在马拉维的活动越来越频繁。1992年台湾贷款给马拉维购买一架波音737飞机。1999年6月马拉维大选后，钱复以所谓的“中华民国监察院院长”身份专程赴马拉维出席穆卢齐总统的就职庆典。同年12月，马拉维总统穆卢齐应邀访问台湾。1995和1996年穆卢齐曾两次访台。2000年5月，马拉维副总统赴台湾出席陈水扁的所谓“就职仪式”。近年来，马拉维不断为台湾当局“重返联合国”说项。2001年，马拉维同几个非洲国家联合签署了支持台湾“参与”联合国的提案。2002年2月，台湾当局“外交部副部长”访问马拉维，向马拉维提供了6000万美元软贷款，用于其公路建设，还向马拉维捐赠了一批医疗设备。陈水扁担任台湾当局所谓的“总统”后，2002年6月出访非洲，进行“互助合作关怀之旅”。陈水扁亲自到马拉维，赠给马拉维30万美元粮食援助，扩大在马拉维的玉米示范田面积，并答应为马拉维培训更多医护人员等。陈水扁还与马拉维总统在总统府签署了有关经贸交流的“联合公报”。台湾当局在马拉维大搞“金弹外交”，试图通过这种手段来拉拢马拉维，以保证马拉维在国际上长期支持台湾当局。

台湾当局对马拉维的“外交”从20世纪70、80年代的“水稻外交”转变为现在的“医疗外交”，这是同马拉维国内这些年传染病不断、艾滋病在本国极为盛行的严峻形势密不可分的。例如，台湾当局1998年6月开始在位于马拉维北区的首府姆祖祖（Muzuzu）的市中心筹建姆祖祖中心医院，该医院是一所拥有300多张床位的现代化医院，于2000年8月竣工。台湾当局还派出了专门的医疗小分队赴该医院指导当地的医护人员如何使用现代化的医疗器械和设施。[①] 同时，台湾当局还向马拉维派遣了专门的医疗队伍，指导当地人如何远离艾滋病和其他严重传染病的威胁，还给马拉维提供了大量的药品援助。正是因为台湾当局这些年一直对马拉维提供援助，马拉维才一直不断为台湾当局重返联合国游说，但每次都没被联合国大会列入大会的正式议题。马拉维还在台湾当局加入世界卫生组织等问题上为台湾当局游说。

台湾当局和马拉维还有宗教方面的联系。马拉维人口中有55%都信仰基督教，因此同台湾基督教团体的交往非常频繁。1995年台湾长老教会首次跟马拉维的教会接触，长老教会总会议长等多位牧师前往马拉维访问，并与中非长老教会进行接触。1996年，大安教会也拜访了马拉维的可马大会。1998年大安教会再度派员前往马拉维，随行的建筑师为当地的教会规划、协助

① 雅虎台湾个人网页 http：//home. kimo. com. tw/sharongogogo/fortaiwan10/new_ page_ 17. htm（last visited 8 May，2005）.

建教堂，并积极筹措占总金额的2/3 的款项。2000 年 6 月，台湾教会捐赠医疗器材给可马大会附设医院及姆祖祖中央医院。台湾埔里基督教医院也捐赠价值400 万美元的医疗器材给马拉维医疗院所。马拉维的儿童及青年合唱团，也在2000 年 12 月来到台湾进行一连串的演唱活动。

第五节 同南部非洲和周边国家的关系

一 同南非的关系

从19 世纪恩戈尼（Ngoni）人迁入赞比西河北部开始，南非就同马拉维建立起了紧密的关系。在 19 世纪 80 年代，第一批尼亚萨兰学生从布兰太尔和利文斯顿尼亚教区到南非的列维代尔（Lovedale）去学习，而列维代尔是当时苏格兰自由教会设在南非东开普（Eastern Cape）省的教育中心。在 20 世纪初，尼亚萨兰同莫桑比克一样，成为南非飞速发展的采矿业和农业所需劳工的集散地。南非劳工部通过签订短期合同，征集了成千上万的尼亚萨兰人到南非去，还有很多人是自己到南非去的，他们在南非从事各种各样的职业，比如家庭保姆、厨师、酒店招待等等。在南非，劳工的征召主要是通过威特沃特斯兰德本地劳工协会来进行的，这一劳工输入的过程一直持续到 20 世纪 80 年代。

南非和马拉维早期另外一项重要的联系就是南非对马拉维人才的培养。在 20 世纪 50 年代，许多马拉维人，包括亨利·契彭贝尔（Henry Chipembere）和奥顿·奇尔瓦（Orton Chirwa）都来到南非的福特·黑尔（Fort Hare）大学学习，而这所大学本身也因为后来培养了南非的许多领导人而声名大噪。马拉维同南非之间的经济往来一直非常频繁，在独立后，马拉维同南非签订了一

系列经济贸易协议，南非的许多公司到马拉维投资，南非政府还向马拉维提供贷款，可以说除了英国，南非对于马拉维的经济利益最大。正是因为这样的关系，决定了马拉维对南非的外交政策走向。

马拉维于1967年同南非建交，这是当时非洲唯一与南非有外交关系的国家。由于南非实行种族隔离政策，世界上绝大多数国家都对它实行经济、政治和文化上的制裁。马拉维的行为当然引起了国际社会强烈的谴责，但是海斯廷斯·班达分辩说，他有充足的经济上的和政治上的理由让马拉维同南非亲近。班达的目标主要是要获得南非对新首都利隆圭的建设援助，以及修筑纳卡拉铁路的援助。马拉维向南非靠近的其他经济上的动机还包括扩大出口和发展马拉维的旅游业等。马拉维鼓励更多的南非企业到马拉维进行投资。南非的许多专业人士在马拉维各行各业中担任要职。

班达还指出，暴力不是改变白人和黑人关系的关键手段，而同南非进行对话却可以促成改革。他的对话策略以及他的反共产主义态度，受到了南非的极大欢迎。1970年，南非外长访问马拉维。1971年南非邀请班达进行国事访问。班达在南非逗留了5天，在此期间，他既会晤了白人领导人，也拜访了黑人领袖。访问后不久，南非就同意了设立马拉维大使馆，这是在比勒陀利亚设立的第一个黑人国家的大使馆。1972年3月，南非总统沃斯特也回访了马拉维。在莫桑比克内战期间，马拉维通往非洲东海岸的铁路被摧毁了，结果使马拉维的对外贸易更多地依赖南非的德班港。内战期间，莫桑比克的“全国抵抗运动”顽强地同民族解放阵线领导的政府军进行战斗，马拉维被怀疑是南非通过它对抵抗运动进行了援助，而事实上全国抵抗运动也确实主要依靠南非的帮助。

1970年6月，英国向南非出售武器。这引起了非洲国家的强烈反对，而只有班达这一个非洲国家的领导人为英国和南非的行为进行辩解。班达说南非发展武装力量主要是为了维护本国内部的稳定，防止自由主义分子对政府的反抗，而不是为了对付非洲其他国家。而且南非不仅不会威胁到非洲国家的安全，反而是想要寻求同这些国家的友谊，而且非洲国家应该把南非视为反共产主义的堡垒。班达以及随后的马拉维领导人都对南非采取这种亲近的态度。而马拉维领导人的这些对南非相当友好的态度反过来使南非对马拉维的态度也非常友善。①

班达总统在马拉维独立以前曾严厉谴责南非的种族隔离与种族歧视政策。独立后，班达总统虽然名义上反对南非的种族隔离政策，实际上却支持南非的白人种族主义政权。班达总统支持南非种族主义政权的行径，受到非洲许多独立国家的一致谴责，有些国家甚至要求把马拉维开除出非洲统一组织。马拉维之所以敢冒大下之大不韪，是因为马拉维与南非有密切的经济联系。1988年，南非是仅次于英国的马拉维的第二大进口贸易伙伴。到1989年，南非就超过英国上升到第一位。也就是说，南非是马拉维最大的物资供应国。南非也是马拉维物资的第二大出口国，仅次于英国。马拉维的大批剩余劳动力还在南非做工。南非援建了把马拉维铁路网与莫桑比克的纳卡拉港连接起来的工程。南非还援建了马拉维的新首都利隆圭，建设新首都利隆圭是班达总统在圭洛狱中的三个梦寐以求的构想之一。因此，班达总统非常感谢南非，他授意在利隆圭交通要道上立匾以志纪念。匾上写着“新首都的建设仰赖南非提供1200万美元的援助”。在因接受南非援助与贷款受到谴责时，班达总统理直气壮地回击：“只要对国家有利、符合马拉维人民的利益，就是魔鬼我也要与它打交

① Carolyn McMaster, *Malawi ——Foreign Policy and Development*, Fjulian Friendmann Publishers Ltd, pp. 104 ~ 106.

道、签订条约。”①

1994 年南非非洲人国民大会党在第一次不分种族的全民普选中获胜。非国大组建的新政府并不十分对马拉维亲热，主要是考虑到马拉维在历史上跟它刚刚打败的对手——南非国民党政府的关系过于紧密。尽管在选举过程中，班达以援助南非黑人政党非国大的名义给了纳尔逊·曼德拉很多钱，并且几乎在南非政府易主的同时，马拉维政府也进行了换届，但是两国关系还是冷淡了很长的时间。几年后，这种状况有所改善。两国之间从未中断过的贸易和外交联系开始进一步加强了。基于两国的贸易协定，马拉维获得了南非的开放市场，这意味着马拉维的货物进入南非可以免关税。但是巴基利·穆卢齐总统试图与南非签订向南非金矿输出劳工的合同却没能成功，主要是因为在曼德拉总统治理时期，经济上采取保护措施，造成了南非本土大量的劳工失业，使得他没有能力再吸纳国外的劳工。南非实行政治改革之后，马拉维人才严重外流，这种现象在许多林波波河以北的国家中也有所发生。南非的高薪吸引了大量受过高等教育的专业人士，可以说南非对这些国家进行了一场脑力榨取。尽管如此，南非对于马拉维的生存还是具有重大的意义，所以两国的关系不断地加强。1998 年，穆卢齐总统访问南非，两国签订了贸易协定，并在交通、教育、贸易、卫生等方面开展合作。南非是马拉维最大的贸易伙伴。1999 年，两国贸易额为 3.21 亿美元，其中，马拉维向南非出口 740 万美元，从南非进口 2.47 亿美元。

二　同莫桑比克的关系

1891 的《盎格鲁—葡萄牙条约》划清了英属中部非洲和葡属莫桑比克的边界，双方分配了各自的利益范

① 转引自葛公尚主编《万国博览·非洲卷》，新华出版社，1999，第 645 页。

围。作为妥协的结果，几乎半个马拉维都被莫桑比克包围了，以至于许多马拉维人的家横跨了莫桑比克和马拉维两国的边界。莫桑比克是尼亚萨兰的出海口，因此在整个20世纪，莫桑比克都在马拉维的对外运输系统中扮演着重要的角色。

1962年班达发表宣言说，尽管葡萄牙的殖民体系令人痛恨，但是他认为马、葡两国之间还是有可能建立一种共存关系的，正像同英国、美国和苏联的关系一样。葡萄牙政府对此积极回应，它同马拉维进行双边的贸易谈判，并且同意在马拉维修建纳卡拉铁路，这条铁路在1970年建成投入使用至今。班达和葡萄牙政府之间的这些接触遭到了内阁众多官员的反对，这也成为诱发1964年马拉维内阁危机的原因之一。

随着葡萄牙与马拉维的合作日益加强，里斯本政府也增加了对马拉维的投资。1970年后，葡萄牙提供给马拉维250万美元的贷款来修筑高速公路。

马拉维政府允许莫桑比克民族解放阵线在布兰太尔地区设立一个办事处，但是它同时警告对方不得把马拉维作为突袭莫桑比克的军事基地。然而在1972年，马拉维的军队却没能阻止莫桑比克民族解放阵线和葡萄牙的部队从马拉维的土地上横穿而过。当莫桑比克民族解放阵线在1974年取得独立战争胜利之际，马拉维也为这一变化欢呼，并且宣布支持莫桑比克独立。然而在整个20世纪70年代和80年代的很长时期里，莫、马两国的关系都非常紧张。

莫桑比克内战爆发后，1982年，莫桑比克政府指责马拉维支持莫桑比克的反政府组织以马拉维为根据地。1984年，马拉维与莫桑比克签订总合作协定，成立联合委员会处理两国关系。1986年7月，莫桑比克武装部队总司令指责马拉维积极支持反政府组织“莫桑比克民族抵抗运动”进行游击战，班达总统否认。莫桑比克总统警告马拉维政府，如不停止支持，莫桑比克将关闭莫、马边界，切断马拉维到印度洋的最直接通道。

这场由莫桑比克全国抵抗运动游击队引发的积怨到了1986年底变得更为严重。这年10月，莫桑比克萨莫拉总统在一次飞机失事中丧生，这一意外事故却激起了津巴布韦和莫桑比克共同反马拉维的呼声。这两国的学生举行示威游行，他们认为南非当局是萨莫拉总统死亡的帮凶。想到马拉维和南非的亲密关系，学生们因此也迁怒于马拉维，他们毁坏了许多马拉维的财物，尤其是破坏马拉维在津巴布韦和莫桑比克的大使馆。然而马拉维还是和莫桑比克的新总统继续发展着友好合作关系，这个新总统就是莫桑比克民族解放阵线的领导人诺阿金·希萨诺（Joaquim Chissano）。1986年12月，马、莫两国政府签订关于防御与安全的协定，双方一致同意在消除莫桑比克民族抵抗运动的活动上进行合作。1987年4月，马拉维军队进驻莫桑比克，保护连接马拉维与莫桑比克纳卡拉港的战略铁路线。1988年7月，莫桑比克总统希萨诺对马拉维进行国事访问，并宣布自己不相信马拉维支持莫桑比克民族抵抗运动的活动，两国友好关系得以巩固。马拉维和莫桑比克之间建立了高层会议机制，定期共同商讨关涉双方利益的重大事项。

马拉维承受着边界上百万莫桑比克内战期间难民的冲击。马拉维在希雷山谷的低地上建立了曼克豪维（Mankhokwe）难民营，几千难民被集中安置到这个难民营中。随后其他许多的难民营在马拉维的边界上建成了。许多国际组织都给予马拉维援助，包括国际红十字协会、国际救助儿童联盟、牛津饥荒救济委员会以及联合国粮农组织。1988年联合国难民高级理事会在马拉维成立了办事处，同年12月，马拉维、莫桑比克和联合国高级难民署共同签署一份协定，鼓励逃到马拉维的近百万莫桑比克难民自愿返回莫桑比克。当1992年莫桑比克民族解放阵线和全国抵抗运动之间的冲突终于结束的时候，已经逐步进行的难民遣返过程开始加速了。

20 世纪 90 年代以来，莫桑比克和马拉维两国的邦交逐步开始走向正常化。90 年代初莫桑比克内战的停止促进了莫、马两国相互之间的理解与合作。1994 年 7 月，马拉维进行了新政府的选举，进一步地推动了两国关系的发展。两国经常举行共同安全和贸易会议，诺阿金·希萨诺总统和巴基利·穆卢齐总统在参加南部非洲发展共同体和东南部非洲共同市场会议之际定期进行会晤。

三 同赞比亚的关系

赞比亚在 1964 年 10 月以前处在英国的统治之下，那时它被称作北罗得西亚，在赞比亚和马拉维边界上居住着许多相同民族和操同一种语言的人群，包括兰巴尼亚（Lambya）人和图姆布卡（Tumbuka）人，以及说尼扬加（Nyanja）语的人。赞比亚也曾是中非联邦的一部分，直到 1964 年 10 月才独立。卡翁达是赞比亚的第一任总统，他和马拉维有着非常有趣的渊源。卡翁达的父母都来自马拉维，卡翁达自己也因此没能获得赞比亚的国籍。卡翁达从不认可班达的所谓同南非对话的政策，但是他也不得不承认马拉维成功地担当了非洲和南非种族隔离地区之间进行协商的使者。经济上的联系是促使它们之间外交关系发展的重要因素。早在独立之前，两国长期在边境上进行贸易，铜和烟草的交易量一直都很大，并且相互之间有很多劳工流动。①

然而到了 1966 年，两国关系出现了重大的波折。当时赞比亚公开地帮助马拉维流亡的前内阁官员，班达也因此不再继续支

① Carolyn McMaster, *Malawi —Foreign Policy and Development*, Fjulian Friendmann Publishers Ltd, pp. 133 ~ 135.

持和促进两国之间的正常经贸往来了。当时虽然马拉维没有公开地与南非发展关系，但是也和南非保持着密切的接触，而南非却公开地反对卡翁达总统。赞比亚希望能够获得马拉维的支持，并希望两国在政治避难的问题上达成协议，但未得到马拉维的积极回应。此后数年里，双方在言语上龃龉不断，两国还在边界问题上存在着摩擦。

1991 年卡翁达领导的赞比亚联合民族独立党在选举中败给了多党民主运动党，在弗雷德里克·奇卢巴（Frederick Chiluba）的领导下，新的政府组织建立起来，该党在 4 年后的选举中再次获胜。马拉维政府继续在一些摩擦中和弗雷德里克·奇卢巴政府保持着相对正常的外交和经贸关系。2000 年，马拉维总统穆卢齐访问赞比亚。两国在边界问题上冷静地进行谈判，这对于南部非洲的和平与发展都具有重大意义。

四　同津巴布韦的关系

马拉维和津巴布韦的紧密联系可以一直追溯到 20 世纪初，当时的南罗得西亚是马拉维劳工的主要输出地。有一些人直接到津巴布韦去打工，有的是通过罗得西亚国内劳工局过去的。现在大约有超过 100 万的津巴布韦人是马拉维人的后裔。两国之间的经济联系从 20 世纪初就已经存在了，这一联系在中非联邦存在的年代里有所加强，当时马拉维 39% 的进口产品都来自于它的邻国。

1965 年津巴布韦的史密斯（Ian Smith）种族主义白人殖民当局单方面宣布独立，企图永远维持其在罗得西亚的种族主义统治，英国对这一政权采取了外交和经济的多重制裁。非洲统一组织、英联邦、甚至联合国都对罗得西亚进行强制制裁。马拉维遵从了 1966 年的制裁内容，但是它拒绝了 1968 年的制裁清单。尽管马拉维同意减少同罗得西亚的经济联系，海斯廷斯·班达却抱怨说马拉维将会因为这种经济上的断交遭受损失，而绝不会获得任何利益。在班达看来，马拉维的经济太脆弱了，它承受不起同罗得西亚断绝友好关系所必须付出的沉重代价。马拉维政府还进一步指出，对罗得西亚进行制裁的最大受害者是生活在这块土地上的95%的黑人，而这样做的结果就是进一步激化黑人对少数白人统治的仇恨。

1980年4月18日，津巴布韦正式独立，非洲民族联盟党的领袖罗伯特·穆加贝（Robert Mugabe）担任总统。起初津巴布韦新政权和马拉维政府的关系十分紧张，但是非洲民族联盟党考虑到班达总统在津巴布韦政权变迁的战斗中所给予的帮助，就慢慢地同马拉维缓和了双边关系。两国关系不断修好，并且日益亲密起来。

近年来，津巴布韦日益成为马拉维重要的贸易伙伴，双方还在东南非洲共同市场的框架下签订了自由贸易协定，准许双方的货物在两国之间免关税自由进出。两国都是内陆国家，在很大程度上要通过莫桑比克进行出口运输，而莫桑比克的内战给两国的经济都造成了很大的损失，它们都不得不在对外运输上另辟蹊径。于是两国都从南非开辟了新的贸易途径，而南非也成了两国重要的贸易伙伴。2003年5月，津巴布韦总统穆加贝在哈拉雷与到访的尼日利亚总统奥巴桑乔、南非总统姆贝基和马拉维总统穆卢齐举行了会谈。2003年7月，津巴布韦总统穆加贝宣誓连任，再当6年的总统。马拉维总统还来到津巴布韦首都哈拉雷，出席穆加贝的就职典礼。

五 同坦桑尼亚的关系

1964年4月26日坦噶尼喀和桑给巴尔组成联合共和国。同年10月29日改国名为坦桑尼亚联合共和国。当1964年马拉维独立的时候，坦噶尼喀已经独立三年半了，此前，坦桑尼亚总统尼雷尔就同马拉维班达总统发生过不愉快。当时，尼雷尔是反种族歧视的支持者和代言人，他还计划成立一个中部和东部非洲国家的经济联合体，但是这个计划却遭到了班达的反对，他不同意让马拉维加入任何其他的联盟。虽然班达总统和尼雷尔总统个人之间越来越相互尊重，但是两国之间的敌对情绪在马拉维独立之前就存在了。

在马拉维刚刚独立的两个月里，马拉维同坦桑尼亚的关系看起来非常亲热，两国还表现出强烈的合作意愿。但是这种联系的发生更多的是因为马拉维新政府官员在积极地同坦桑尼亚的领导人接触，而不是出自班达的愿望。两国官员进行了很多非正式会晤，讨论双方的共同利益问题，比如在坦桑尼亚工作的马拉维劳工的待遇问题。这一年，马拉维外长坎亚马·丘梅在非统组织的会议上会见了坦桑尼亚政府总理奥斯卡·坎博纳（Oscar Kambona），双方都愿意使两国关系更为和顺。会后，坎亚马还和他的同事发展住房就业部长布旺纳斯（Bwanausi）以及司法部长一同到了坦桑尼亚，参观了他们的运动公园。坦桑尼亚总统尼雷尔还计划访问马拉维，但是这项计划因当时的刚果危机被取消了。

1964 年马拉维发生内阁危机，两国关系迅速恶化，三位内阁官员，包括坎亚马·丘梅、奥顿·奇尔瓦（Orton Chirwa）和亚图塔·奇斯嘉（Yatuta Chisiza）都在 10 月初逃到了坦桑尼亚的达累斯萨拉姆。坦桑尼亚的报纸、电台都众口一词地表达了支持这三个人的立场，但是官方的言论却还是很谨慎的。一份英文报纸发表了一篇题为《班达及其破坏马拉维独立的真相》的文章，声称班达在国内残害同胞并且生活腐败，其罪行的严重程度和被指控的刚果总理冲伯（Tshombe）不相上下。这篇文章使尼雷尔总统不得不发表了一项政府声明，指出这篇文章的言论是同该国政府的政策相矛盾的，他重申了曾一再坚持的两大原则：第一，尽管马拉维和坦桑尼亚在许多事情上的观点截然对立，特别是在同葡萄牙的关系问题上，但是这并没有给坦桑尼亚足够的理由去干涉马拉维的内政；第二，一定要给两国边境上的难民建立收容所。

1965 年，两国总统互相指责对方破坏非洲统一，但是这样的指责是建立在对所谓的非洲统一的不同理解之上的。尼雷尔总统认为，要实现非洲统一，必须使每个国家都采取一定的行动来反对非洲的白人统治。但是班达却认为，不干涉他国内政是非洲统一的一项基本原则，而坦桑尼亚对马拉维逃亡的政府官员的庇护，正是对这项原则的违反。在 1965 年非统组织首脑会议召开前，班达宣称马拉维不会支持奥斯卡·坎博纳主席的非洲解放委员会，而且这个委员会的总部还设在坦桑尼亚的达累斯萨拉姆。他还说是非统组织唆使坦桑尼亚驱逐他们国内那些所谓阴谋破坏其政府的马拉维人的。

从 1964 年 11 月开始，班达就警告说坦桑尼亚可能有入侵马拉维的企图，而那些逃亡的政府官员可能就是这次军事行动的领导者。但是这些说法遭到了坦桑尼亚政府的反驳，他们说这些都是不公正和不真实的，但是班达还是在持续不断地增加安全防卫措施。1965 年初，马拉维政府不再允许马拉维湖上的蒸汽船停靠马拉维港，因为它担心这些船是被用作入侵的战船。班达还说他想在马拉维湖上设置装备好枪炮的船只。

到了 1966 初，尼雷尔总统希望能在正常的基础上来发展两国关系，他也希望能够得到周边国家的支持，并且要求马拉维不再积极同葡萄牙合作反对莫桑比克解放阵线的游击队。1966 年 7 月 17 日，两国在姆万扎（Mwanza）举行了双边会议，两天之后，双方发表了联合声明，宣称两国已经解决了现存争议，并计划举行第二次会谈。然而到了 7 月 30 号，坦桑尼亚政府却宣布会谈取消，原因在于班达要求双方协议的达成必须以马拉维叛国官员被遣返为前提，或者至少他们的颠覆活动应该被制止为前提。

尼雷尔总统也许对马拉维流亡官员的事还可以有所让步，但是绝对忍受不了班达公开地以一个胜利者的姿态驾驭双方的和谈。

两国在边界问题上也存在着分歧，主要是在马拉维湖的划界问题上两国存在纷争。1967 年尼雷尔总统宣布说，坦桑尼亚只承认从马拉维湖中穿过的界线是两国的分界线，坦桑尼亚也不会要求超过这条界限的水域。班达对这番话的反应非常强烈，他拒绝坦桑尼亚对马拉维湖的任何领土主权主张，认为坦桑尼亚的边界是在湖的外面，而马拉维湖在历史上、地理上、文化上都是马拉维天然的领土，而且非洲国家不应该接受殖民时代统治者划定的非洲的国家界线。在 20 世纪 60 年代和 70 年代，两国都曾在这一问题上进行谈判，但是根本无法达成协议。然而到了 1972 年，两国又有了缓和的迹象。班达被邀请以个人身份参加在达累斯萨拉姆举行的中部和东部非洲国家首脑会议，两国都在会议上表示邻国之间要互相谅解。11 月，班达再次强调要促进马拉维和坦桑尼亚两国的关系。

马拉维与坦桑尼亚的关系在 20 世纪 80 年代初进一步解冻，当时两国互派了高层次的外交人员。1989 年 7 月在马拉维独立 25 周年庆典之际，尼雷尔总统的继任者阿里·哈桑·姆维尼（Ali Hassan Mwinyi）对马拉维进行了为期 5 天的国事访问。作为回访，班达总统在 1991 年 10 月对坦桑尼亚进行了正式访问，当时双方的议题主要集中在达累斯萨拉姆给予交通便利问题，以使马拉维不必经过南非进行贸易运输和交通。这一北方通道的解决，使马拉维和坦桑尼亚的关系更加融洽，高层之间的联系变得紧密起来。在 1994 年大选之后，穆卢齐总统继续推进和坦桑尼亚外交关系正常化进程。①

---

① Owen J. M. Kalinga, Cynthia A. Crosby, *Historical Dictionary of Malawi*, the Scarecrow Press, Inc. Lanham, Maryland, and London, 2001, pp. 374 ~ 375.

主要参考文献

一 英文部分

1. Economist Intelligence Unit, *Country Profile 2005 – Malawi*, Printed and distributed by Patersons Dartford, Questor Trade Park, 151 Avery Way, Dartford, Kent DA1 1JS, UK.
2. Economist Intelligence Unit, *Country Report-Malawi, January 2005*, Printed and distributed by Patersons Dartford, Questor Trade Park, 151 Avery Way, Dartford, Kent DA1 1JS, UK.
3. Economist Intelligence Unit, *Country Profile 2004-Malawi*, Printed and distributed by Patersons Dartford, Questor Trade Park, 151 Avery Way, Dartford, Kent DA1 1JS, UK.
4. Owen J. M. Kalinga, Cynthia A. Crosby, *Historical Dictionary of Malawi* (*Third Edition*), The Scarecrow Press, Inc. Lanham, Maryland and London, 2001.
5. B. Paehai (ed.), The Early History of Malawi, Longman, 1972.
6. M. G. Marwick, "*History and Tradition in East Central Africa through the eyes of the Northern Rhodesian Cewa*", in "Journal of African History", Ⅳ3 (1963).
7. R. A. Hamilton, "*Oral Tradition: Central Africa*", in D. H. Jones

(ed.) "*History and Archaeology in Africa*", London, 1959.

8. Carolyn McMaster, *Malawi-Foreign Policy and Development*, Fjulian Friendmann Publishers Ltd. 1974.
9. Allast Mwanza, *social policy in an agricultural economy: the case of Malawi*, Mazongororo Paper Converters (Pvt) Ltd, Harare, 1999.
10. Nina Tellegen, *Rural Enterprises in Malawi: Necessity or Opportunity?* PrintPartners Ipskamp B. V, Enschede, 1997.
11. *Malawi Statistical Yearbook 1980*, National Statistical Office P. O. Box 333, Zomba.
12. David Beetham: *The state of democracy: democracy assessments in eight nations around the world*, Kluwer Law international, 2002.
13. Kempe Ronald Hope, Sr. editor, *AIDS and development in Africa: a social science perspective*, New York: Haworth press, 1999.
14. A. J. Mills, *The cost of the district hospital: a case study from Malawi*, Washington. D. C.: Population and Human Resources Dept., World Band, 1991.
15. Shalizi, zmarak, *Tax reform in Malawi*, Washington. D. C.: Public Economics Division, County Economics Dept., World Band, 1990.
16. Geneva, *Country presentation by the Government of Malawi*, United Nation, 1990.

二 中文部分

1.《世界知识年鉴》编辑部编《世界知识年鉴》(1982/2004), 世界知识出版社。

2.《世界军事年鉴》编委会编《世界军事年鉴》(2003),解放军出版社,2003。

3. 王晓民主编《世界各国议会全书》,世界知识出版社,2000。

4. 姜士林、鲁仁、刘政主编《世界政府辞书》,中国法制出版社,1991。

5. 世界经济年鉴编辑委员会编《世界经济年鉴》(1998年卷),经济科学出版社,1999。

6. 葛公尚主编《万国博览·非洲卷》,新华出版社,1999。

7.〔英〕约翰·派克著《马拉维政治经济史》,史一竹译,商务印书馆,1973。

8.〔英〕约翰·G. 派克、杰拉尔德·T. 里明顿著《马拉维地理研究》,天津师范学院地理系教师译,商务印书馆,1978。

9. G. 莫赫塔尔主编《非洲通史》第二卷《非洲古代文明》,中国对外翻译出版公司,联合国教科文组织出版办公室,1984。

10. 台湾"国民大会"秘书处资料组:《新编世界各国宪法大全》(非洲宪法部分),台北文芳印刷事务有限公司,1996。

11.〔肯尼亚〕A. A. 马兹鲁伊主编《非洲通史》第八卷《1935年以后的非洲》,中国对外翻译出版公司,联合国教科文组织出版办公室,2003。

12.〔美〕理查德·福特斯著《非洲国家公园》,大陆桥翻译社译,中国轻工业出版社,2003。

13. 何芳川、宁骚主编《非洲通史》(古代卷),华东师范大学出版社,1995。

14.《非洲教育概况》编写组编《非洲教育概况》,中国旅游出版社,1997。

15. 陆庭恩主编《非洲农业发展简史》,中国财政经济出版社,2000。

16. 孟淑贤主编《各国概况·南部非洲》,北京知识出版社,

1997。

17. 温宪著《闯荡非洲》，当代世界出版社，2002。
18. 杨逢泰著《南部非洲问题论丛》，台湾商务印书馆，1982。
19. 黄泽全编著《话说非洲》，京华出版社，1999。
20. 郭豫斌主编《环球旅行·神奇的365日·非洲》，北方妇女出版社，2001。
21. 赵冬主编《遭遇非洲》，山西人民出版社，2003。
22. 彭建泽等编著《深入非洲》，湖南地图出版社，2003。
23. 洪永红、夏新华著《非洲法导论》，湖南人民出版社，2000。
24. 上海社会科学院法学研究所编译《各国宪政制度和民商法要览》（非洲分册），法律出版社，1986。

后　记

本书系中国社会科学院重大课题（A类）《列国志》中的西亚非洲列国志部分的一个子课题成果，由湘潭大学法学院教授、湘潭大学非洲法律与社会研究中心副主任夏新华负责。在撰稿过程中，特邀了中国人民大学法学院顾荣新博士加盟。两人精诚合作，自2002年底开始撰写，历时三载，几易其稿，于2005年岁末最后定稿，课题结项。

由于马拉维系非洲东南部一内陆小国，目前与我国没有建立正式外交关系，因此，国内所见有关马拉维的中文资料十分有限，这给我们的编写工作带来了较大困难。我们主要是依据英文材料，特别是Scarecrow出版社不断再版的《非洲国家历史词典》丛书、英国欧罗巴出版社每年出版的*Africa*：*South of the Sahara*以及英国经济学家情报社每年出版的世界各国*Country Profile*和*Country Report*等材料中有关马拉维部分进行编译的。此外，我们还利用了部分互联网材料。

本书在编写过程中，我们得到了多方面的关心和支持：中国社会科学院西亚非洲研究所前书记、列国志课题主持人之一温伯友同志的支持；陈公元和李智彪两位研究员不辞辛劳，两次审读书稿，提出了许多中肯且宝贵的意见和建议。本书正是在充分汲取和领会审读人认真、细致、负责的审读意见的基础上最终完成的。应该说，本书凝结了他们的智慧和汗水。在此，我要向他们致以最诚挚的谢意。在西亚非洲所查阅材料的过程中，我们还始终得到了《西亚非洲》杂志社编辑部徐拓、詹世明、吴传华等朋友们的热情帮助。本书在编写期间，正值我在中国人民大学法学院在职攻读博士学位，因此，在材料的搜集、翻译和文稿的校对等方面，我们还得到了中国人民大学法学院法律史专业硕士研究生任川霞、况腊生、洪荞、崔锐、何民捷、吕云龙，以及湘潭大学法学院法律史专业硕士研究生刘珊珊、肖海英等同学的帮助。此外，湘潭大学法学院张怀印老师也给予了宝贵的支持。在此，一并致谢。

当然，由于资料匮乏，书中不足或不当之处在所难免，恳请学界同仁与各位读者批评指正。

夏新华

2006 年 2 月 20 日于湘潭市阳光山庄

《列国志》已出书书目

2003 年度

吴国庆编著《法国》
张健雄编著《荷兰》
孙士海、葛维钧主编《印度》
杨鲁萍、林庆春编著《突尼斯》
王振华编著《英国》
黄振编著《阿拉伯联合酋长国》
沈永兴、张秋生、高国荣编著《澳大利亚》
李兴汉编著《波罗的海三国》
徐世澄编著《古巴》
马贵友主编《乌克兰》
卢国学编著《国际刑警组织》

2004 年度

顾志红编著《摩尔多瓦》

赵常庆编著《哈萨克斯坦》

张林初、于平安、王瑞华编著《科特迪瓦》

鲁虎编著《新加坡》

王宏纬主编《尼泊尔》

王兰编著《斯里兰卡》

孙壮志、苏畅、吴宏伟编著《乌兹别克斯坦》

徐宝华编著《哥伦比亚》

高晋元编著《肯尼亚》

王晓燕编著《智利》

王景祺编著《科威特》

吕银春、周俊南编著《巴西》

张宏明编著《贝宁》

杨会军编著《美国》

王德迅、张金杰编著《国际货币基金组织》

何曼青、马仁真编著《世界银行集团》

马细谱、郑恩波编著《阿尔巴尼亚》

朱在明主编《马尔代夫》

马树洪、方芸编著《老挝》

马胜利编著《比利时》

朱在明、唐明超、宋旭如编著《不丹》

李智彪编著《刚果民主共和国》

杨翠柏、刘成琼编著《巴基斯坦》

施玉宇编著《土库曼斯坦》

陈广嗣、姜琍编著《捷克》

2005 年度

田禾、周方冶编著《泰国》

高德平编著《波兰》

刘军编著《加拿大》

张象、车效梅编著《刚果》

徐绍丽、利国、张训常编著《越南》

刘庚岑、徐小云编著《吉尔吉斯斯坦》

刘新生、潘正秀编著《文莱》

孙壮志、赵会荣、包毅、靳芳编著《阿塞拜疆》

孙叔林、韩铁英主编《日本》

吴清和编著《几内亚》

李允华、农雪梅编著《白俄罗斯》

潘德礼主编《俄罗斯》

郑羽主编《独联体（1991～2002）》

安春英编著《加蓬》

苏畅主编《格鲁吉亚》

曾昭耀编著《玻利维亚》

杨建民编著《巴拉圭》

贺双荣编著《乌拉圭》

李晨阳、瞿健文、卢光盛、韦德星编著《柬埔寨》

焦震衡编著《委内瑞拉》

彭姝祎编著《卢森堡》

宋晓平编著《阿根廷》

张铁伟编著《伊朗》
贺圣达、李晨阳编著《缅甸》
施玉宇、高歌、王鸣野编著《亚美尼亚》
董向荣编著《韩国》

2006 年度

章永勇编著《塞尔维亚和黑山》
李东燕编著《联合国》
杨灏城、许林根编著《埃及》
李文刚编著《利比里亚》
李秀环编著《罗马尼亚》
任丁秋、杨解朴等编著《瑞士》
王受业、梁敏和、刘新生编著《印度尼西亚》
李靖堃编著《葡萄牙》
钟伟云编著《埃塞俄比亚　厄立特里亚》
赵慧杰编著《阿尔及利亚》
王章辉编著《新西兰》
张颖编著《保加利亚》
刘启芸编著《塔吉克斯坦》
陈晓红编著《莱索托　斯威士兰》
汪丽敏编著《斯洛文尼亚》
张健雄编著《欧洲联盟》

图书在版编目（CIP）数据

马拉维/夏新华，顾荣新编著．—北京：社会科学文献出版社，2006.10
（列国志）
ISBN 7－80230－240－4

Ⅰ．马…　Ⅱ．①夏…②顾…　Ⅲ．马拉维－概况
Ⅳ．K947.2

中国版本图书馆 CIP 数据核字（2006）第 077936 号

马拉维（Malawi）　　　　**·列国志·**

编 著 者／夏新华　顾荣新
审 定 人／温伯友　陈公元　李智彪

出 版 人／谢寿光
出 版 者／社会科学文献出版社
地　　址／北京市东城区先晓胡同 10 号　（邮政编码：100005）
网　　址／http：//www.ssap.com.cn
网站支持／（010）65269967
责任部门／《列国志》工作室　（010）65232637
电子信箱／bianjibu@ssap.cn
项目经理／宋月华
责任编辑／李正乐
责任校对／李　衎
责任印制／盖永东

总 经 销／社会科学文献出版社发行部
（010）65139961　65139963
经　　销／各地书店
读者服务／市场部（010）65285539
法律顾问／北京建元律师事务所
排　　版／北京中文天地文化艺术有限公司
印　　刷／北京智力达印刷有限公司

开　　本／880×1230 毫米　1/32 开
印　　张／9
字　　数／213 千字
版　　次／2006 年 10 月第 1 版　2006 年 10 月第 1 次印刷

书　　号／ISBN 7－80230－240－4/K·028
定　　价／25.00 元

《列国志》主要编辑出版发行人

出 版 人 谢寿光

总 编 辑 邹东涛

项目负责人 杨 群

发 行 人 王 菲

编辑主任 宋月华

编 辑 （按姓名笔画为序）

朱希淦 杨 群 宋月华

陈文桂 李正乐 周志宽

范明礼 章绍武

封面设计 孙元明

内文设计 熠 菲

责任印制 盖永东

编 务 李 敏

编辑中心 电话：65232637

网址：ssdphzh _ cn@ sohu. com